AF131012

Wahlen und Wahlkampf
in Rheinland-Pfalz

Wahlen und Wahlkampf in Rheinland-Pfalz

Beiträge für die politische Bildungsarbeit
aus Anlaß der Landtags- und Bundestagswahlen
am 6. März 1983

Herausgegeben von Ulrich Sarcinelli

Mit Beiträgen von Edwin Czerwick,
Andreas Engel, Werner Simon,
Franz-Josef Witsch-Rothmund

Springer Fachmedien Wiesbaden GmbH 1984

CIP-Kurztitelaufnahme der Deutschen Bibliothek

Wahlen und Wahlkampf in Rheinland-Pfalz:
Beitr. für d. polit. Bildungsarbeit aus Anlass d. Landtags-
u. Bundestagswahlen am 6. März 1983 / hrsg. von Ulrich Sarcinelli.
Mit Beitr. von Edwin Czerwick ...

ISBN 978-3-663-11798-8   ISBN 978-3-663-11797-1 (eBook)
DOI 10.1007/978-3-663-11797-1

NE: Sarcinelli, Ulrich (Hrsg.); Czerwick, Edwin (Mitverf.)

(c) 1984 by Springer Fachmedien Wiesbaden

Ursprünglich erschienen bei Leske Verlag + Budrich GmbH, Leverkusen 1984

Vorwort

Parlamente sind auf allen Ebenen des öffentlichen Lebens - der staatlichen in Bund und Ländern wie der kommunalen in Gemeinden und Kreisen - Kernstücke der politischen Willensbildung in unserer Demokratie. "Alle Staatsgewalt geht vom Volke aus", so sagt Artikel 20 des Grundgesetzes. Ein entscheidendes Instrument zur Wahrnehmung dieser Aufgabe sind Wahlen und Abstimmungen. Durch sie werden Zusammensetzung und Auftrag der Organe bestimmt, die den Willen des Volkes in konkretes, praktisches politisches Handeln umsetzen. Wahlen gehören daher zum Kernbestand der demokratischen Ordnung; sie sind nicht unverbindliches Ritual, sondern Ursprung demokratischer Legitimation; hieraus beziehen die Gewählten, das heißt die Vertreter des Volkes, das Recht und die Verpflichtung zur Gestaltung des öffentlichen Lebens. Der Wahlkampf der Parteien und das Verhalten der Wähler sind zugleich aber auch Ausdruck und Spiegel der politischen Kultur einer Gesellschaft; Wahlen und Wahlkämpfe sind dabei ein Test für demokratische Mündigkeit. Als entscheidender Akt politischer Meinungs- und Willensbildung sind Wahlen ebenso ein Stück politischer Bildung. Bei kaum einer anderen Gelegenheit ist der Bürger so unmittelbar gefordert und wird ihm eine Entscheidung mit öffentlicher, über seine Person hinausreichender Konsequenz abverlangt. Politische Bildung ist im Hinblick darauf zugleich Voraussetzung und Folge.

Dieser Zusammenhang wird in der vorliegenden Schrift untersucht und dargestellt. Am Beispiel der Bundestags- und Landtagswahlen am 6. März 1983 in Rheinland-Pfalz, ihrer Vorbereitung und ihrer Ergebnisse wird die Umwandlung von politischer Erwartung in parlamentarisches Mandat nachvollzogen und analysiert, werden Strategie, Planung und Verlauf des Wahlkampfes und die Bedeutung inhaltlicher Alternativen herausgearbeitet sowie das Wählerverhalten analysiert.

Alles dies geschieht mit sozialwissenschaftlichen Methoden, jedoch unter dem Gesichtspunkt der Verwertbarkeit für die politische Bildung. Die Schrift wendet sich daher nicht nur an den Fachwissenschaftler, sondern mehr noch an den Praktiker in der politischen Bildungsarbeit.

Die vorliegende Schrift entstand mit Unterstützung der Landeszentrale für politische Bildung Rheinland-Pfalz; sie ist das Ergebnis eines Projektes, an dem Mitarbeiter des Seminars für Politikwissenschaft der Erziehungswissenschaftlichen Hochschule Rheinland-Pfalz unter der Leitung von Privatdozent Dr. Ulrich Sarcinelli gearbeitet haben.

Landeszentrale für politische Bildung
Rheinland-Pfalz

Gliederung

Einleitung

Wahlen und Wahlkämpfe gelten im Verfassungssystem von Demokratien
als Höhepunkt des demokratischen Prozesses. Entsprechend dieser hohen normativen Einschätzung müßte die Beschäftigung mit dem Wahlge-
schehen sowohl im Bereich der wissenschaftlichen Forschung wie in
der politischen Bildung ein zentraler Untersuchungsgegenstand sein.
Es gibt denn auch kein Politiklehrbuch und keinen Lehrplan für den
Politikunterricht, in dem diesem Thema nicht ein besonderer Stellenwert eingeräumt wird. Für den Bereich der wissenschaftlichen Forschung ist zu konstatieren, daß die Analyse des Wählerverhaltens,
d.h. die Untersuchung von individuellen Motiven und die Erklärung
sozialstruktureller Zusammenhänge, für die Abgabe der Stimme zu den
in der modernen sozialwissenschaftlichen Forschung am weitesten entwickelten Forschungsfeldern gehören. Moderne Wahlforschung versteht
sich sogar nahezu ausschließlich als Wählerverhaltensforschung.

Demgegenüber ist der Wahlkampf selbst, d.h. das politische Geschehen in den Wochen und Monaten vor dem Wahltermin, nach wie vor als
Stiefkind politikwissenschaftlicher und wahlsoziologischer Beschäftigung zu bezeichnen. Dafür gibt es vor allem zwei Gründe. Zum einen kann der Wahlkampf selbst wenig zur Erklärung von Wählerverhalten beitragen. Der Prozentsatz derjenigen, die im und durch das
Wahlkampfgeschehen ihr Wahlverhalten verändern, ist sehr gering.
Zum anderen bereitet die Analyse des Wahlkampfes, wenn sie mehr als
eine Beschreibung von politischen Geschehensabläufen leisten will,
große forschungspraktische Probleme. Wer Wahlkämpfe nicht nur auf
der Basis öffentlich zugänglichen Materials untersuchen möchte, sondern den "Blick hinter die Kulissen" aus Gründen wissenschaftlicher
Erkenntnis für unverzichtbar hält, stößt sehr bald auf kaum über-
windbare Hürden. So ist etwa der Zugang zu Vorstandsprotokollen oder
gar die teilnehmende Beobachtung bei Sitzungen von Strategiegremien
so gut wie unmöglich. Genau dies ist aber eine Voraussetzung, wenn
man zum Beispiel Wahlkampfstrategien auf der Ebene des konzeptionellen Entwurfs und auf der Ebene der konkreten Umsetzung untersuchen will. Wer schließlich Wahlkampfveranstaltungen im Hinblick
auf die Frage zu untersuchen beabsichtigt, ob hier die Chance einer
kommunikativen Wechselbeziehung zwischem dem Bürger und dem politischen Akteur gegeben ist, müßte bei den vielfältigen Veranstaltungsformen ebenfalls teilnehmen und nach bestimmten Beobachtungs-
kriterien den Verlauf protokollieren. Entsprechende Forschungsvor-
haben sind schon infolge des personellen und vor allem finanziellen
Aufwandes nur in sehr begrenztem Umfange möglich. Es ließen sich
hier noch eine Vielzahl forschungspraktischer und theoretisch-kon-
zeptioneller Gründe dafür nennen, daß Wahlkämpfe entgegen ihrer
hohen normativen Bewertung in der modernen sozialwissenschaftlichen
Forschung wissenschaftlich eher unterbelichtet sind. Insgesamt läßt
sich feststellen, daß Wahlkampfforschung nicht primär mit dem Ziel
der Erklärung von Wählerverhalten betrieben wird. Wahlkampfzeiten
werden vielmehr als vorteilhafte Untersuchungsphasen zum "Anlaß" ge-

nommen, Organisationsstrukturen, Willensbildungsprozesse, programmatische Entwicklungen oder auch Personalselektions- und Eliterekrutierungsverfahren einem Funktions- und Legitimationstest zu unterziehen.

Nun beabsichtigen die Mitarbeiter dieses Bandes nicht, die oben skizzierten Forschungsdefizite aufzuarbeiten. Gemeinsames Ziel ist es vielmehr, einem Adressatenkreis, der immer wieder vor die Aufgabe gestellt wird, Wahlkampfthemen unterrichtspraktisch zu vermitteln, einige Hilfen und praktische Anschauungsbeispiele an die Hand zu geben. Die mit dem Buch verfolgten Intentionen liegen somit nicht in erster Linie auf akademisch-wissenschaftlicher Ebene. Vielmehr werden dem in der politischen Bildungsarbeit Tätigen Grundinformationen und exemplarische Fälle angeboten. Der Band enthält dabei nicht nur Beiträge, die bezugnehmend auf die Landtags- und Bundestagswahl in Rheinland-Pfalz einen unmittelbaren Aktualitätsbezug haben. Einige Beiträge sind darüber hinaus auch von genereller Bedeutung, insofern sie vom Ereignis, das hier "Anlaß" der Veröffentlichung ist, abgehoben sind.

Der einleitende Aufsatz von Ulrich Sarcinelli gibt einen groben Überblick über Grundlagen des Landeswahlrechts von Rheinland-Pfalz, wobei besonders die Wahlrechtsdiskussion am Ende der letzten Wahlperiode Berücksichtigung findet. Neben einer statistischen Übersicht über die Landtags- und Bundestagswahlergebnisse sowie einem Vergleich der unterschiedlichen Wahlbeteiligung verweist der Beitrag auch auf Konstanz und Wandel der Abgeordnetenstruktur in Rheinland-Pfalz.

Im zweiten Hauptkapitel wird zunächst in Werner Simons Synopse eine nach zentralen Politikfeldern anschaulich gegliederte Übersicht der programmatischen Aussagen der vier wichtigsten Parteien des Landes gegeben. Edwin Czerwicks Aufsatz thematisiert demgegenüber generelle Probleme im Spannungsverhältnis von "Parteiprogrammatik und politischem Handeln", wie etwa Funktionen und Bedeutung programmatischer Aussagen in der parlamentarisch-parteienstaatlichen Demokratie.

Im Mittelpunkt der drei folgenden Beiträge steht die Politikvermittlung im Wahlkampf selbst. Der gemeinsame Beitrag von Sarcinelli und Czerwick untersucht den Landtagswahlkampf. Hier wurde bewußt auf eine darstellende Beschreibung des Gesamtverlaufs verzichtet. Vielmehr wurden nach einer Skizzierung organisatorischer und planerischer Voraussetzung der Wahlkampfführung die unterschiedliche Ausgangslage sowie die politisch-strategischen Absichten der Parteien untersucht und ein anschaulicher Überblick über die wichtigsten Formen der konkreten Wahlkampfgestaltung gegeben. Wie Wahlkampf vor Ort stattfindet, haben Werner Simon und Franz-Josef Witsch-Rothmund am Beispiel des Wahlkampfgeschehens im Stadtgebiet von Koblenz untersucht. Die hier breit dargestellten Formen des lokalen Wahlkampfes dürften dem Unterrichtenden weitere Anschauungsbeispiele für die vielfältigen, durchaus aber nicht unkritisch zu sehenden, Formen moderner Wahlkampfführung geben. Edwin Czerwicks Beitrag im gleichen

10

Hauptkapitel thematisiert schließlich ein generelles Problem: Das "Verhältnis von Landtagswahlen und Bundestagswahlen". Ausgehend von der verbreiteten These der bundespolitischen Überlagerung von Landtagswahlkämpfen werden konkrete Bedingungen dafür genannt, wenn landes- oder bundespolitische Themen in der Einstellung der Wähler bzw. in den Landtagswahlkämpfen selbst dominieren.

Gegenstand der beiden Beiträge von Andreas Engel im vierten Hauptkapitel ist das Wählerverhalten. In einer forschungsmethodischen Einführung wird zunächst das Analyseinstrumentarium der Wählerverhaltensforschung vorgestellt sowie deren Aussagequalität und wissenschaftliche Reichweite kritisch gewürdigt. Der zweite Beitrag untersucht das Wählerverhalten.

Auf der Grundlage zweier öffentlicher Umfragen wird der Einfluß der Parteisympathie, der Kandidateneinschätzung und der Beurteilung der Sachkompetenz der Parteien auf das individuelle Wahlverhalten untersucht. Der Bezug auf die Sozialstrukturen der rheinland-pfälzischen Gemeinden schließt auch die Frage nach der Bedeutung der politischen Umwelt für das Wahlverhalten mit in die Analyse ein.

Die drei letzten Beiträge des Bandes in Hauptkapitel 5 bringen den Themenkomplex Wahlen und Wahlkampf in den engeren Kontext der politischen Bildungsarbeit. Dabei fragt Ulrich Sarcinelli in seinem Aufsatz zunächst danach, ob Wahlkampf und politische Bildung nicht gleichsam zwei Seiten einer Medaille sind, nämlich politischen Lernens. Franz-Josef Witsch-Rothmund gibt, ausgehend von dem rheinland-pfälzischen Lehrplan für die Sekundarstufe I und bezugnehmend auf die Einzelbeiträge dieses Bandes, vielfältige Hinweise zur didaktischen Strukturierung der Themenbereiche Wahlsystem, Wahlkampf und Wählerverhalten. Werner Simons kommentierte bibliographische Zusammenstellung zentraler und leicht zugänglicher Literatur zu den genannten drei Themenbereichen sowie zu neueren Unterrichtsmodellen sollen dem in der politischen Bildung Tätigen Hinweise für eine weiterführende Beschäftigung mit dem Wahlenthema bieten.

Dieses Buchprojekt fand von verschiedener Seite Unterstützung, für die hier ausdrücklich zu danken ist. Die rheinland-pfälzische Landeszentrale für politische Bildung hat das Projekt von Anfang an gefördert. Die Forschungsgruppe Parteiendemokratie an der Erziehungswissenschaftlichen Hochschule Rheinland-Pfalz, Abteilung Koblenz, in der die Autoren dieses Bandes in unterschiedlichen Funktionen tätig sind, hat das Vorhaben gleichsam infrastrukturell erleichtert. Besondere Verdienste hat sich Frau Ursula Schwerin erworben, die alle Manuskripte nicht nur in leserliche Form gebracht, sondern auch die Druckvorlage erstellt hat. Schließlich ist Frau Petra Müller für die stets hilfsbereite Übernahme von Korrekturarbeiten herzlich zu danken.

Koblenz, Juli 1984   Ulrich Sarcinelli

1. LANDTAGS- UND BUNDESTAGSWAHLEN IN RHEINLAND-PFALZ: Ein Überblick zu Wahlsystem, Wahlergebnissen und Abgeordnetenstruktur

(Ulrich Sarcinelli)

1. Das Wahlsystem

1.1 Das Wahlsystem für die Landtagswahl

1.2 Listenwahl oder personalisierte Verhältniswahl? – Zur Diskussion um die Reform des Landeswahlrechts

2. Wahlergebnisse und politische Rollenverteilung

2.1 Wahlergebnisse der Landtagswahlen 1947 - 1983

2.2 Landesergebnisse bei den Bundestagswahlen 1949 - 1983

2.3 Zur Wahlbeteiligung bei Landtags- und Bundestagswahlen

3. Die rheinland-pfälzischen Landtage: Sitzverteilung und Abgeordnetenstruktur

3.1 Die Sitzverteilung im Landtag

3.2 Zur Berufsstruktur der Landtagsabgeordneten

Anmerkungen

1. Das Wahlsystem

Wahlsystemfragen sind keine rechtsorganisatorischen Fragen, die lediglich die mathematischen Regeln für die Umrechnung von Wählerstimmenzahlen in Mandate festschreiben. Wahlrechtsentscheidungen sind immer in hohem Maße politische Entscheidungen, die nicht ohne Auswirkungen auf die Struktur des Parteiensystems, das Verhältnis von Kandidaten zur Wählerschaft, die Partizipationsmöglichkeiten der Bürger und letztlich auf die politische Machtverteilung bleiben. (1)

Während auf der Bundesebene seit der großen Wahlrechtsdiskussion in den Jahren 1967/68 Wahlsystemfragen in der öffentlichen Meinung kaum mehr eine entscheidende Rolle spielten, gibt es auf Länderebene Reformansätze, die zu zeitweiligen politischen Kontroversen geführt haben. In Rheinland-Pfalz wurde die Wahlrechtsdebatte zum einen durch die Reform des Kommunalwahlrechts (2) und zum anderen durch die Kontroversen um eine Änderung des Verfahrens für die Wahl zum Landtag neu belebt.

Bevor auf die verschiedenen Vorschläge und Argumente im Zusammenhang mit der schließlich nicht zustandegekommenen Reform des Landeswahlrechts eingegangen wird, sollen die zentralen Aspekte des Wahlverfahrens für die Landtagswahl dargestellt werden.

1.1 Das Wahlsystem für die Landtagswahl

Grundlegend für das Wahlverfahren ist der Art. 80 der Landesverfassung von Rheinland-Pfalz: "Die Abgeordneten werden nach den Grundsätzen der Verhältniswahl in Wahlkreisen gewählt". Während das Bundeswahlgesetz für die Bundestagswahl einen Wahlmodus vorschreibt, der zwar als Verhältniswahl bezeichnet werden muß, jedoch auch Elemente einer Mehrheitswahl enthält, werden die 100 Abgeordneten des rheinland-pfälzischen Landtags ausschließlich nach den Grundsätzen der Verhältniswahl gewählt.

Im Gegensatz zum Bundeswahlrecht kennt das Landeswahlrecht weder sogenannte Direktkandidaten noch Landeslisten. Gewählt wird vielmehr nach Listen, die von den Parteien jeweils für die rheinland-pfälzischen Wahlkreise aufzustellen sind. Die Einteilung der Wahlkreise wurde im Verlauf der verschiedenen Landtagswahlen mehrfach geändert. Bei der ersten Landtagswahl im Jahre 1947 bildete jeder der damaligen fünf Regierungsbezirke einen Wahlkreis. Bis 1967 war dann das Land in sieben Wahlkreise eingeteilt, wobei zu den beiden größten Regierungsbezirken Koblenz und Pfalz jeweils zwei Wahlkreise gehör-

Abb. 2

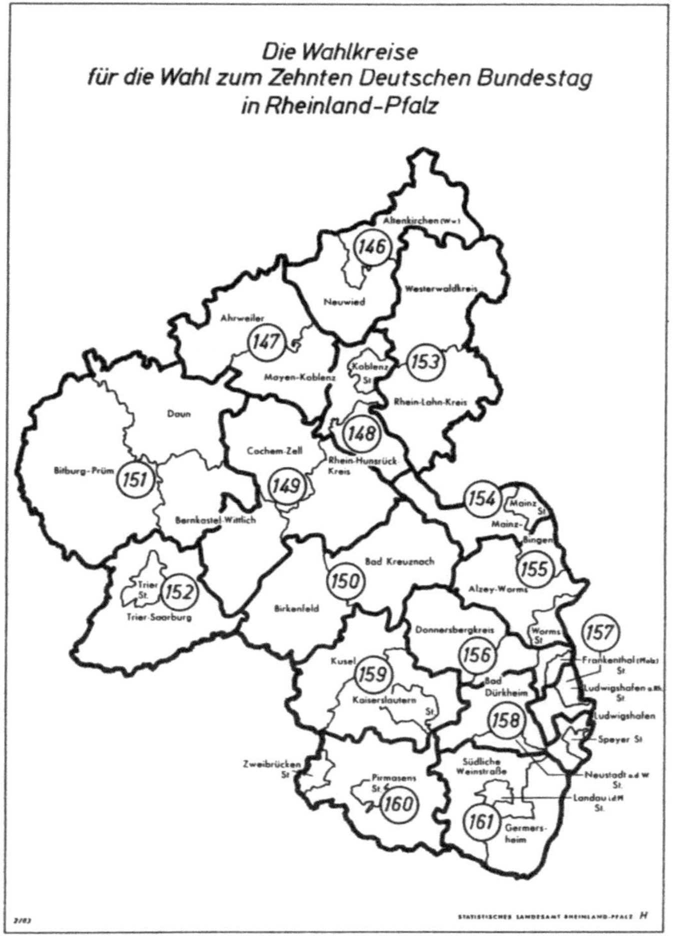

Die Wahlkreise
für die Wahl zum Zehnten Deutschen Bundestag
in Rheinland-Pfalz

Abb. 1

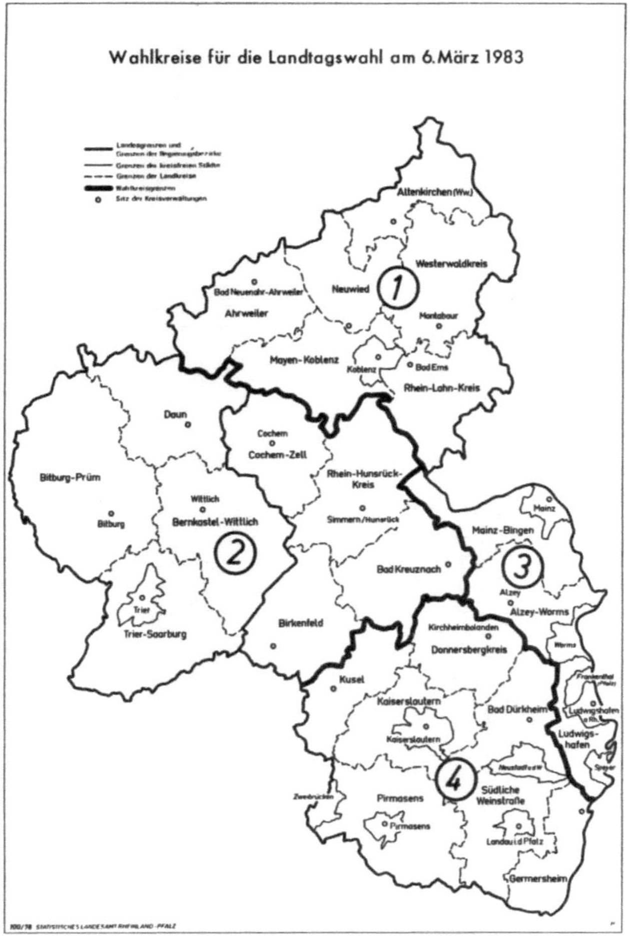

Wahlkreise für die Landtagswahl am 6. März 1983

ten. Eine grundlegende Wahlrechtsänderung wurde dann im Jahre 1970
notwendig:
1. Weil sich die Bevölkerungszahlen in den Wahlkreisen sehr unterschiedlich entwickelt hatten und somit die für die Zuteilung
   eines Mandats erforderlichen Stimmenzahlen erheblich differier-
   ten,
2. wegen der Herabsetzung des aktiven Wahlalters auf 18 und des
   passiven Wahlalters auf 21 Jahre und schließlich
3. wegen der damals noch nicht abgeschlossenen Verwaltungsreform,
   die eine territoriale Neuordnung der Regierungsbezirke und Landkreise vorsah.

Für die Landtagswahl im Jahre 1971 wurde mit der Festlegung auf
sechs Wahlkreise eine Übergangsregelung getroffen. Das Landtags-
wahlgesetz in der Fassung von 1972 sieht schließlich nur noch vier
Wahlkreise vor. Im Gegensatz zu den 16 rheinland-pfälzischen Wahlkreisen für die Bundestagswahl, deren Grenzen sich noch weitgehend
an den Grenzen der Landkreise und kreisfreien Städte orientieren und
insofern einen historischen und regionalen Bezug haben (vgl.
Abb. 2), sind in den 4 Großkreisen für die Landtagswahl zahlreiche
Kreise zusammengefaßt. Dabei durchschneiden die Wahlkreisgrenzen die
Grenzen der drei rheinland-pfälzischen Regierungsbezirke. Lediglich
der Regierungsbezirk Trier ist als Ganzes Teil des Landtagswahlkreises 2. (Vgl. Abb. 1)

Während die 5 %-Sperrklausel nach dieser letzten wesentlichen Wahlrechtsänderung im Zusammenhang mit Landtagswahlen immer noch eine
schwer zu nehmende parlamentarische Hürde für kleinere Parteigrup-
pierungen und insbesondere für neue Parteien darstellt, wurde das
sogenannte Wahlschlüsselverfahren (3) durch das d'Hontsche Höchst-
zahlverfahren zur Berechnung der Parlamentssitze abgelöst. Von den
100 Abgeordneten werden - den unterschiedlichen Bevölkerungszahlen
entsprechend - 27 in Wahlkreis 1, je 24 in den Wahlkreisen 2 und 3
und 25 im Wahlkreis 4 gewählt. In den Wahlkreisen 1 und 2 sowie 3
und 4 können die von den Parteien eingereichten Kreiswahlvorschläge
untereinander verbunden werden zu Verbundwahlkreisen, so daß sich
bei der Umverteilung der Sitze auf die einzelnen Wahlkreise Abweichungen von der für die Wahlkreise festgelegten Sitzzahl ergeben
können. (Zum Berechnungsverfahren vgl. das Beispiel in Anhang 1).

1.2 Listenwahl oder personalisierte Verhältniswahl? - Zur Diskus-
   sion um die Reform des Landeswahlrechts

Auf Antrag von Abgeordneten der SPD-Landtagsfraktion beschloß der
rheinland-pfälzische Landtag im Juni 1979 die Einsetzung eines Un-
tersuchungsausschusses mit dem Ziel, "die Einführung einer mit der
Personenwahl verbundenen Verhältniswahl und die Möglichkeit zur Ein-

teilung des Landes in Direktwahlkreise für die Landtagswahl gesetz-
geberisch vorzubereiten." (4) Weiter sollte durch die Enquête-Kommission geprüft werden, ob die Legislaturperiode von vier auf fünf
Jahre verlängert werden kann. Während die mehrheitlich aus CDU-
Landtagsabgeordneten zusammengesetzte Kommission für die Beibehaltung des geltenden Landtagswahlsystems votierte, sprach sie sich
mit Mehrheit für die Verlängerung der Legislaturperiode von vier
auf fünf Jahre aus.

Sowohl für die Bildung von Direktwahlkreisen für die Personenwahl
und die Zulassung einer Landesliste für den überregionalen Verhält-
nisausgleich als auch für eine Verlängerung der Legislaturperiode
auf fünf Jahre bedarf es jedoch einer verfassungsändernden Mehrheit.
Denn Art. 80 Abs. 1 der Landesverfassung schreibt ausdrücklich die
Landtagswahl nach den Grundsätzen der Verhältniswahl in Wahlkreisen
vor. Ebenso ist in der Landesverfassung die Dauer der Legislaturperiode auf vier Jahre verfassungsrechtlich festgelegt. Auch wenn die
für eine Verfassungsänderung erforderliche Zweidrittelmehrheit weder für eine Änderung des Wahlrechts noch für die Verlängerung der
Legislaturperiode nach dem gegenwärtigen Stand der Diskussion zustandekommen dürfte, so dokumentiert doch der Bericht der Enquête-
Kommission übersichtlich und umfassend die politischen Auffassungen
über Vor- und Nachteile des bestehenden Wahlrechts ebenso wie der
nicht zustandegekommenen Neuregelungen. Die wichtigsten Gesichtspunkte sollen hier deshalb zusammenfassend wiedergegeben werden. (5)

Die ein personalisiertes Verhältniswahlrecht befürwortende Kommis-
sionsminderheit betonte vor allem das Persönlichkeitselement bei der
Wahl, die in einem klar abgegrenzten und überschaubaren Raum den engen Kontakt zwischen Wählern und Gewählten ermögliche und den Kandidaten in eine direkte Verantwortung gegenüber dem Gewählten stelle.
Die Position des Bewerbers und Abgeordneten gegenüber seiner Partei
werde unabhängiger als bei einer starren Listenwahl. Durch die Landesliste werde den Parteien gleichwohl die Möglichkeit gegeben, auch
in aussichtslosen Wahlkreisen in begrenztem Umfange politisch durch
Mandatsträger vertreten zu sein. Die personalisierte Verhältniswahl
begünstige die personelle Regenerierung der Parteien. Das neue Wahlsystem entspreche dem Verfahren der Bundestagswahl und ermögliche
auch auf Landesebene durch die Möglichkeit des Stimmensplittings einen direkten Einfluß des Wählers auf Regierungs- und Koalitionsbil-
dung.

Demgegenüber wurde auf folgende Nachteile einer personalisierten Verhältniswahl hingewiesen. Die Aufteilung in zahlreiche Direktwahlkreise durchschneide Verwaltungsgrenzen und natürliche Zusammenhänge. Eine solche Wahlrechtsänderung habe nicht nur erhebliche Folgewirkungen
im Hinblick auf Ausführungsbestimmungen, sondern erfordere auch organisatorische und Satzungsänderungen bei den Parteien. Der Verwaltungsaufwand bei der Durchführung der Wahl werde erhöht. Zudem ent-
stünden zwei "Sorten" von Abgeordneten. Durch den konzentrierten Ge-

winn von Direktmandaten entstehe ein regionales Ungleichgewicht
in der Vertretung der Bürger, das sich durch eine Landesliste nicht
ausgleichen lasse. Der starke lokale Bezug von Wahlkreisabgeordne-
ten lasse eine Überbetonung lokaler Interessen aus Gründen des
Wahlkreiserhalts befürchten. In sogenannten "todsicheren" Wahlkreisen finde eine echte Wahlkampfauseinandersetzung zwischen den Kon-
kurrenten nicht mehr statt. Ein Zuschnitt der Wahlkreise sei nicht
in der Weise möglich, daß jeder Wahlkreis die gleiche Einwohnerzahl
habe, was zu einem ungleichen Wert der Wählerstimmen führe. Schließlich könne der Einfluß der lokalen Parteiorganisationen größer werden als die Einflußmöglichkeiten der Landespartei.

In Abwägung der Vor- und Nachteile des gegenwärtigen Wahlsystems
wurde darauf verwiesen, daß die Aufstellung von vier Wahlkreislisten ein personelles Element darstelle. Die Parteien könnten bei der
Festlegung der Kandidatenfolge alle gebotenen und relevanten Gesichtspunkte (z. B. regionaler Ausgleich, Geschlecht, Beruf etc.)
berücksichtigen. Die Möglichkeit eines Listenverbundes in zwei Wahlkreisen gewährleiste weitgehend den verfassungsrechtlich geforderten
gleichen Erfolgswert der Wählerstimmen. Das Wahlsystem sei für den
Wähler übersichtlich, da er nur eine Stimme abzugeben habe. Durch
die Homogenität der Räume entstehe bei der derzeitigen Regelung
nicht das Problem einer künstlichen "Wahlkreisgeographie". Überge-
ordnete Parteigremien könnten ihren Einfluß auf eine ausgewogene
Kandidatennominierung geltend machen. Schließlich sei der gesamte
Verwaltungsaufwand gering.

Als nachteilig wird demgegenüber bei dem geltenden Wahlsystem empfunden, daß der persönliche Bezug zwischen Wählern und Abgeordneten
in den vier Großwahlkreisen nicht ausreichend gegeben sei. Weder
landsmannschaftliche Verbundenheit noch historische und kulturelle
Zusammenhänge würden beim gegenwärtigen Wahlkreiszuschnitt berücksichtigt. Das Persönlichkeitselement spiele kaum eine Rolle. Da die
Kandidaten auf den vorderen und mittleren Listenplätzen praktisch
schon mit ihrer Nominierung gewählt seien, entscheide der Wähler
nur über die für eine Partei möglichen letzten Plätze. Eine politische Konkurrenz zwischen Wahlkreiskonkurrenten der verschiedenen
Parteien finde nur bedingt statt, da es nicht um den Erhalt oder
Verlust eines Wahlkreises gehe. Das System der "sicheren" Plätze
auf den Wahlkreislisten lähme das Engagement des Kandidaten. Die Abhängigkeit der Kandidaten von ihrer Partei sei groß.

Auch zur Frage der Legislaturperiode enthält der Bericht der Enquête-Kommission zur Vorbereitung der Reform des Landeswahlgesetzes die
im Ausschuß vertretenen Argumente und Gegenargumente. Die Stellung-
nahme des Ausschusses verdient im Zusammenhang mit dieser Frage
nicht zuletzt deshalb besonderes Interesse, weil die Dauer der Wahlperiode auch im Vorfeld und während des Landtagswahlkampfes zu einem
Thema der Parteienkontroverse geworden war. Zwar bestand zwischen
den im 9. Landtag vertretenen Parteien Konsens insoweit, als alle

für eine Entflechtung von Landtags- und Bundestagswahltermin ein-
traten, um künftig eine "Doppelwahl" auszuschließen. Gleichwohl
kam eine Einigung über die Frage, auf welche Weise dieses Ziel erreicht werden könne, nicht zustande.

Als wesentliches Argument gegen eine Verlängerung der Legislaturperiode weist der Bericht darauf hin, daß damit die demokratischen
Mitwirkungsrechte der Bürger verkürzt würden. Doch habe der Bürger
nur durch die Abgabe seiner Stimme eine wirksame Einflußmöglich-
keit auf politische Entscheidungen. Ein erkennbar eingetretener politischer Wandel könne sich aber bei einer fünfjährigen Legislaturperiode nicht durchsetzen. Nicht zuletzt aus diesen Gründen habe
auch die vom Bundestag eingesetzte Enquête-Kommission Verfassungs-
reform einer Verlängerung der Legislaturperiode des Bundestages von
vier auf fünf Jahre nicht entsprochen.

Die Befürworter einer Verlängerung der Mandatsdauer verwiesen demgegenüber vor allem auf drei Aspekte:
1. Die Kürze der Legislaturperiode könne zu einer nicht wünschens-
werten Wahlmüdigkeit mit sinkender Wahlbeteiligung führen.
2. Im Hinblick auf die Anlaufzeit nach einer Neukonstituierung des
Landtages und infolge der Unterbrechung oder Erschwerung der parlamentarischen Arbeit durch Wahlkämpfe biete eine längere Legislaturperiode dem Parlament eher die Möglichkeit, sich seinen Sachaufga-
ben intensiver zu widmen.
3. Die geforderte fünfjährige Legislaturperiode habe sich in Nordrhein-Westfalen und im Saarland bewährt, was auch für die fünfjährige Wahlperiode der kommunalen Vertretungskörperschaften ebenso wie
für das Europa-Parlament gelte.

2. Wahlergebnisse und politische Rollenverteilung

2.1 Wahlergebnisse der Landtagswahlen 1947 - 1983

Seit der ersten Landtagswahl im Jahre 1947 ist die Christlich-Demokratische Union die führende Partei des Landes. Mit Ausnahme des
Wahlergebnisses 1951 konnte die CDU stets zwischen 40 und 50 Prozent
der Stimmen erreichen. Seit der Landtagswahl im Jahre 1971 erhielt
die Partei nun zum vierten Male hintereinander die absolute Mehrheit
der abgegebenen gültigen Stimmen. Für die Sozialdemokraten erwies
sich dagegen die 40-Prozentmarke als eine 'magische' Grenze bei dem
Bemühen um Ausschöpfung des SPD-Wählerpotentials in Rheinland-Pfalz.
Lediglich in den Landtagswahlen 1963 und 1971 konnte sie knapp und
im Jahre 1979 deutlich mehr als 40 Prozent der Wählerstimmen auf
sich vereinigen. Die FDP-Stimmenergebnisse weisen dagegen im Lang-

zeitvergleich einen relativ eindeutigen Trend nach unten aus. Der
Anteil der Wähler, die den Freien Demokraten bei den Landtagswahlen ihre Stimmen gaben, hat sich von 1951 bis 1983 auf etwa ein
Viertel reduziert. Außer den drei Parteien CDU, SPD und FDP konnten "Sonstige Parteien" nur dreimal die 5 %-Hürde überspringen:
1949 die KPD, 1959 die DRP und 1967 die NPD. Einen beachtenswerten
Prozentanteil der Stimmen konnten die auf der kommunalen Ebene
noch wesentlich stärkeren Wählervereinigungen nur bei den Landtagswahlen 1951 und vor allem 1955 erreichen. (Tab. 1) Sieht man einmal
vom Wahlergebnis 1983 ab, so spiegeln auch die Landtagswahlen einen
auf Bundesebene (Tab. 2) noch stärker zu beobachtenden Trend zur
Konzentration des Parteiensystems wider. Ob und inwieweit die Landtagswahl 1983, bei der es der Partei "Die Grünen" gelang, im ersten
Anlauf 4,5 Prozent der Stimmen zu erhalten, eine Trendwende auch in
der rheinland-pfälzischen Parteienlandschaft sein wird, kann zum
gegenwärtigen Zeitpunkt nicht abschließend beurteilt werden. Der
Erfolg dieser Partei bei den rheinland-pfälzischen Kommunalwahlen
im Jahre 1984 (5,4 Prozent im Landesdurchschnitt) sowie das Landesergebnis bei der gleichzeitig stattgefundenen Europawahl deuten
allerdings darauf hin, daß die Grünen auch in Rheinland-Pfalz zur
ernstzunehmenden, drittstärksten politischen Kraft geworden sind.

2.2 Landesergebnisse bei den Bundestagswahlen 1949 - 1983

Aufschlußreich sind auch die Ergebnisse der Bundestagswahlen auf
Landesebene. (Tab. 2) Vergleicht man die Landtagswahlergebnisse mit
den auf Landesebene erzielten Prozentanteilen der Parteien bei den
Bundestagswahlen, so zeigen sich zum Teil beachtenswerte Differenzen. Dabei fällt auf, daß die CDU, solange sie auch im Bund in der
Regierung war, bei Landtagswahlen stets weniger Stimmen erhalten
hat als bei Bundestagswahlen. Demgegenüber konnte die SPD, die seit
1951 auf Landesebene die Rolle der Opposition wahrnimmt, bei den
Bundestagswahlen auf Landesebene ein besseres Ergebnis erzielen als
bei den Landtagswahlen. Mit dem Eintritt in die Regierung der Großen
Koalition im Jahre 1966 und der Bildung der sozialliberalen Koalition im Jahre 1969 schnitt die SPD allerdings bei Bundestagswahlen
auf Landesebene schlechter ab als bei Landtagswahlen. (Tab. 3) Umgekehrt erzielte die CDU mit der Übernahme der Oppositionsrolle auf
Bundesebene im Jahre 1969 bei Landtagswahlen deutlich bessere Ergebnisse als bei Bundestagswahlen.

Für das durchweg auch bei den FDP-Ergebnissen beobachtete Grundmuster - schlechteres Abschneiden bei Landtagswahlen, wenn die Partei
im Bund in der Regierung ist und relativ besseres Abschneiden, wenn
die Partei im Bund auf der Oppositionsbank sitzt - gibt es sicherlich sehr viele und komplexe Wählerverhaltensmotive, wobei auf lediglich zwei Aspekte verwiesen werden soll, ohne damit die Differenz
zwischen Landtagswahlergebnissen und Landesergebnissen bei Bundes-

Tab. 1: Wahlergebnisse bei Landtagswahlen in Rheinland-Pfalz
(in % der abgegebenen gültigen Stimmen)

Parteien	CDU	SPD	FDP	Sonstige Parteien	Wählerver- einigungen
Landtagswahl:					
1947	47,2	34,3	9,8	8,7 (KPD)	-
1951	39,2	34,0	16,7	9,4 (4,3 da- von KPD)	0,7
1955	46,8	31,7	12,7	5,9	2,9
1959	48,4	34,9	9,7	7,0 (5,1 da- von DRP)	-
1963	44,4	40,7	10,1	4,8	-
1967	46,7	36,8	8,3	8,2 (6,9 davon NPD)	-
1971	50,0	40,5	5,9	3,5	-
1975	53,9	38,5	5,6	1,6	0,3
1979	50,1	42,3	6,4	1,2	-
1983	51,9	39,6	3,5	4,9 (4,5 davon Grüne)	-

Quelle: Berichte des Statistischen Landesamtes zu den Landtagswahlen

Tab. 2: Landesergebnisse bei den Bundestagswahlen
(in % der abgegebenen gültigen Zweitstimmen)

Parteien	CDU	SPD	FDP	Sonstige Parteien (über 5 %)
Bundestagswahl:				
1949	49,1	29,6	15,8	6,2 (KPD)
1953	52,1	27,2	12,1	-
1957	53,7	30,4	9,8	-
1961	48,9	33,5	13,2	-
1965	49,3	36,7	10,2	-
1969	47,8	40,1	6,3	-
1972	45,9	44,9	8,1	-
1976	49,9	41,7	7,6	-
1980	45,6	42,8	9,8	-
1983	49,6	38,4	7,0	-

Quelle: Berichte des Statistischen Landesamtes zu den Bundestagswahlen

Tab. 3: Differenz zwischen Landtagswahlergebnis und Landesergebnis
bei der jeweils folgenden Bundestagswahl
(in % der Stimmen)

Landtagswahlen-Bundestagswahlen	CDU	SPD	FDP
LTW 1947- BTW 1949	- 1,9	+ 4,7	- 6,0
LTW 1951- BTW 1953	- 12,9	+ 6,8	+ 4,6
LTW 1955- BTW 1977	- 6,9	+ 1,3	+ 2,9
LTW 1959- BTW 1961	- 0,5	+ 1,4	- 3,5
LTW 1963- BTW 1965	- 4,9	+ 4,0	- 0,1
LTW 1967- BTW 1969	- 1,1	- 3,3	+ 2,0
LTW 1971- BTW 1972	+ 4,1	- 4,4	- 2,2
LTW 1975- BTW 1976	+ 4,0	- 3,2	- 2,0
LTW 1979- BTW 1980	+ 4,5	- 0,5	- 3,4
LTW 1983- BTW 1983	+ 2,3	+ 1,2	- 3,5

Quelle: Berechnung aufgrund von Tab. 1 und 2

tagswahlen befriedigend erklären zu können:
1. Eine zunehmende bundespolitische Orientierung der Wähler auch bei den Landtagswahlen, die vielfach den Charakter eines bundespolitischen Zwischenvotums für den Wähler bekommen.
2. Eine durchweg niedrigere Wahlbeteiligung (Tab. 4) bei den Landtagswahlen als Folge einer geringeren Ausschöpfung des Wählerreservoirs.

Auf weitere Problemzusammenhänge wird in einem der folgenden Beiträge eingegangen (6), so daß hier auf eine detailliertere Analyse verzichtet werden kann.

2.3 Zur Wahlbeteiligung bei Landtags- und Bundestagswahlen

Mit Wahlbeteiligungen weit über 70 Prozent bei Landtagswahlen und um 90 Prozent bei Bundestagswahlen liegt die Bundesrepublik im Vergleich mit anderen westlichen Demokratien an der Spitze. Wie Forschungen zur politischen Kultur nachweisen konnten, ist hohe Wahlbeteiligung an sich jedoch noch kein hinreichender Indikator für die Bereitschaft zur politischen Partizipation der Bürger, für politische Stabilität und für das Funktionieren einer Demokratie. In der politik- und sozialwissenschaftlichen Literatur wird vielmehr immer wieder darauf hingewiesen, daß der Wahlakt in der Bundesrepublik eher als eine staatsbürgerliche Pflicht gilt, der man genügen müsse und weniger als eine Chance, auf die politische Entwicklung Einfluß zu nehmen. Der 'Pflichtcharakter' der Teilnahme an Wahlen wird nicht zuletzt dadurch unterstrichen, daß ein großer Teil der Wählerschaft nicht der Auffassung ist, über die Wahl politisch Einfluß nehmen zu können. (7)

Unabhängig von dieser grundsätzlichen demokratietheoretischen Bewertung der Wahlbeteiligung soll die folgende Übersicht (Tab. 4) das Beteiligungsverhalten bei Landtags- und Bundestagswahlen vergleichend gegenüberstellen. Dabei ist festzustellen: Zwar zeigt die Wahlbeteiligung von 1963 bis zur letzten Landtagswahl einen kontinuierlich steigenden Trend, wobei die hohe Wahlbeteiligung von 90,4 Prozent im Jahre 1983 ein aufgrund der "Doppelwahl" bedingter Ausnahmefall gewesen sein dürfte. Gleichwohl ist die Bereitschaft der Rheinland-Pfälzer, bei Bundestagswahlen ihre Stimme abzugeben, noch deutlich ausgeprägter als bei Landtagswahlen. Die Wahlbeteiligung bei den Landtagswahlen zwischen 1951 und 1979 ist gegenüber den Bundestagswahlen (1953-1980) um durchschnittlich über 10 Prozent geringer. Dieses Faktum, das auch in anderen Bundesländern zu beobachten ist, deutet darauf hin, daß den Landtagswahlen in der Einschätzung der Wähler nicht die gleiche politische Bedeutung zukommt wie den Bundestagswahlen. (8)

Tab. 4: Wahlbeteiligung der Rheinland-Pfälzer (Angaben in %) bei Landtags- und Bundestagswahlen

Landtagswahlen		Bundestagswahlen		Differenz zwischen Wahlbeteiligung LTW und jeweils folgender BTW
Jahr	%	Jahr	%	
1947	77,9	1949	79,6	- 1,7
1951	74,8	1953	86,0	- 11,2
1955	76,8	1957	88,3	- 11,5
1959	77,2	1961	88,2	- 11,0
1963	75,5	1965	88,0	- 12,5
1967	78,5	1969	87,0	- 9,5
1971	79,4	1972	91,6	- 12,2
1975	80,8	1976	91,5	- 10,7
1979	81,4	1980	89,9	- 8,5
1983	90,4	1983	90,4	- 0,0

Quelle: Statistische Berichte Rheinland-Pfalz, 4. Mai 1983, S. 15, und vom 31.3.1983, S. 3, sowie Statistik von Rheinland-Pfalz, hrsg. vom Statistischen Landesamt Rheinland-Pfalz, Bad Ems, 1979, Bd. 284, S. 11

3. Die rheinland-pfälzischen Landtage: Sitzverteilung und Abgeordnetenstruktur

3.1 Die Sitzverteilung im Landtag

Mehr noch als nach dem Wahlergebnis ist die CDU, geht man von der Sitzverteilung im rheinland-pfälzischen Landtag aus, die klar dominierende Partei. Seit Gründung des Landtages ist die Christlich-Demokratische Union die dominierende Regierungspartei, aus deren Reihen auch stets der Ministerpräsident gestellt wurde. Bei den bisher insgesamt 10 Landtagswahlen konnte sie sechsmal die absolute Mehrheit der Sitze im Landtag erringen. (Tab. 5) Seit 1971 hält sie diese parlamentarische Position, die ihr ein Regieren ohne Beteiligung eines Koalitionspartners erlaubt. Die zweitstärkste Fraktion stellte stets die Sozialdemokratische Partei. Bis auf den 10. Landtag gehörten auch immer Abgeordnete der FDP dem rheinland-pfälzischen Parlament an. Sonstige Parteien konnten nur dreimal die parlamentarische Hürde überwinden: 1947 die KPD, 1959 die DRP und 1967 die NPD. Seit 1971 gehören dem Landesparlament nur drei und seit der Landtagswahl 1983 lediglich zwei Parteien an. Vergleicht man die Zahl der Sitze mit der Prozentzahl der erreichten Wählerstimmen, so wird eine leichte Begünstigung der beiden größeren Parteien sichtbar.

3.2 Zur Berufsstruktur der Landtagsabgeordneten

Allein die Verteilung der Parlamentssitze sagt noch nichts aus über die innere Struktur des Landesparlaments. Hier stellt sich insbesondere die Frage, ob sich auf der Landesebene ähnliche Entwicklungen in der Abgeordnetensoziologie feststellen lassen wie auf der Bundesebene. Bereits die grobe statistische Übersicht zur Veränderung der Berufsstruktur der rheinland-pfälzischen Abgeordneten im Verlauf der verschiedenen Legislaturperioden gibt hier interessante Hinweise. (Tab. 6) Dabei verdienen vor allem drei Gesichtspunkte besondere Beachtung:

1. Die kontinuierliche Zunahme der im öffentlichen Dienst beschäftigten Beamten und Angestellten unter den rheinland-pfälzischen Landtagsabgeordneten weist auf eine "Verbeamtungstendenz" hin, die im Landesparlament noch ausgeprägter ist als im Deutschen Bundestag. (9) Offensichtlich ist die Übernahme eines Landtagsmandats eine attraktive Karrierestufe vor allem für Staatsbeamte und öffentlich Bedienstete. Seit der Inkompatibilitätsregelung (10), die die Unvereinbarkeit von Staatsamt und Abgeordnetenmandat festschreibt, ist allerdings der Anteil der Kommunalbeamten, die ursprünglich

Tab. 5: Sitzverteilung im Landtag

Landtags-wahlen	Sitze insg.	CDU	SPD	FDP	sonstige
1947	101	48	34	11	8
1951	100	43	38	19	-
1955	100	51	36	13	-
1959	100	52	37	10	1
1963	100	46	43	11	-
1967	100	49	39	8	4
1971	100	53 52[+]	44 42[+]	3 6[+]	-
1975	100	55	40	5	-
1979	100	51	43	6	-
1983	100	57	43	-	-

+ = Nachträglich korrigierte Sitzverteilung, die erforderlich geworden war, weil das Bundesverfassungsgericht die Wahlschlüssel- und Reststimmenvorschrift des § 42 Landeswahlgesetz (alte Fassung) für verfassungswidrig erklärt hatte.

Tab. 6: Berufsstruktur der Landtagsabgeordneten

Wahlperiode	Angehörige des öffentl. Dienstes sowie von Körperschaften des öff. Rechts	Selbständige	Arbeitnehmer der gewerblichen Wirtschaft	hauptamtliche Partei- und Gewerkschaftsangestellte	Sonstige (z. B. Hausfrauen, Rentner)
3. 1955-59	35	40	14	6	5
4. 1959-63	39	31	15	7	8
5. 1963-67	45	30	16	6	3
6. 1967-71	49	22	21	5	3
7. 1971-75	56	19	19	3	3
8. 1975-79	57	20	12	8	3
9. 1979-83	61	23	7	6	3

Quelle: Zusammenstellung nach den Angaben des Statistischen Landesamtes in den statistischen Berichten zu den einzelnen Landtagswahlen. Berechnungsdatum ist jeweils der Beginn der Wahlperiode. Strukturelle Veränderungen während der Wahlperiode (z. B. durch Mandatsniederlegung) sind nicht berücksichtigt.

eine große Gruppe der öffentlich Bediensteten unter den Mandatsträgern stellte ("Bürgermeisterfraktion"), stark zurückgegangen.

2. Der Anteil der Selbständigen hat dagegen langfristig gesehen
stark abgekommen, wobei auf eine Umstrukturierung innerhalb dieser
Untergruppe besonders hinzuweisen ist. Während die selbständigen
Landwirte lange Zeit mehr als die Hälfte dieser Gruppe ausmachten,
saßen im 9. Landtag nur noch 3 Landwirte. Hingegen hat der Anteil
d e r Abgeordneten unter den Selbständigen, die den Beruf des
Rechtsanwalts angeben, stark zugenommen. Insgesamt sind jedoch die
Selbständigen gemessen an ihrem Anteil in der Gesamtbevölkerung
immer noch stark im Parlament vertreten.

3. Der Anteil der Arbeitnehmer aus Industrie und gewerblicher
Wirtschaft ist, verglichen mit dem Anteil dieser Berufsgruppe in
der Gesamtbevölkerung, außerordentlich klein. Hier ist sogar langfristig gesehen - ähnlich wie bei der Gruppe der Selbständigen -
ein Rückgang festzustellen.

Sicherlich entspräche es einem überkommenen ständischen Verständnis
von Repräsentation, wollte man fordern, daß das Parlament gleichsam
ein verkleinertes Spiegelbild der in der Gesamtbevölkerung vertretenen Berufsgruppen abgeben sollte. Gleichwohl kann es für eine plu-
ralistische Interessenrepräsentation nicht ganz unerheblich sein,
wenn gerade große gesellschaftliche Gruppen nicht oder stark unter-
durchschnittlich, andere, zahlenmäßig in der Gesamtwählerschaft jedoch relativ kleine Gruppen außerordentlich stark im Parlament
vertreten sind. Denn bereits diese grobe Berufsgruppengliederung
der rheinland-pfälzischen Landtage macht deutlich:

1. Landtagsabgeordnete rekrutieren sich ganz überwiegend aus Berufen, die man als "politiknah" bezeichnen kann; Berufen also, die
einen vergleichsweise großen Spielraum für die Beschäftigung mit
Politik erlauben (wie z. B. öffentlich Bedienstete oder auch Rechts-
anwälte) oder bei denen Politik Bestandteil bzw. Voraussetzung für
die Ausübung des Berufes ist (z. B. Gewerkschafts- oder Parteiange-
stellte).

2. Große, die Mehrheit der Wähler ausmachende Berufsgruppen, wie
z. B. Arbeiter und Angestellte aus Industrie und gewerblicher Wirtschaft oder nicht berufstätige Hausfrauen, sind dagegen parlamenta-
risch nur noch als kleine Minderheit vertreten. Insgesamt ließe
sich die Feststellung treffen, daß gerade d i e gesellschaftli-
chen Gruppen, die ohnedies in besonderer Weise zur Vertretung ihrer
Interessen in der Lage sind, auch im Landesparlament besonders
stark vertreten sind. Die Gründe für diese Gesamtentwicklung, die
im übrigen auch in den anderen Landesparlamenten zu beobachten
ist (11), sind vielfältig und können hier nicht ausführlich behan-

delt werden. Die folgenden Stichpunkte geben nur skizzierende Hinweise auf einige wichtige Zusammenhänge:

- die Veränderung der Arbeitswelt hin zu dem, was mit dem Schlagwort "Dienstleistungsgesellschaft" bezeichnet wird, also der Zunahme der verwaltenden und versorgenden und der Abnahme der produzierenden Berufe, (12)

- die Entwicklung der Abgeordnetentätigkeit zu einem Vollzeitberuf, der die Ausübung einer weiteren Tätigkeit neben dem Landtagsmandat außerordentlich erschwert,

- das Abgeordnetengesetz, das die 'Berufssituation' der rheinland-pfälzischen Mandatsträger im Jahre 1978 (14) neu regelte. Danach erhalten die Landtagsabgeordneten nicht nur eine Aufwandsentschädigung, sondern auch eine Grundentschädigung, die für alle gleich ist und eine dem Amt angemessene Lebensführung ermöglichen soll, (15)

- das mit der Neuregelung der Abgeordnetenbezüge in Verbindung stehende Inkompatibilitätsprinzip, das die Unvereinbarkeit von Amt (z. B. Bürgermeisteramt) und Mandat vorschreibt,

- die Wiedereingliederung in den ursprünglich ausgeübten Beruf, die bei öffentlich Bediensteten mit Arbeitsplatzschutz wesentlich geringere Problem schafft als bei Arbeitnehmern aus der Wirtschaft, zumal wenn man von einer durchschnittlichen Verweildauer von etwa zweieinhalb Legislaturperioden (13) ausgeht.

Berechnung der Sitzverteilung

a) Verteilung der Sitze auf die verbundenen Kreiswahlvorschläge Sitzzahl: 51

Teiler	CDU		SPD	
	Zahl der Stimmen			
	714 o6o		467 131	
	Teilungs-zahl	Sitzfolge-Nr.	Teilungs-zahl	Sitzfolge-Nr.
1	714 o6o	1	467 131	2
2	357 o3o	3	233 566	5
3	238 o2o	4	155 71o	7
4	178 515	6	116 783	1o
5	142 812	8	93 426	12
6	119 o1o	9	77 855	15
7	1o2 oo9	11	66 733	17
8	89 258	13	58 391	2o
9	79 34o	14	51 9o3	22
1o	71 4o6	16	46 713	25
11	64 915	18	42 466	27
12	59 5o5	19	38 928	3o
13	54 928	21	35 933	32
14	51 oo4	23	33 367	35
15	47 6o4	24	31 142	37
16	44 629	26	29 196	4o
17	42 oo4	28	27 478	42
18	39 67o	29	25 952	45
19	37 582	31	24 586	48
2o	35 7o3	33	23 357	5o
21	34 oo3	34	22 244	
22	32 457	36		
23	31 o46	38		
24	29 753	39		
25	28 562	41		
26	27 464	43		
27	26 447	44		
28	25 5o2	46		
29	24 623	47		
3o	23 8o2	49		
31	23 o34	51		
32	22 314			
Sitze		31		2o

b) Verteilung der Sitze auf die beteiligten Kreiswahlvorschläge

Teiler	CDU				SPD			
	Wahlkreis 1		Wahlkreis 2		Wahlkreis 1		Wahlkreis 2	
	Zahl der Stimmen							
	37o 254		343 8o6		26o 61o		2o6 521	
	Teilungs-zahl	Sitz-folge-Nr.	Teilungs-zahl	Sitz-folge-Nr.	Teilungs-zahl	Sitz-folge-Nr.	Teilungs-zahl	Sitz-folge-Nr.
1	37o 254	1	343 8o6	2	26o 61o	1	2o6 521	2
2	185 127	3	171 9o3	4	13o 3o5	3	1o3 261	4
3	123 418	5	114 6o2	6	86 87o	5	68 84o	6
4	92 564	7	85 952	8	65 153	7	51 63o	9
5	74 o51	9	68 761	1o	52 122	8	41 3o4	11
6	61 7o9	11	57 3o1	12	43 435	1o	34 42o	13
7	52 893	13	49 115	14	37 23o	12	29 5o3	15
8	46 282	15	42 976	16	32 576	14	25 815	18
9	41 139	17	38 2o1	18	28 957	16	22 947	2o
1o	37 o25	19	34 381	2o	26 o61	17	2o 652	
11	33 659	21	31 255	22	23 692	19		
12	3o 855	23	28 651	24	21 718			
13	28 481	25	26 447	27				
14	26 447	26	24 558	29				
15	24 684	28	22 92o	31				
16	23 141	3o	21 488					
17	21 78o							
Sitze		16		15		11		9

Quelle: Statistische Berichte Rheinland-Pfalz, hrsg. vom Statistischen Landesamt Rheinland-Pfalz, B VII 2-1983 vom 31. März 1983, S. 14

Anmerkungen

1) Vgl. u. a. Emil Hübner, Wahlsysteme und ihre möglichen Wirkungen unter spezieller Berücksichtigung der Bundesrepublik Deutschland, München 1976 (4. überarbeitete Aufl.); Rüdiger Bredthauer, Das Wahlsystem als Objekt von Politik und Wissenschaft. Die Wahlsystemdiskussion 1967/68 als politische und wissenschaftliche Auseinandersetzung, Meisenheim 1973; Werner Kaltefleiter/Peter Nißen, Empirische Wahlforschung. Eine Einführung in Theorie und Technik, Paderborn u. a. 1980, insb. S. 36ff

2) Vgl. dazu den Gesetzentwurf der FDP-Landtagsfraktion: Landtag Rheinland-Pfalz 9. Wahlperiode Drucksache 9/978 vom 23.10.1980; den Gesetzentwurf der CDU-Landtagsfraktion: Landtagsdrucksache 9/1925 vom 3.12.1981 sowie die Beschlußempfehlung des Innenausschusses zum Gesetzentwurf der CDU-Fraktion: Landtagsdrucksache 9/2363 vom 2.7.1982

3) Wahlschlüssel war der Quotient, der sich aus der Teilung der Summe aller nicht von der 5 %-Klausel betroffenen Parteistimmen durch die Zahl der im Wahlkreis zu zählenden Abgeordneten ergibt. Auf jeden Kreiswahlvorschlag entfielen soviele Sitze, wie der Wahlschlüssel in der Zahl der für ihn abgegebenen Stimmen enthalten ist. Vorschläge, die den in den ehemals 6 Wahlkreisen unterschiedlichen Wahlschlüssel nicht erreichten, wurden bei der Zuteilung der Sitze nicht berücksichtigt. Die Wahlschlüssel- und Reststimmenvorschrift wurden 1972 vom Bundesverfassungsgericht für verfassungwidrig erklärt und die Sitzverteilung nachträglich korrigiert. (Vgl. auch Tab. 1)

4) Landtag Rheinland-Pfalz - 9. Wahlperiode, Drucksache 9/1063, S. 2; siehe dazu auch die Plenardebatte im Landtag: Stenographische Berichte, 9. Wahlperiode, 28. Sitzung, 17. Dezember 1980, Bd. 2 1980/81, S. 1582-2214

5) Zu den Ausführungen vgl. im folgenden den Enquête-Bericht, Landtagsdrucksache 9/1063

6) Vgl. den Beitrag 3.3 (Czerwick) "Zum Verhältnis von Landtags- und Bundestagswahlen" sowie 4.2 (Engel) "Die Bundestags- und Landtagswahlergebnisse 1983 in Rheinland-Pfalz ..." in diesem Band

7) Vgl. diese Problematik zusammenfassend: Gerd Meyer, Wahlen, in: Martin Greiffenhagen/Sylvia Greiffenhagen/Rainer Prätorius (Hrsg.), Handwörterbuch zur politischen Kultur. Ein Lehr- und Nachschlagewerk, Opladen 1981, S. 520ff; Martin und Sylvia Greiffenhagen (Hrsg.), Ein schwieriges Vaterland. Zur politischen Kultur Deutschlands, München 1979 (2. Aufl.), S. 18ff; Peter Reichel, Politische Kultur der Bundesrepublik, Opladen 1981, insb. S. 140ff

8) Vgl. auch dazu den Beitrag 3.3 (Czerwick) sowie 4.2 (Engel) in diesem Band

9) Siehe zum Vergleich für den 9. Deutschen Bundestag die differenzierte Untersuchung von Heino Kaack, Die personelle Struktur des 9. Deutschen Bundestages - ein Beitrag zur Abgeordnetensoziologie, in:
   Zeitschrift für Parlamentsfragen, 12. Jg. 1981, H. 2, S. 165-203

10) Vgl. Landesgesetz über die Unvereinbarkeit von Amt und Mandat vom
    2. November 1970 (GVBl. S. 395) i.d.F. vom 10.11.1975 (GVBL. S. 397)
    sowie Landesgesetz über die Rechtsverhältnisse der Mitglieder des
    Landtags Rheinland-Pfalz vom 21. Juli 1978 (GVBl. S. 587) i.d.F. vom
    8.2.1982 (GVBl. S. 66), siehe dort insb. die Paragraphen 29 und 30

11) Vgl. bereits: Adalbert Hess, Statistische Daten und Trends zur "Ver-
    beamtung der Parlamente" in Bund und Ländern, in: Zeitschrift für
    Parlamentsfragen, 6. Jg. 1975, H. 1, S. 34-39; Klaus Schrode, Beam-
    tenabgeordnete in Landtagen der Bundesrepublik Deutschland, Heidel-
    berg 1977, Schrode kommt allerdings aufgrundseiner vergleichenden Un-
    tersuchung über Beamtenabgeordnete in drei Landtagen zu dem Ergebnis,
    daß Beamtenabgeordnete wie andere Abgeordnete auch vielfältige Inter-
    essen vertreten und ihrer Kontrollfunktion ebenso gerecht werden wie
    Nichtbeamtenabgeordnete. (Vgl. insb. S. 273)

12) Vgl. Rainer M. Lepsius, Sozialstruktur und soziale Schichtung in der
    Bundesrepublik Deutschland, in: Richard Löwenthal/Hans-Peter Schwarz
    (Hrsg.), 25 Jahre Bundesrepublik Deutschland, Stuttgart 1979,
    S. 263-288

13) Berechnung aufgrund der Angaben in den Statistischen Berichten zu
    den Landtagswahlen

14) Vgl. oben Anm. 10

15) Vgl. dazu das "Diätenurteil" des Bundesverfassungsgerichts vom
    5. November 1975, auszugsweise dokumentiert, in: Zeitschrift.für Par-
    lamentsfragen, 6. Jg. 1975, H. 1, S. 19-25. Siehe dazu auch den die
    unterschiedlichen Auffassungen zu diesem Bericht referierenden Bei-
    trag: Uwe Thaysen, Die Volksvertretungen der Bundesrepublik und das
    Bundesverfassungsgericht ..., in: ebenda, S. 3-18

16) Vgl. die Übersicht bei Herbert Schneider, Länderparlamentarismus in
    der Bundesrepublik, Opladen 1979, S. 150 und S. 154ff

17) Vgl. ebenda, S. 112ff. Zu dieser Diskussion siehe insb. Schneider
    (Anm. 16) sowie Manfred Friedrich, Landesparlamente in der Bundesre-
    publik, Opladen 1975; ders., Der Landtag als Berufsparlament?, Wies-
    baden 1977

2. PROGRAMMATISCHE ALTERNATIVEN IM LANDTAGSWAHLKAMPF 1983

2.1 Synopse zentraler Wahlaussagen
(Werner Simon)

1. Anlage und Struktur der Wahlprogramme

2. Vergleich zentraler Aussagen in einzelnen Politikfeldern

   2.1 Beschäftigungspolitik

   2.2 Bildungspolitik

   2.3 Energiepolitik

   2.4 Friedens- und Sicherheitspolitik

   2.5 Innen- und Rechtspolitik

   2.6 Medienpolitik

   2.7 Sozialpolitik

   2.8 Umweltpolitik

   2.9 Wirtschaftspolitik

Die synoptische Zusammenstellung zentraler politischer Aussagen berücksichtigt die folgenden Landeswahlprogramme:

1. Wahlprogramm der CDU: "Das Programm der CDU für Rheinland-Pfalz 1983-87", (56 Seiten)
2. Wahlprogramm der FDP: "Wahlprogramm Landtagswahl 1983" (41 Seiten)
3. Wahlprogramm der SPD: "Wie wir von 1983-1987 für die Bürger in Rheinland-Pfalz Politik machen wollen", (27 Seiten)
4. Landeswahlprogramm "Die Grünen", Rheinland-Pfalz, (112 Seiten)

Die Synopse soll dem interessierten Leser durch direkten Textvergleich einen gestrafften, aber dennoch differenzierten Überblick über die programmatischen Zielvorstellungen der Parteien geben. Als Grundlage dienen die Wahlprogramme der Parteien, die zwar nur einen Ausschnitt der gesamten programmatischen Texte der Parteien repräsentieren (Sachprogramme, programmatische Reden), aber aufgrund ihres generellen, über einzelne Themen hinausgehenden Charakters besonders geeignet für eine Synopse sind. Der synoptische Vergleich erscheint umso wichtiger, als die umfangreichen Wahlprogramme von Parteimitgliedern und Bürgern kaum noch wahrgenommen werden. Die Parteien gehen deshalb mehr und mehr dazu über, Kurzfassungen gleichsam als "Volksausgaben" zu veröffentlichen. Demgegenüber soll die Synopse dem Leser eine Hilfe sein für den kritischen Vergleich zwischen programmatischen Zielvorgaben und konkretem politischem Handeln.

1. Anlage und Struktur der Wahlprogramme

Bevor eine Synopse der Wahlaussagen vorgenommen werden kann, ergibt sich die Notwendigkeit, auf die jeweils unterschiedliche Anlage und Struktur der Programme hinzuweisen. Sie erschweren die Vergleichbarkeit politischer Aussagen aufgrund der teils erheblichen Unterschiede, die sich ergeben hinsichtlich:

a) des Umfangs der Aussagen,
b) der Ausdifferenzierung und Benennung der Politikfelder,
c) der Prioritätensetzung der einzelnen Themen sowie
d) der Konkretionsstufe der Aussagen.

Während die Freien Demokraten und die Grünen ihr Programm weitgehend entlang dem mehr oder weniger traditionellen bundespolitischen Problemhaushalt (Innenpolitik, Wirtschaftspolitik, Sicherheitspolitik usw.) aufgegliedert haben, wählen SPD und CDU themenübergreifende Gliederungspunkte in Form von Leistungsbilanzen oder politischen Leitsätzen (CDU: Rheinland-Pfalz heute, Wovon wir uns leiten lassen, Worauf wir die politische Arbeit in den nächsten vier Jahren konzentrieren wollen; SPD: Wir wollen den Frieden wahren, Arbeit schaffen für alle, Das Verhältnis Bürger-Staat entscheidet über die

Zukunft der Demokratie, Die heute lebende Generation hat eine große Verantwortung für die künftige Generation, Rheinland-Pfalz - Unsere Heimat). Im Gegensatz zu den etablierten Parteien sind bei den Grünen mehrere Kapitel an Zielgruppen, insbesondere Randgruppen der Gesellschaft adressiert (Behinderte, Homosexuelle, Ausländer, Roma/ Sinti, sog. Minderheitenteil).

Auch im Umfang sind die Wahlprogramme sehr unterschiedlich. Beschränkt sich das Programm der Sozialdemokraten beispielsweise auf 27 Seiten im DIN A-3Format, ergänzt wird die Programm-Broschüre um eine grundsatzprogrammatische Rede des SPD-Landesvorsitzenden Hugo Brandt vom November 1982 (30 Seiten), so umfassen die Aussagen der Grünen weit über 100 DIN A-4Seiten, die im Gegensatz zu den übrigen Parteien durch zahlreiche ganzseitige Fotos und Zeichnungen angereichert sind und dem Programm zweifellos eine große optische Aufmerksamkeit verleihen. Ihrem Programm ist zudem zu eigen, daß zunächst die grundlegenden Aussagen des Bundesprogramms übernommen wurden und in eigenen Abschnitten daraus konkrete Forderungen für die Arbeit der Grünen in Rheinland-Pfalz abgeleitet werden.

Eine klare Trennung zwischen bundespolitischen und rein landespolitischen Forderungen kann in keinem Wahlprogramm vorgenommen werden. Im Gegenteil: Die Landeswahlprogramme zeigen ganz deutlich die starke bundespolitische Durchdringung der Landespolitik. Denn die in den Programmen thematisierten Problemfelder reflektieren zumindest in gleichem Umfange, zum Teil aber auch wesentlich stärker die auf der Bundesebene bedeutsamen politischen Aufgabenfelder. (Vgl. z. B. Friedenspolitik, Sicherheitspolitik, Beschäftigungspolitik usw.)

Für die Verständlichkeit der Synopse sind die folgenden Hinweise bei der Lektüre von Bedeutung:
1) Eine Zitatensynopse ist aus den bereits genannten Gründen weder durchführbar noch wäre sie von großem Erkenntnisgewinn. Zentrale, von einzelnen Parteien besetzte Begriffe werden allerdings wörtlich übernommen (z. B. "aktive Wirtschaftspolitik" usw.).
2) Aus Platzgründen konnten nur die jeweils wichtigsten Aussagen und Forderungen zu den einzelnen Politikfeldern berücksichtigt werden, die im besonderen auch dazu geeignet sind, unterschiedliche bzw. gemeinsame Positionen zwischen den Parteien pointiert deutlich werden zu lassen.
3) Die benutzte Reihenfolge entspricht nicht der in den Programmen vorgegebenen, da die Synopse aufgrund des unterschiedlichen Aufbaus der Programme einer eigenen inhaltlichen Systematik folgen mußte. Dies erforderte eine Neukombination der Programmpunkte. Die in den Programmen vorgefundenen Abschnittsnumerierungen wurden daher ebensowenig übernommen wie die Abschnittsüberschriften oder Hervorhebungen im Druckbild. Auch wenn damit beabsichtigte Gewichtungen und Prioritätensetzungen der Parteien nicht berücksichtigt werden und das Gesamtprofil des jeweiligen

Programms nicht zur vollen Geltung kommen konnte, so mußte diese Vorgehensweise doch aus Gründen der Vergleichbarkeit gewählt werden.

4) Hinsichtlich der Eindeutigkeit der Zuordnungen - unter Verzicht auf Vollständigkeit der Positionsdokumentation - ergab sich die Schwierigkeit, daß sich z. B. bestimmte Aussagen sowohl unter der Kategorie Wirtschafts-, Sozial-, Beschäftigungs- oder Umweltpolitik subsumieren ließen. Dennoch empfahl sich die Beibehaltung eines Kategoriengerüsts, das den üblichen Begrifflichkeiten der traditionellen Politikbereiche entlehnt ist und dementsprechend die Programmaussagen zuordnet. Mehrfachnennungen und Überschneidungen sind daher nicht immer zu vermeiden.

2. Vergleich zentraler Aussagen in einzelnen Politikfeldern

In erster Linie werden die vergleichbaren Felder aufeinander bezogen, d. h. diejenigen, zu denen bei allen Parteien Aussagen zu finden sind und bei deren Vergleich sich unterscheidbare Merkmale klar festmachen lassen. Da sich aus den Programmen keine systematische Abfolge ergibt, sei an dieser Stelle die alphabetische Auflistung der Themenfelder gewählt. Die Gegenüberstellung kann zwischen zwei oder mehreren Parteien mit unterschiedlichen Auffassungen erfolgen oder auch zwischen jeweils ähnlichen "Parteiblöcken" untereinander.

2.1 Beschäftigungspolitik

In dem Maßnahmenkatalog zur Beseitigung der Arbeitslosigkeit, über deren Bedeutung weitgehender Konsens zwischen den vier Parteien besteht, zeigen sich klare Unterschiede zwischen den Aussagen zweier "Lager" über das Wie der Arbeitsplatzbeschaffung. Die Trennungslinie läuft hinsichtlich der Frage, ob mehr staatliche oder mehr private Investitionen zur Belebung des Arbeitsmarktes beitragen können sowie im Hinblick auf die Arbeitszeitregelung. Während CDU und FDP die private,unternehmerische Tätigkeit durch zurückhaltende flankierende staatliche Maßnahmen stärken wollen, sehen SPD und Grüne ohne umfassende, direkte staatliche Förderungsprogramme und Neuverteilung der Arbeitszeit keine Möglichkeit, die von allen Parteien angestrebte Vollbeschäftigung wiederherzustellen.

CDU	FDP
- Belebung der Investitionstätigkeit der Wirtschaft und des Staates	- Stärkung der Marktwirtschaft
- Vorrang der privaten Investitionen	- private, unternehmerische Betätigung anstelle staatlicher fördern
- Hohe Wettbewerbsfähigkeit und steigendes Wirtschaftswachstum am besten geeignet, Arbeitsplätze zu schaffen	- Übertragung von öffentlichen Aufgaben an private Unternehmer
- Ausbau leistungsfähiger Verkehrswege	- konsequente Arbeitsteilung zwischen Staat und privater Wirtschaft
- weitere Erschließung des ländlichen Raumes	- Schaffung verbesserter Rahmenbedingungen für mehr Arbeitsplätze im privatwirtschaftlichen Bereich
- flexiblere Gestaltung des Arbeitsmarktes (Teilzeitarbeit) sowie flexiblere Gestaltung der Lebensarbeitszeit	- Beseitigung von Investitionshemmnissen
	- beschäftigungsgerechte Tarifpolitik
	- den Unternehmer weniger belastende Steuerpolitik
	- Förderung von Klein- und Mittelunternehmen
	- Vorrang arbeitsplatzschaffender vor arbeitsplatzverteilenden Maßnahmen

SPD	Grüne
- aktive Wirtschaftspolitik des Staates, Markt allein kann Problem nicht lösen - qualitatives Wachstum bedingt stärkere öffentliche Investitionen - kein Abbau von Sozialleistungen - Verkürzung der Arbeitszeit (Lebens-, Jahres- und Wochenarbeitszeit)	- ökologisches Zukunftsinvestitionsprogramm des Staates - neue Formen des Arbeitens, orientiert an der Verbesserung der Lebensqualität bei Verzicht auf produktives Wachstum - Schaffung menschenwürdiger Arbeitsbedingungen - Arbeitszeitverkürzung auf allen Ebenen, sofortige Einführung der 35-Stundenwoche bei Lohnausgleich

2.2 Bildungspolitik

Auch im Felde der Bildungspolitik ergeben sich auffällige inhaltliche Gemeinsamkeiten zwischen Sozialdemokraten und Grünen auf der einen sowie CDU und FDP auf der anderen Seite. Kernpunkte der Auseinandersetzung dieser beiden "Blöcke" sind die Ausgestaltung der Orientierungsstufe sowie die Bewertung der Gesamtschule. Die Grünen stellen daneben einen ausführlichen Katalog zur inhaltlichen Gestaltung des Unterrichts auf ("Ökologie als Prinzip"), während sich die etablierten Parteien in der Hauptsache auf schulorganisatorische Aussagen beschränken. Infolge der Kulturhoheit der Länder bietet gerade die Bildungspolitik ein besonderes Feld landesspezifischer Profilierung, was sich programmatisch auch in der vergleichsweise ausführlichen Behandlung niederschlägt.

CDU	FDP
- Festhalten am gegliederten Schulwesen, um jedes Kind zu dem Abschluß zu führen, der seiner Begabung und Leistungsfähigkeit entspricht	- Vorrang der inneren Schulreform vor der äußeren
- Vorrang der inneren Stabilisierung vor organisatorischen Änderungen	- Kooperation oder Integration der verschiedenen Schulformen nach geographischer Situation
- Gesamtschule ergänzenden Charakter zum übrigen Schulangebot	
- Schulartübergreifende Orientierungsstufe, wo Eltern und Lehrer dies wünschen	- schulartübergreifende Orientierungsstufe, wo Eltern dies verlangen
- Besondere Förderung von Haupt- und Sonderschulen	- Abbau des Unterrichtsausfalls
	- weniger Bürokratisierung der Schule
- Ausbau der Hochschulen, insbesondere der Fächer mit guten Berufsaussichten	- Schulleiter sind auf Zeit zu bestimmen
- BAföG auf Darlehensbasis für Studenten, Schüler-BAföG nur für wirklich Bedürftige	- Ausbau der beruflichen Bildung in Form des Berufsgrundbildungsjahres
	- Eingliederung der lern- und körperbehinderten Schüler in alle Schularten
	- wohnortnahes Schulangebot

SPD
- Mehr Chancengleichheit nach dem Grundsatz "Fördern statt Auslesen"
- Gesamtschule als beste Möglichkeit, gleiche Bildungschancen zu verwirklichen, sie soll dort gleichberechtigte Schule sein, wo Eltern dies wünschen
- generelle schulartübergreifende Orientierungsstufe für 5. und 6. Schuljahr
- 10. Bildungsschuljahr für alle

- Neuregelung der Lehrerausbildung nach Schulstufen, nicht Schularten
- Ausbau der beruflichen Bildung und Weiterbildungseinrichtungen als gesellschaftspolitische Notwendigkeit
- Beibehaltung von BAföG für Schüler und Studenten
- Ausbau von Hoch- und Fachhochschulen

Grüne
- Grundsatz: Fördern statt Auslesen

- umfassende äußere und innere Schulreform
- Integrierte Gesamtschule soll per Gesetz zur gleichberechtigten Regelschule neben den traditionellen Schularten werden
- Orientierungsstufe soll an die Grundschule angeschlossen werden
- Einführung eines allgemeinbildenden 10. Schuljahres
- schulstufenbezogene, generell achtsemestrige Lehrerausbildung
- Berufsgrundbildungsjahr als freiwilliges 11. Vollzeitschuljahr

- kein BAföG auf Darlehensbasis

- Ausbau der Selbstverwaltung der Hochschulen
- Demokratisierung des Unterrichts, Friedenssicherung und Ökologie als Unterrichtsprinzipien
- Grundschulen vor Ort, keine Mammutschulen

2.3 Energiepolitik

Die sich in den beiden ersten Politikfeldern abzeichnende Polarisierung der Blöcke CDU/FDP gegenüber SPD/Grüne findet auch in den Aussagen zur künftigen Energiepolitik ihren Niederschlag. Während CDU und FDP - die Liberalen allerdings etwas vorsichtiger - die friedliche Nutzung der Kernenergie für unerläßlich zur Deckung des künftigen Energiebedarfs halten, will die SPD ihre Entscheidung über die Nutzung der Kernenergie von der energiepolitischen Entwicklung der Zukunft abhängig machen und lehnt sie im Moment ab. Die Grünen fordern den generellen Verzicht auf Kernkraft und konkret den Baustopp des im Bau befindlichen rheinland-pfälzischen Atomkraftwerks Mülheim-Kärlich sowie für das in der Planung befindliche Werk in Neupotz.

CDU
- Abhängigkeit der Energieversorgung von Öl und Kohle verringern
- Ausbau des Gasnetzes und der Fernwärmeversorgung
- friedliche Nutzung der Kernenergie vorantreiben
- Möglichkeiten des Energiesparens auf freiwilliger Basis nutzen

FDP
- gleichrangige Behandlung von Energieversorgung und Umweltschutz
- Möglichkeiten für alternative Energiegewinnung prüfen
- Bau weiterer Kernkraftwerke unerläßlich bei Vorrang der Sicherheit vor ökonomischen Überlegungen
- Nutzung aller Möglichkeiten der Energieeinsparung

SPD	Grüne
- Nutzung der Kernenergie abhängig von der energiepolitischen und technischen Entwicklung, d. h. ohne Lösung der Entsorgungsfrage darf es nach 1990 keine weitere Nutzung der Kernenergie mehr geben	- keine Atomkraftwerke in Rheinland-Pfalz
	- stattdessen dezentrale Nutzung erneuerbarer Energiequellen
	- Bewertungsmaßstäbe für Energiepolitik:
	- Umweltverträglichkeit
	- Senkung des Primärenergiebedarfs
	- Aufrechterhaltung der Energiedienstleistungen
	- volkswirtschaftlicher Nutzen
	- Mitwirkung der Bevölkerung
- Ausbau des öffentlichen Nahverkehrs	- Förderung der Wasserkraftwerke
- alle Möglichkeiten des Energiesparens sollen genutzt werden	- Ausbau öffentlicher Nah- und Fernverkehrssysteme
- zusätzlicher Bedarf an Strom durch Kohlekraftwerke decken
- Vorantreibung der Fernwärmeversorgung zügig durchführen

2.4 Friedens- und Sicherheitspolitik

In Fragen der Friedens- und Sicherheitspolitik besteht ein weitgehender Konsens zwischen den etablierten Parteien CDU, SPD und FDP in der Bejahung des militärischen Gleichgewichts, der Abschreckungsstrategie und der NATO-Mitgliedschaft. Hier fordern die Grünen eine alternative Friedenssicherung, die die oben genannten konsensualen Elemente bisheriger Sicherheitspolitik radikal in Frage stellt. Während sich die CDU ausdrücklich für und die Grünen ausdrücklich gegen die Stationierung amerikanischer Mittelstreckenraketen beim Scheitern der Genfer Verhandlungen (NATO-Doppelbeschluß) aussprechen, unterlassen SPD und FDP eine klare Aussage für oder gegen die Raketenstationierung. Die Grünen entwickeln das Prinzip der "sozialen Verteidigung" und bieten einen umfassenden landespolitischen Maßnahmenkatalog mit dem nachdrücklichen Hinweis, daß gerade Rheinland-Pfalz wie kein zweites Bundesland militärische Anlagen der Amerikaner beherberge. Die Ausführlichkeit ihres friedenspolitischen Programms unterstreicht den Versuch der Grünen, zumindest auf programmatischer Ebene der Wahlaussagen sich als einzige politische Alternative gegenüber den Sicherheitskonzepten der übrigen Parteien darzustellen.

CDU	SPD	FDP
- Frieden in Freiheit, wichtigste Aufgabe der Politik	- Frieden in Freiheit oberste Aufgabe	- soviel Verteidigung wie nötig, soviel Entspannung wie möglich
- aktive Friedenspolitik. Zum Erhalt des Friedens militärisches Gleichgewicht auf niedriger Ebene	- Interessenausgleich durch Vertragspolitik, militärisches Gleichgewicht auf möglichst niedrigem Niveau	- Herstellung eines konventionellen Gleichgewichts auf möglichst niedrigem Niveau
- internationale Ächtung chemischer Kampfstoffe	- Ächtung biologischer und chemischer Waffen	- Abkommen zur Ächtung der Produktion und Lagerung chemischer Waffen
- NATO-Doppelbeschluß dient dem Frieden	- Abbau der atomaren und konventionellen Bewaffnung	- Nachrüstungsbedarf im Lichte der in Genf erzielten Verhandlungsergebnisse auf Bundesparteitag prüfen
- allseitige Begrenzung und Verringerung der Rüstung	- sofortige Auflösung der Giftgaslager in Rheinland-Pfalz	- wirksame Politik der Abrüstung vorantreiben
- Einigung Europas als wichtiges Element der Friedenssicherung		

Grüne

Demgegenüber verstehen sich die Grünen als parlamentarische Vertretung der Friedensbewegung und treten ein für

- "Wagnis einseitiger Abrüstung", als "Vorbereitung militärischer Abrüstung" zur Verhinderung des dritten Weltkrieges, Nicht-Verwirklichung des NATO-Doppelbeschlusses
- weltweite Ächtung von Atomwaffen
- Schaffung einer atomwaffenfreie Zone in Europa
- Abbau der militärischen Rüstung und Aufbau der Fähigkeit zur "sozialen Verteidigung"
- langfristige Auflösung der Militärblöcke NATO und Warschauer Pakt
- Friedenssicherung statt Abschreckung
- generelles Verbot von Rüstungsexporten

- keine neuen ABC-Waffen in Rheinland-Pfalz
- Auflösung der bestehenden Giftgaslager in Rheinland-Pfalz
- Auflösung der "Kriegskommandozentralen" in Rheinland-Pfalz
- keine Mithilfe von Landes- und Kommunalbehörden bei militärischen Vorhaben
- gewaltlosen Widerstand in der Bevölkerung unterstützen, Durchführung von entsprechenden Projekten durch Friedensinitiativen, "Osterunruhen" usw.

2.5 Innen- und Rechtspolitik

Aussagen zur Innen- und Rechtspolitik nehmen bei allen Parteien großen Raum ein, zumeist in Form allgemeiner Leitsätze. Darüber hinausgehende Forderungskataloge finden sich vor allem bei den Freien Demokraten und den Grünen, die nach einzelnen Sachgebieten ausdifferenziert sind. Zumindest auf programmatischer Ebene konsensual zwischen den Parteien erscheint die Bejahung nach mehr Beteiligungs- und Mitbestimmungsmöglichkeiten des einzelnen Bürgers und eine Entbürokratisierung des staatlichen Einflusses. Die Zusammenstellung beschränkt sich auf einige zentrale vergleichbare Aussagen zur Rechts- und Innenpolitik. Eine inhaltliche Nähe ergibt sich zumindest ansatzweise zwischen der FDP und den Grünen, die sich beide als die Parteien profilieren möchten, die am ehesten sich in der Lage sehen, staatliche Bevormundung und die Einschränkung individueller Freiheitsrechte zu verhindern.

Grundsätze

CDU	SPD	FDP	Grüne
- freiheitliche Erneuerung von Staat und Gesellschaft, konsequente Durchsetzung des Rechtsstaatsprinzips	- Mitbestimmung nach allen Seiten, Demokratisierung des Lebens	- Schutz der Bürgerrechte gegenüber dem Staat, Erweiterung des persönlichen Freiraumes	- Möglichkeit zu freier und uneingeschränkter Inanspruchnahme und Ausübung aller grundgesetzlich garantierten demokratischen Grundrechte

Datenschutz

SPD	FDP	Grüne
– kein weiterer Ausbau des polizeilichen Überwachungsapparates im Bereich der Datensammlung	– Ausbau des Datenschutzes als dringende politische Aufgabe – Vollzug der bestehenden datenschutzrechtlichen Vorschriften – strikte Trennung der Informationssysteme von Polizei und Verfassungsschutz	– mehr Kontrolle und Begrenzung der Speicherung von Daten – Datenschutzbeauftragte mit erweiterten Einspruchs- und Entscheidungsbefugnissen – keine Weitergabe von Daten ohne Einverständnis der Betroffenen

Kommunalwahlrecht

CDU	SPD	FDP	Grüne
– Reform des kommunalen Wahlrechts in Rheinland-Pfalz, um den Einfluß des Bürgers auf die Auswahl der Mandatsträger zu erhöhen	– Landeswahlrecht soll reformiert werden – Wähler soll seinen Abgeordneten für den Landtag direkt wählen	– Reform des Wahlrechts, stärkere Verankerung der Persönlichkeitswahl – Urwahl der Bürgermeister und Wahl der Landräte durch den Kreistag – Stärkung der kommunalen Selbstverwaltung	– Eintreten für Kommunal- und Wahlrechtsreform; Möglichkeit der Wahl von Kandidaten verschiedener Parteilisten – Landräte und Bürgermeister direkt vom Bürger auf 5 Jahre zu wählen – Volksentscheide auf Landesebene, wenn 5 % der Wahlberechtigten dies fordern

Demonstrationsrecht

FDP
- Ablehnung eines generellen Vermummungsverbotes, konkrete polizeiliche Entscheidung darüber im Einzelfall

Grüne
- uneingeschränkte Möglichkeit der Inanspruchnahme und Ausübung des Versammlungs- und Demonstrationsrechts

Justiz

CDU	SPD	FDP	Grüne
- Rechtsvereinfachung und Rechtsbereinigung - Verfahrensverkürzung - Bürgernähere Justiz	- Verbesserung des Strafvollzuges - Maßnahmen für bessere Resozialisierung - Maßnahmen gegen Überbelegung der Strafanstalten	- Beschleunigung der Verfahren - Reform des Strafvollzuges - Eindämmung der Gesetzesflut	- Reform des Strafvollzuges - Möglichkeit der Verbandsklage für Natur- und Umweltschutzverbände

Verfassungsschutz

SPD	FDP	Grüne
- Überprüfung von Bewerbern für den öffentlichen Dienst nur bei Besetzung sicherheitsempfindlicher Positionen - keine allgemeine Regelanfrage	- Verstärkte Kontrolle des Verfassungsschutzes - Erkenntnisse der Verfassungsschutzbehörden nicht an andere staatliche Stellen weitergeben - Eindeutige gesetzliche Regelungen des Zusammenwirkens staatlicher Stellen auf dem Wege der Rechts- und Amtshilfe	- Abschaffung des "Bespitzelungs- und Überwachungssystems" - Verbot von Speicherungen von Daten politisch Auffälliger - Ablehnung der "Berufsverbote"

Bürokratie

CDU	SPD	FDP
- Verbesserung des Verhältnisses Bürger - Verwaltung - Stärkung der Selbstverwaltung in Gemeinden, Kreisen und Städten	- mehr Mitbestimmung in den Verwaltungen - Verwaltungsreform, Neuordnung zugunsten der Ortsgemeinde	- Verwaltungsvereinfachung und Entbürokratisierung - Einsetzen für das Berufsbeamtentum

2.6 Medienpolitik

Bei der zukünftigen Gestaltung der Medienlandschaft gilt als zwischen den Parteien umstrittenster Gesichtspunkt, inwieweit das bestehende öffentlich-rechtliche Rundfunksystem erhalten oder um private Medienanbieter erweitert werden soll. Dies betrifft insbesondere die Einführung neuer Kommunikations- und Informationstechnologien, wie sie unter dem Begriff "Neue Medien" zusammengefaßt werden. Inhaltlich ähnliche Vorstellungen einer zukünftigen Medienpolitik finden sich wiederum bei CDU und FDP auf der einen Seite und SPD und Grünen auf der anderen. Besondere landespolitische Brisanz erhält das Thema durch das im Versuchsstadium befindliche Kabel-Pilot-Projekt in Ludwigshafen.

CDU	FDP
- Verstärkte Nutzung der neuen Techniken der Nachrichtenübertragung und Informationsverarbeitung - Unterstützung des Kabel-Pilot-Projekts Ludwigshafen - Neue Medien kommen dem Wunsch nach mehr Meinungsfreiheit und -vielfalt entgegen - freie Medienanbieter können in Konkurrenz zum öffentlich-rechtlichen Mediensystem treten	- Vielfalt der Medienlandschaft ist zu erhalten, die Nutzung der neuen Technologien soll diesem Ziel dienen - baldige Realisierung des Versuchsprogramms und der begleitenden Maßnahmen - Forderung nach größerer Unabhängigkeit von Redakteuren und Verlegern

SPD	Grüne
– Beibehaltung der bestehenden Medienordnung, d. h. privatwirtschaftlich organisierte Presse und öffentlich-rechtlich organisierter Rundfunk	– Erhalt des bestehenden öffentlich-rechtlichen Mediensystems in Richtung auf mehr Beteiligung bisher gesellschaftlich vernachlässigter Gruppen
– Nutzung neuer Informationstechniken bedarf zunächst der genauen Prüfung hinsichtlich der Auswirkungen auf Arbeitsplätze und Gesellschaft	– kein privatwirtschaftlich organisierter Rundfunk, kein Kabelfernsehen
– Ablehnung des Kommerzfunks und des Kabelprojekts Ludwigshafen	– Ablehnung des Kabelprojektes Ludwigshafen
– Forderung nach innerer Reform der Rundfunkanstalten	– Unabhängigkeit der Redaktionen durch gesetzliche Maßnahmen stärken

2.7 Sozialpolitik

Den Erhalt des "Sozialen Friedens" betonen alle Parteien als wichtige Voraussetzung für eine demokratische Gesellschaft, allerdings zeigen sich in Einzelfragen unterschiedliche Akzentsetzungen zwischen den Parteien. Auf einen kurzen Nenner gebracht weisen insbesondere die CDU und auch abgeschwächt die FDP auf die beschränkteren finanziellen Möglichkeiten des Staates hin und fordern eine Neuorientierung sozialstaatlicher Leistungen im Hinblick auf mehr Selbstversorgung des Bürgers und weniger staatliche Zuständigkeit. Die SPD tritt ein für umfassende staatliche Maßnahmen zur sozialen Besserstellung benachteiligter Gruppen, die Grünen fordern die Verbesserung der "physischen und psychosozialen Lebensqualität" durch umfassende staatliche Versorgungs- und Betreuungsmaßnahmen.

Schwerpunkte der Sozialpolitik:

CDU
- Stärkung der Familie durch finanzielle Hilfen
- Altenpolitik orientiert am Prinzip der Selbsthilfe
- Wahlfreiheit für Frauen zwischen Beruf und Familie, flexiblere Gestaltung der Arbeitszeitrege-
  lungen für Frauen
- Förderung der Eingliederung von Behinderten, Flüchtlingen, Vertriebenen und Aussiedlern
- Förderung der Nachbarschaftshilfe und des ehrenamtlichen Engagements
- Ausbau der Sozialstationen
- Verstärkung der Vorsorge, Erziehung und Aufklärung in der Gesundheitspolitik
- Förderung insbesondere des Breiten- und Freizeitsports

SPD
- Sicherung der Arbeitsplätze und eines hohen Beschäftigungsstandes als zentrale sozialpolitische
  Aufgaben
- bundesweite Ausdehnung der Mitbestimmung bis hin zur vollen Parität
- Unterstützung der Sozialstationen
- Einführung von Einkommensgrenzen zur Konzentration sozialstaatlicher Leistungen
- Vorsorgeeinrichtungen für alte Menschen
- Einrichtung einer "Gleichstellungsstelle" zur Verwirklichung der Gleichberechtigung der Frau
- familienunterstützende Ganztagseinrichtungen und ein Elternurlaub mit Arbeitsplatzgarantie
- gleiches Kindergeld für alle bis zu einer gewissen Einkommensgrenze
- bessere ärztliche Versorgung des ländlichen Raumes
- Begegnungsstätten und Vorsorgeeinrichtungen für ältere Menschen

FDP

- Besondere Förderung der Familie
- Gleichberechtigung der Frau verwirklichen
- Stärkung der Selbstverantwortung statt staatlicher Betreuung für ältere Menschen
- Kostendämpfung im Gesundheitswesen, dafür Ausbau der sozialen Dienste
- Verstärkung der medizinischen Forschung
- mehr Vergünstigungen für Behinderte und verbesserte Möglichkeiten der Rehabilitation
- umfassende Jugendpolitik
- "realitätsbezogene Sozialpolitik", Einsparungen im Sozialhilfesystem unumgänglich, ohne die Funktionsfähigkeit des Systems der sozialen Sicherheit anzutasten

Grüne

- Beseitigung aller krankmachenden Ursachen in der Gesellschaft
- bessere Gesundheitsvorsorge und psychosoziale Betreuung
- Konzept der "sozialen Medizin"
- Besondere Hilfe für Drogenabhängige
- gesellschaftliche Anerkennung aller Lebensformen und ihre sozialpolitische, steuerliche und finanzielle Gleichberechtigung
- Festsetzung einer Mindestrente für alte Menschen
- Gleichberechtigung von Mann und Frau herstellen
- ersatzlose Streichung des Abtreibungsparagraphen 218
- umfassende Hilfe für Behinderte und Randgruppen (Roma, Sinti, Homosexuelle)
- Ersatzlose Streichung des Homosexuellenparagraphen 175
- strikte Trennung von Staat und Kirche

Ausländerpolitik

CDU	SPD	FDP	Grüne
– bestehenden Anwerbestop beibehalten – finanzielle Anreize für Rückkehrwillige	– Angebote der Integration der hier lebenden Ausländer – gesicherte Rechtsposition – Möglichkeit der erleichterten Einbürgerung und Verstetigung des Aufenthaltsrechts	– Verringerung des Zugangs weiterer Ausländer aus Nicht-EG-Staaten	– uneingeschränkter Zugang ausländischer Arbeitnehmer auf den deutschen Arbeitsmarkt – politische, rechtliche und soziale Gleichstellung

Asylrecht

CDU	SPD	FDP	Grüne
– Keine Arbeitserlaubnis für Asylbewerber während der Dauer des Asylverfahrens		– mißbräuchliche Anwendung des Asylrechts verhindern, Asylrecht nur für politisch Verfolgte	– Asylrecht auch in Fällen wirtschaftlicher und sozialer Not – Arbeitserlaubnis für Asylbewerber

2.8 Umweltpolitik

Im Gegensatz zu früheren Wahlprogrammen nehmen Aussagen zur Umweltpolitik nicht nur bei den Grünen, sondern auch bei den übrigen Parteien einen breiten Raum ein. Der Schutz der Natur und Umwelt wird – zumindest programmatisch – als eine der wichtigsten politischen Aufgaben der Zukunft bezeichnet. Hier wird der Versuch von CDU, SPD und FDP offensichtlich, gerade das Politikfeld inhaltlich stark zu besetzen, das bisher in erster Linie den Grünen die meisten Möglichkeiten der Profilierung gab und die in der Einschätzung durch die Wähler in Umweltfragen besonders kompetent gehalten werden.
Hier zeigt sich der Versuch der großen Parteien, die in ihrer konkreten politischen Arbeit erkennbaren Defizite durch extensive programmatische Aussagen aufzufangen. So ergibt sich interessanterweise in bezug auf Umweltfragen auf programmatisch-abstrakter Ebene der weitaus größte Konsensus zwischen den vier Parteien.

Gemeinsame Aussagen

- Umweltschutz eine der wichtigsten Aufgaben der Gegenwart
- aktive Umweltpolitik schafft lebenswürdige, natürliche Umwelt und Arbeitsplätze
- Einsparungen bei Energie und Rohstoffen für Umwelterhaltung notwendig
- Stärkung von Natur- und Landschaftspflege, Gewässerschutz, Luftreinhaltung, Lärmbekämpfung, Abfallbeseitigung und -wiederverwertung

Programmatische Schwerpunkte

CDU
- Eigeninteresse des einzelnen für aktive Umweltpolitik fördern
- Verursacherprinzip: Der Verursacher muß für die Beseitigung der Schäden aufkommen

SPD
- Vorsorgeprinzip: Umweltverträglichkeit Voraussetzung jeder Planung
- strikte Überwachung der vorhandenen Umweltschutzbestimmungen
- vertretbarer Ausgleich zwischen Ökonomie und Ökologie

FDP
- Umweltschutz als "Querschnittsaufgabe" bei allen Planungsentscheidungen
- Schaffung eines Umweltministeriums auf Landesebene
- besondere Schwerpunkte in Gewässerschutz, Luftreinhaltung und Lärmbekämpfung

Grüne
- Grundsätzlich ökologisch orientierte Politik
- drastische Senkung von Emmissionsgrenzen für alle Schadstoffe
- Umweltministerium auf Bundes- und Landesebene
- Umweltverträglichkeit Voraussetzung bei allen raum- und landschaftsbezogenen Planungen
- umfassende Tierschutzbestimmungen

2.9 Wirtschaftspolitik

In bezug auf die wirtschaftspolitischen Vorstellungen der Parteien zeigen sich, wie nicht anders zu erwarten, deutliche Gemeinsamkeiten zwischen der Union und den Freien Demokraten, während die SPD sowie Grüne jeweils voneinander abweichende Konzepte anbieten. Ist nach Ansicht von CDU und FDP eine Stärkung des marktwirtschaftlichen Systems die beste Garantie für Wirtschaftsbelebung und Arbeitsplatzbeschaffung, fordert die SPD eine aktive Wirtschaftspolitik des Staates und mehr arbeitszeitverkürzende Maßnahmen aufgrund eines tiefgreifenden Strukturwandels in der Arbeitswelt. Die Grünen verlangen unter Verzicht auf quantitatives Wachstum eine "ökologische, dynamische Kreislaufwirtschaft" und weitgehende staatliche Eingriffe in die Wirtschaft.

CDU

- soziale Marktwirtschaft, technischer Fortschritt und Wirtschaftswachstum unter Berücksichtigung humaner und ökologischer Gesichtspunkte fördern
- qualitatives Wachstum und sozialer Fortschritt
- investitionsfördernde Rahmenbedingungen setzen
- wachstumsorientierte Strukturpolitik
- zentrale Lage von Rheinland-Pfalz im europäischen Wirtschaftsraum nutzen
- Verbesserung der Verkehrswege
- Stärkung der mittelständischen Wirtschaft für Rheinland-Pfalz besonders wichtig
- Fremdenverkehrsförderung
- Vorrang der bäuerlichen Landwirtschaft, landwirtschaftliche Entwicklungsprogramme für strukturschwache Gebiete
- Belebung des Wohnungsbaus

FDP

- Mehr Markt, weniger Verwaltung, mehr Eigeninitiative, mehr Leistung
- Investitionstätigkeit stärken durch Abbau bürokratischer Hemmnisse
- Mitarbeiterbeteiligung an Unternehmen stärken
- öffentliche Hand soll sich in der unternehmerischen Tätigkeit auf dem Gebiet der Privatwirtschaft zurückhalten
- Konsequente Arbeitsteilung zwischen Staat und privater Wirtschaft
- besondere Förderung des Mittelstandes und der Kleinunternehmen
- qualitative Verbesserung des bestehenden Verkehrssystems Vorrang vor rein quantitativem Ausbau, umweltbezogene Verkehrsplanung
- umfassende Fremdenverkehrspolitik
- Flurbereinigung als zentrales Instrument ländlicher Strukturpolitik

SPD	Grüne
– abgestimmtes gemeinschaftliches Handeln aller an der Wirtschaft beteiligten Gruppen	– grundsätzlich ökologisch orientierte Wirtschaftspolitik
– "aktive Wirtschaftspolitik" des Staates als Bedingung für Vollbeschäftigung	– Kriterien wirtschaftspolitischer Entwicklung: Zufriedenheit am Arbeitsplatz, Umweltqualität, Einkommenssicherheit, Selbstverwaltung
– kein weiteres "undifferenziertes Wachstum", sondern qualitatives Wachstum	– kein Gegensatz Ökonomie – Ökologie, daher qualitatives anstelle von quantitativem Wachstum
– stärkere öffentliche Investitionen (Ortsumgehungen, Gemeinschaftseinrichtungen usw.)	– Dezentralisierung der Wirtschaft, Unternehmen als selbstverwaltete, wirtschaftlich tätige Einheiten
– Schaffung eines Garantiefonds zur Abwendung von Konkursen der mittelständischen Industrie	– Forderung nach Wahl von demokratischen Selbstverwaltungsgremien, d. h. regionale Wirtschafts- und Sozialräte, die über die Produktion der Unternehmen entscheiden, aber keine Zentralverwaltungswirtschaft
– Regionalplanung und Wirtschaftsförderung besser aufeinander abstimmen	– Einführung einer ökologischen sozialen Buchhaltung
– Förderung der Landwirtschaft und der Qualitätsweinerzeugung	– besondere Förderung der Klein- und Mittelbetriebe
– Ausbau von kleineren Betrieben des Hotel- und Gaststättengewerbes	– ökologisches Zukunftsinvestitionsprogramm (ÖZIP), das insbesondere Investitionen im Bereich des Umweltschutzes vorsieht

2.2 Parteiprogrammatik und politisches Handeln
(Edwin Czerwick)

1. Parteiprogramm in der parlamentarisch-parteienstaatlichen Demokratie

2. Parteiprogramme im Volksparteiensystem

3. Parteiprogramme und politische Praxis

4. Zur Einstellung der Bürger gegenüber Parteiprogrammen

5. Funktionen von Parteiprogrammen

6. Die Entstehung von Wahlprogrammen

7. Die Wahlprogramme der Parteien in der rheinland-pfälzischen Landtagswahl

Anmerkungen

1. Parteiprogramme in der parlamentarisch-parteienstaatlichen Demokratie

Unter einem Parteiprogramm wird ein Dokument verstanden, "das über Charakter und Ziele einer politischen Gruppe oder Bewegung Aufschluß geben soll." (1) Es dient also vor allem der Selbstdarstellung der eigenen Partei, deren positive Eigenschaften herausgestellt und verstärkt werden sollen und setzt sich deshalb nur selten - mit Ausnahme von Wahlprogrammen - direkt mit dem Verhalten des politischen Gegners auseinander.

Parteiprogramme sind in der Bundesrepublik ein wesentlicher Bestandteil der parlamentarisch-parteienstaatlichen Demokratie. Im Gesetz über die politischen Parteien (Parteiengesetz) vom 24. Juni 1967 werden diese u. a. dazu verpflichtet, ihre Ziele in politischen Programmen niederzulegen (§ 1, Abs. 3; § 6, Abs. 1). Damit sind die Parteien aufgefordert, ihre politischen Absichten gegenüber den Bürgern transparent zu machen und diesen die Möglichkeit kritischer Prüfung einzuräumen. Parteiprogramme stellen von daher also eine Bedingung für eine politische Kontrolle der Parteien durch die Bürger dar. (2)

Jenseits der gesetzlichen Verpflichtung haben die deutschen Parteien schon immer der Programmarbeit eine große politische Bedeutung beigemessen, wobei sich in den letzten Jahrzehnten eine deutliche Tendenz zu einer stärkeren Beachtung von Aktionsprogrammen gegenüber Grundsatzprogrammen abgezeichnet hat. (3) Dieser Wandel steht im engen Zusammenhang zur Veränderung des Parteiensystems und der Parteien, die sich von Richtungs- und Weltanschauungsparteien zu Volksparteien entwickelt haben. (4)

Die Erarbeitung von Programmen nimmt die Partei in allen ihren Gliederungen nahezu permanent in Anspruch. Die Vielzahl der in den Parteien gleichzeitig gültigen Programme, die immer länger und inhaltlich differenzierter geworden sind, hat schließlich dazu geführt, "daß es kaum einen Politiker geben dürfte, der alle Programme seiner Partei tatsächlich kennt." (5) In noch stärkerem Maße trifft diese Aussage für die einzelnen Bürger zu, die sich immer weniger im "Programmdschungel" der Parteien auskennen und denen Einzelheiten über Programminhalte kaum bekannt sind. Diese werden außerdem - wenn überhaupt - selten authentisch erfahren, sondern werden durch die Medien vermittelt. "Von entscheidender Bedeutung für die politische Wirksamkeit eines Parteiprogramms ist daher seine Beurteilung durch Presse, Rundfunk und Fernsehen." (6)

Bei aller Bedeutung, die Parteiprogramme in der parlamentarischen Demokratie nicht zuletzt wegen ihrer allgemeinen Orientierungsfunktion einerseits und der Reflexion von Politik im Spannungsfeld zwischen politisch Wünschenswertem und Entscheidungszwängen anderer-

seits haben, (7) darf sich eine Analyse der politischen Grundsätze
und Absichten/Ziele von Parteien und ihrer Unterschiede nicht allein auf ihre Programme stützen. Sie muß zugleich die grundsätzlichen Äußerungen ihrer führenden, politischen Persönlichkeiten ein-
beziehen. (8) Letztere können sogar größere Bedeutung als Programme erlangen, nämlich dann, wenn aufgrund mangelnder konkreter Pro-
grammrichtlinien die führenden Akteure einer Partei durch programmatische Reden den politischen Kurs abstecken bzw. den Programmen
eine spezifische Interpretation überstülpen. Darüber hinaus müssen
aber auch die Praxis der Parteien im politischen Alltag (9) sowie
ihre organisatorischen und sozialen Strukturen und deren jeweili-
ges Wechselverhältnis berücksichtigt werden, wenn man der Thematik
gerecht werden will. Insofern ist die Bedeutung der Programmatik
für eine Wahlkampfanalyse zu relativieren. Programme sind immer nur
ein, wenn auch wesentliches, Element in der innerparteilichen Auseinandersetzung und im zwischenparteilichen Wettbewerb.

2. Parteiprogramme im Volksparteiensystem

Die Intensität, mit der sich heute die Parteien mit der Programmarbeit beschäftigen, hängt eng mit der Entwicklung zum Volksparteiensystem zusammen. Ein wesentliches Charakteristikum von Volkspartei-
en liegt nämlich, neben dem Prinzip der Stimmenmaximierung, in dem
Bestreben, zu allen möglichen und tatsächlichen Problemen Stellung
zu beziehen, um auf diese Weise dem Bürger Allzuständigkeit und politische Sachkompetenz vor Augen zu führen. Die Parteien äußern sich
zu immer mehr öffentlichen Lebensbereichen mit immer detaillierteren
Forderungen, die manchmal nur durch sehr allgemein gehaltene Formu-
lierungen auf einen politischen Nenner gebracht werden können. Aber
es sind nicht nur die schwer miteinander zu vereinbarenden Ziele,
die Programme manchmal konturenlos erscheinen lassen. Dazu trägt
auch das Bestreben der Parteien bei, möglichst viele Bürger anzusprechen und für die eigene Partei zu gewinnen. Das bedingt zugleich, daß die Parteien weniger Wert auf ideologische Grundsätze
als auf die Bürger unmittelbar betreffende pragmatische Problembe-
wältigung legen ("Entideologisierung"), mit der Konsequenz, daß eine
zunehmende politische Angleichung zwischen den Parteien stattfindet.

Aus diesem, im Vergleich zu früher, politisch und programmatisch weniger profilierten Erscheinungsbild der heutigen Parteien wurde von
einigen Politikwissenschaftlern ein Trend zum "Einparteienstaat" ge-
folgert. (10) Eine solche Einschätzung, die die Entwicklung zum
Volksparteiensystem auf einen analytisch und politisch sinnvollen
Begriff bringen wollte, wird der aktuellen Parteienwirklichkeit
aber nicht gerecht. Sie greift u. a. insofern zu kurz, als die programmatischen Unterschiede zwischen den Parteien nicht erklärt werden können, sondern kurzerhand als "Scheinalternativen" disqualifi-

ziert werden müssen. Diese Unterstellung, "daß politische Alternativen, um als 'echte' Alternativen gelten zu dürfen, Radikal-Alter-
nativen sein müssen," (11) ist keineswegs plausibel, vor allem auch
deshalb nicht, weil die Wähler durchaus in der Lage sind, zwischenparteiliche Unterschiede zu bewerten.

Die Tatsache, daß die Parteien programmatisch verschiedene Schwerpunkte setzen oder in unterschiedlichem Intensitätsgrad mit einzelnen Interessengruppen verbunden sind, erlaubt den Wählern Richtungs-
entscheidungen, die sich zumindest grob nach "rechts" und "links"
qualifizieren lassen. Bei allen grundsätzlichen Gemeinsamkeiten
weisen die einzelnen Parteien also noch genügend politisches Profil
auf, um sich programmatisch voreinander abzugrenzen und den Wählern
politische Alternativen anzubieten. Von daher ist die Entwicklung
des deutschen Parteiensystems in Bund und Ländern weniger durch einen Trend zum Einparteiensystem oder - im Gegensatz dazu - von einer zunehmenden Auseinanderentwicklung (12) gekennzeichnet, als
vielmehr durch die Dialektik zwischen Konsens und Alternative. (13)
Kritikwürdig ist deshalb weniger das Volksparteiensystem als solches, sondern spezifische Ausprägungen, die sich im Rahmen dieses
Systems feststellen lassen.

Schließlich sind Volksparteien auch keine monolithischen Gebilde,
die einen einheitlichen Willen repräsentieren, sondern sie sind, zumindest in der Bundesrepublik, ein Sammelbecken für häufig recht unterschiedliche politische Strömungen. Deren Hauptverbindung zueinander stellt in nicht wenigen Fällen das Programm dar, auf das sie
sich formal gleichermaßen berufen können. Das bedingt allerdings ein
Programm, das entsprechend allgemein gefaßt ist, so daß darin die
unterschiedlichsten innerparteilichen Gruppen ihre Positionen wie-
derfinden können. Programme sind so gesehen immer Produkte politischer Kompromisse, die auch nach ihrer parteiverbindlichen Verabschiedung Spielräume für unterschiedliche innerparteiliche Aussagen
lassen. Durch die permanente Diskussion und den Streit um die rich-
tige Interpretation sind die Programme zugleich beständigen inhaltlichen Veränderungen unterworfen, selbst wenn sie formal unverändert
bestehen bleiben. So gelingt es den Parteien zum einen, politische
Kontinuität darzustellen, zum anderen aber auch, auf politische und
soziale Veränderungen zu reagieren. Ein Programm wird erst dann
durch ein neues ersetzt, wenn es nicht mehr mit der aktuellen Politik in Übereinstimmung gebracht werden kann und sich somit als Hin-
dernis für die politische Selbstdarstellung erweist.

3. Parteiprogramme und politische Praxis

In einem deutlichen Gegensatz zu der intensiven programmatischen Beschäftigung von Volksparteien mit Parteiprogrammen steht deren tat-

sächliche Bedeutung im Politikprozeß. Angesprochen ist damit die häufig als nicht ausreichend empfundene praktische Umsetzung programmatischer Forderungen seitens der Parteien in konkrete Politik. Das liegt weniger daran, daß die politischen Akteure auf die Durchführung von Programmen verzichten wollen oder diese nur als ein Mittel betrachten, mit dem gute Absichten zur Schau gestellt werden können. Vielmehr sind eine Reihe von Restriktionen zu nennen, die im Politikprozeß wirksam werden, und die bei der Programmformulierung noch nicht oder nur ungenügend in Rechnung gestellt werden konnten. Das beginnt damit, daß die politische Konsequenz von Wahlen häufig Koalitionsregierungen sind, weil keine Partei die absolute Mehrheit der Stimmen erhalten hat. Das erfordert aber von den koalierenden Parteien, nach politischen Kompromissen zu suchen, die eine tragfähige politische Basis für ihre Zusammenarbeit bilden können. Damit ist aber eine vollständige Programmumsetzung nicht mehr möglich.

Programme enthalten außerdem, wenn sie mehr sein wollen als eine aktuelle Bestandsaufnahme, notwendigerweise immer auch eine Zukunftsperspektive, die darauf angelegt ist, nicht nur das politisch Mögliche zu realisieren, sondern auch dazu beizutragen, daß das derzeit noch politisch Unmögliche möglich wird. Damit ist aber die Wahrscheinlichkeit, daß innerhalb eines relativ kurzen Zeitraums sichtbare Fortschritte erzielt werden, gering, und der Vorwurf des Scheiterns oder ungerechtfertigter Versprechungen liegt nahe. Die Parteien sind deshalb darum bemüht, "utopischen" Programmelementen vor allem in ihren Grundsatzprogrammen Rechnung zu tragen, in Wahlprogrammen, die nur für einen relativ überschaubaren Zeitraum gelten, dagegen stärker das politisch tatsächlich Erreichbare zu thematisieren. Dennoch können die Parteien nicht ausschließen, daß zwischen ihren Programmen und ihrer politischen Praxis oftmals eine tiefe Kluft besteht. Dann müssen sie bei den Bürgern mit erheblichen Glaubwürdigkeitsverlusten rechnen. Die Parteien suchen dieser Gefahr dadurch Rechnung zu tragen, daß sie es zu vermeiden suchen, sich politisch-programmatisch so weit festzulegen, daß ihr Handlungsspielraum zu sehr eingeengt wird. Beispielhaft hierfür sind die bei Dorothee Buchhaas wiedergegebenen Äußerungen von Franz Josef Strauß, nach dessen Meinung ein Parteiprogramm "logischerweise nur ein 'offenes Programm' sein kann und kein geschlossenes Ziel- und Regelsystem." (14) Damit soll vermieden werden, daß mögliche Programmabweichungen allzu deutlich ins Bewußtsein der Öffentlichkeit dringen.

4. Zur Einstellung der Bürger gegenüber Parteiprogrammen

Das häufig festgestellte geringe Interesse der Bürger an Parteiprogrammen (15) resultiert nicht allein aus deren Vielzahl, inhaltlichen Länge und Komplexität, sondern auch aus der Absicht der Parteien, sich gegenüber der Öffentlichkeit so positiv wie möglich darzustellen. Diese Absicht ist aber ein wesentlicher Grund dafür, weshalb Parteiprogramme, insbesondere aber Wahlprogramme, bei den Bürgern so häufig auf Mißtrauen stoßen. Die Parteien sprechen deshalb immer mehr von "Arbeitsprogrammen" statt von Wahlprogrammen, da viele Bürger der Meinung sind, daß die Parteien ihre guten Absichten nach der Wahl nur allzu schnell wieder vergessen. Von daher ist es für die Parteien auch nicht leicht, mit Wahlprogrammen das Vertrauen der Wähler zu gewinnen, vor allem dann, wenn das Programm wenig konkrete Aussagen zu den Sachthemen enthält. Die Parteien geraten damit in das Dilemma, auf der einen Seite, um der inneren Geschlossenheit willen und wegen der Wahrung ihres politischen Handlungsspielraums, auf möglichst allzu konkrete politische Festlegungen verzichten zu müssen, andererseits damit aber nicht in der Lage zu sein, die Mißtrauenshürde der Bürger zu überspringen. Mit Wahlprogrammen lavieren die Parteien also zwischen den Polen konkreter Aussagen, die dem Bürger entgegenkommen und klare Richtpunkte setzen, und nichtssagenden Leerformeln, die auf die innerparteiliche Vielschichtigkeit Rücksicht nehmen und den Wählern wenig politische Orientierungshilfe geben. Die Sprache der Wahlprogramme wird aber dann umso konkreter sein, je mehr sich eine Partei auf eine soziologisch fest umrissene Wählerschicht stützen kann. Die Grünen, die sich mit ihrem Programm vor allem auf die jüngere Generation, formal höher gebildete und eher postmaterialistisch orientierte Bevölkerungsteile richteten, waren deshalb auch in der Lage, relativ konkrete Aussagen zu den einzelnen Politikbereichen zu machen. Dagegen waren die Ausführungen in den Programmen von CDU und SPD stärker von dem Zwang diktiert, sehr unterschiedliche soziale Gruppen mit jeweils anders gelagerten Interessen anzusprechen.

Die Beurteilung von Wahlprogrammen durch die Wähler ist aber nicht nur davon abhängig, wie konkret die Parteien ihre politischen Absichten für die nächste Legislaturperiode formulieren, sondern mehr noch davon, wie sie das Theorie-Praxis-Problem lösen. (16) Dies ist eine Voraussetzung dafür, ob es gelingt, Glaubwürdigkeit zu erhalten oder aufzubauen. Wahlprogramme knüpfen deshalb an den vergangenen Handlungen der Parteien an und schreiben sie fest. Aussagen, die sich nicht auf die politische Praxis der Parteien zurückführen lassen, stehen quasi in einem politisch luftleeren Raum und bewirken eher Distanz, als daß sie zur Vertrauensbildung beitragen.

Das Mißtrauen vieler Bürger gegenüber Wahlprogrammen und die Tatsache ihrer geringen Zurkenntnisnahme hat zu der Auffassung geführt, daß Wahlprogramme an der Wahlpräferenz der Bürger letztlich nichts ändern. (17) Da man aber auf seiten der Parteien trotzdem glaubt, nicht auf sie verzichten zu können, andererseits man aber auch weiß, daß der Bürger nicht willens ist, sich intensiv mit solchen breit ausgefächerten Programmen auseinanderzusetzen, werden häufig Kurzfassungen, gleichsam "Volksausgaben", von Wahlprogrammen erstellt. Auf dieses Verfahren haben bei der Landtagswahl mit Ausnah-

me der CDU alle anderen Parteien zurückgegriffen, womit sie noch
einmal die zentralen Schwerpunkte ihrer zukünftigen Politik unterstreichen wollten.

5. Die Funktionen von Parteiprogrammen

Die Funktionen, die Parteiprogramme im zwischenparteilichen Wettbewerb erfüllen sollen, sind ebenso komplex wie vielfältig. (18) Im
einzelnen werden folgende Aufgaben den Programmen zugeschrieben, wobei zwischen solchen, die nach außen gerichtet sind und denjenigen,
die sich mehr auf die eigene Partei beziehen, unterschieden werden
kann. (19)

Außenfunktionen: Dazu gehören die Werbefunktion, hinter der die Absicht der Parteien steht, über ein attraktives Programmangebot neue
Mitglieder und Sympathisanten zu gewinnen, ebenso wie die Profil-
funktion, die das Bestreben der Parteien nach einem im Hinblick auf
die anderen Parteien unverwechselbaren Programm zum Ausdruck bringt.
Die politische und programmatische Abgrenzung gegenüber anderen Parteien ist hierbei das hauptsächliche Ziel.

Binnenfunktionen: (20) Zu ihnen zählen vor allem die Integrations-,
Mobilisierungs- und Disziplinierungsfunktionen. Parteiprogramme sollen das politische Bindeglied darstellen, mit dem verschiedene innerparteiliche Gruppen, sowohl hinsichtlich ihrer politischen Interessen, als auch ihrer gefühlsmäßigen Einstellungen, zusammengehalten
werden (Integrationsfunktion). Darüber hinaus sollen sie aber auch
das politische Engagement der Mitglieder stimulieren, ohne das die
Parteien nicht existieren könnten (Mobilisierungsfunktion). In enger
Beziehung zur Integrationsfunktion von Parteiprogrammen ist ihre
Disziplinierungsfunktion zu sehen. Damit ist die Möglichkeit angesprochen, die von der Parteilinie abweichenden Einstellungen von
Mitgliedern mit Berufung auf das Parteiprogramm (zum Beispiel durch
Parteiausschluß) zu ahnden.

Parteiprogramme erfüllen die bisher genannten Funktionen aber nur
selten alle auf einmal und in der gleichen Intensität. Welche Funktionen besonders betont werden, und welche eine geringere Bedeutung
haben, ist im wesentlichen auch von den verschiedenen Programmtypen
abhängig. Sie lassen sich unterscheiden in:
- Grundsatzprogramme
- Aktionsprogramme
- Politikbereichsprogramme bzw. Sachprogramme
- Wahlprogramme

Mit diesem differenzierten Programmangebot versuchen die Parteien,
allen möglichen politischen Unwägbarkeiten vorzubeugen und dem Bür-

ger Allzuständigkeit zu demonstrieren. Mit Grundsatzprogrammen sollen allgemeine Orientierungspunkte gesetzt werden, die über die generellen Ziele der Parteien und ihre politischen Ordnungsvorstellungen, also die Gestaltung von Staat und Gesellschaft sowie die Stellung des Individuums darin, Auskunft geben sollen. Sie bleiben im Gegensatz zu Aktionsprogrammen lange formal unverändert. Aktionsprogramme sind dagegen sehr viel kurzfristiger angelegt. Mit ihnen reagieren die Parteien auf aktuelle politische Problemlagen, für deren Überwindung sie Abhilfe versprechen. Davon lassen sich wiederum Politikbereichsprogramme bzw. Sachprogramme unterscheiden, die sich nur auf ein Politikfeld, z. B. die Deutschland-, Sozial- oder Finanzpolitik beziehen, während Aktionsprogramme in der Regel mehrere Politikfelder umfassen. Das Spezifikum von Wahlprogrammen ist, daß sie Elemente aller bisher genannten Programmtypen aufnehmen. Sie enthalten, zumeist in der Präambel oder Einleitung, Grundsatzaussagen, die die Weltanschauung und die politischen Prinzipien der Parteien deutlich werden lassen sollen; sie sind Aktionsprogramme dergestalt, daß sie nur für einen Zeitraum von vier Jahren Gültigkeit beanspruchen.

In Schaubild 1 sind die einzelnen Funktionen von Parteiprogrammen den einzelnen Programmtypen zugeordnet. Dieses recht grobe Schema ermöglicht zwar keine präzisen Aussagen über das Ausmaß der tatsächlichen Funktionserfüllung, läßt aber die Schwerpunktbildung bei den einzelnen Programmtypen deutlich werden. Darüber hinaus veranschaulicht das Schaubild auch recht gut die "Querschnittsfunktion" von Wahlprogrammen. Die politischen Akteure erwarten von den Wahlprogrammen eine breit gefächerte Funktionserfüllung, während eine solche Erwartung mit den anderen Programmtypen nicht bzw. nicht so sehr verbunden ist.

Die einzelnen Programmtypen weisen aber nicht nur auf Schwerpunktsetzungen einzelner Funktionen von Parteiprogrammen hin, sondern bei ihrem Zustandekommen sind recht unterschiedliche politische Akteursgruppen beteiligt. An der Diskussion und Verabschiedung der Grundsatzprogramme ist die gesamte Partei beteiligt, während Aktionsprogramme zumeist nur von den Parlamentsfraktionen erstellt und verabschiedet werden. Die Politikbereichsprogramme wiederum werden häufig nur von den spezifischen Parteigliederungen, also z. B. einzelnen Arbeitskreisen, Ausschüssen oder Vereinigungen erarbeitet. Dabei wird man ebenso wie bei der Verabschiedung von Aktionsprogrammen darum bemüht sein, Übereinstimmung mit dem Grundsatzprogramm zu demonstrieren. Bei den Wahlprogrammen ist, wie bei den Grundsatzprogrammen, zumeist ebenfalls die gesamte Partei beteiligt, allerdings in einem geringeren Ausmaß, da der Diskussionsprozeß kürzer und häufiger auch weniger intensiv ist.

Tabelle 1: Programmtypen und ihre Hauptfunktionen (1)

Funktionen	Programmtypen (2)			
	Grundsatzprogramme	Aktionsprogramme	Politikbereichsprogramme	Wahlprogramme
Außenfunktionen:				
Werbefunktion	XXX	XX	XX	XXX
Profilfunktion	XXX	XXX	XXX	XXX
Binnenfunktionen:				
Integrations-funktion	XXX	X	X	XXX
Mobilisierungs-funktion	X	XX	XX	XXX
Disziplinierungs-funktion	XX	X	X	XXX

1) Die Tabelle wurde in Anlehnung an Kaack (Anm. 18) S. 403 erstellt

2) X = niedrige Funktionserwartung
   XX = mittlere Funktionserwartung
   XXX = hohe Funktionserwartung

6. Die Entstehung von Wahlprogrammen

Die Inhalte von Wahlprogrammen sowie die Art und Weise ihrer Präsentation sind wesentlich von der Rolle der Partei im politischen
System beeinflußt. Das Wahlprogramm einer Regierungspartei stellt
vor allem die bisherigen Leistungen heraus, während Oppositionsparteien dagegen vermeintliche Fehler und Versäumnisse der Regierung
in einem Alternativprogramm artikulieren. Wahlprogramme durchlaufen
bis zu ihrer Verteilung an die Wähler mehrere Phasen, die durch einen immer größer werdenden Kreis an Teilnehmern gekennzeichnet sind
und außerdem jeweils recht unterschiedliche Funktionen besitzen
(vgl. Schaubild 2).

1. Entwurfphase: Der Entwurf für das Wahlprogramm wird zumeist von
einer extra dafür eingerichteten Wahlkampfkommission oder Programmkommission ausgearbeitet, die sich dabei an aktuellen Problemen sowie an der jeweiligen Beschlußlage der Partei orientiert, wie sie
sich z. B. in den Parteitagsbeschlüssen oder in den Politikbereichs-
programmen niederschlägt. Bei der Zusammensetzung der Kommission
wird darauf geachtet, daß in ihr möglichst alle innerparteilich relevanten Führungsgruppen vertreten sind, so daß mögliche Konflikte
bereits in einem frühen Stadium durch Formelkompromisse entschärft
werden können. Zugleich soll damit gewährleistet sein, daß sich alle Parteimitglieder mit dem Wahlprogramm identifizieren können. Die
Bedeutung des Wahlprogramms liegt in dieser Phase vor allem auf in-
nerparteilichem Gebiet. Bei der Erstellung des Programms sind die
Parteien nicht nur genötigt, ihrer politischen Praxis eine einheit-
liche Plattform zu geben, sondern sich auch erneut über ihre politischen Positionen klarzuwerden. Dieser interne Klärungsprozeß
("Selbstverständigung") beinhaltet sowohl die politisch-konzeptio-
nelle Gestaltung einzelner Problemfelder, als auch deren politisch-
programmatische Hierarchie. Die Durchsetzung politischer Ansprüche
ist nämlich ebenso von der Zielformulierung abhängig wie davon,
welchen Rang man den einzelnen Zielen im Rahmen des gesamten politischen Problemhaushalts einräumt, und welche Ressourcen personeller oder materieller Art man zur Zielverwirklichung einsetzt. Mit
den Wahlprogrammen sind die Parteien also wenigstens alle vier Jahre gezwungen, ihre Politik auf die wesentlichen Probleme zu konzentrieren, ihre politischen Positionen zu vereinheitlichen und ihre
Anstrengungen zur Zielverwirklichung zu bündeln.

2. Interne Diskussionsphase: Der fertiggestellte Entwurf wird so-
dann an die Führungsgremien der Parteien (z. B. Parteivorstand,
Parteipräsidium) weitergeleitet, sofern sie nicht mit der Programmkommission identisch sind. Diese überprüfen den Entwurf darauf, ob
er mit der Parteiprogrammatik übereinstimmt bzw. welche Programm-
teile besonders herausgestellt werden sollen, wodurch die programmatischen Aussagen mit den wahlstrategischen Gesichtspunkten in
Einklang gebracht werden sollen. Darüber hinaus fungieren die Füh-

rungsgremien der Parteien aber auch als Schlichtungsinstanz, wenn
es bei der Erstellung des Programmentwurfs zu keiner Einigung über
einzelne Sachfragen zwischen den verschiedenen Gruppen gekommen
ist.

3. Externe Diskussionsphase: Der nun mehr oder weniger veränderte
Entwurf wird allen Parteigliederungen zugeleitet mit der Bitte, Än-
derungsvorschläge zu unterbreiten. In dieser Phase kann es durchaus
geschehen, daß der in den internen Diskussionen zwischen allen innerparteilichen Gruppen und Strömungen erreichte Konsens wieder
aufbricht und erneut versucht wird, die eigene Position im Wahlprogramm festzuschreiben. Um solche Auseinandersetzungen zu kanalisie-
ren und die eingegangenen Änderungsanträge zu sortieren bzw. in den
Programmentwurf einzuarbeiten, wird eine Antragskommission gebildet,
die nicht identisch sein muß mit der Wahlkampf- oder Programmkommission. Ihre Aufgabe besteht darin, den Entwurf eines Wahlprogramms
unter Berücksichtigung der Änderungsanträge so weit auszuarbeiten,
daß er als Beratungs- und Beschlußgrundlage für den Wahlparteitag
fungieren kann.

4. Beschlußphase: In der Regel werden Wahlprogramme auf extra dafür
einberufenen Wahlparteitagen verabschiedet. Dabei sind die Parteien
bestrebt, sich den Wählern als eine Organisation zu präsentieren,
die geschlossen hinter ihrem Programm und dem Spitzenkandidaten
steht. Da Wahlparteitage vor allem einen Demonstrationseffekt haben, ist es außerordentlich selten, daß sich zwischen den Parteitagsdelegierten noch einmal Kontroversen um einzelne Passagen des
Programms entzünden. Die Regel ist vielmehr eine Bereitschaft zur
mehr oder weniger kritiklosen Akklamation; Änderungswünsche betreffen nur noch Marginalien.

5. Vermittlungsphase: Man könnte nunmehr der Auffassung zuneigen,
daß jetzt zwischen Parteien und Bürgern eine intensive Auseinandersetzung um die in dem Wahlprogramm enthaltenen Aussagen entbrennt.
Doch das ist nicht oder nur selten der Fall. Wahlprogramme haben
die fatale Eigenschaft, nach ihrer Verabschiedung rasch in Verges-
senheit zu geraten und aus der öffentlichen Diskussion zu verschwin-
den, was nicht heißt, daß sie auch für die einzelnen Parteien bedeutungslos werden.

7. Die Wahlprogramme der Parteien in der rheinland-pfälzischen Landtagswahl

Die Arbeit der Parteien an den Programmen für die rheinland-pfälzische Landtagswahl begann schon mit Beginn des Jahres 1982. Dieser
recht frühe Zeitpunkt deutet bereits auf die im letzten Abschnitt
thematisierten Schwierigkeiten bei der Programmerstellung sowie auf

Schaubild 2: Phasen im Entstehungsprozeß von Wahlprogrammen und ihre Hauptfunktionen

Programmphasen	Teilnehmerkreis	Hauptfunktion
Entwurfphase	Wahlkampf-, Programmkommission (mit Repräsentanten der innerparteilich relevanten Gruppen)	Interne Positionsabklärung; Zwang zur Vereinheitlichung; Bündelungsfunktion
Interne Diskussionsphase	Führungsgremien der Parteien (Vorstand, Präsidium etc.)	Interne Positionsabklärung: Übereinstimmung mit Parteiprogrammatik und Wahlstrategie
Externe Diskussionsphase	Alle Parteigliederungen; Antragskommission	Diskussion des Programmentwurfs; Kanalisierung der Änderungsvorschläge
Beschlußphase	Delegierte des Wahlparteitags; andere Gremien	Öffentliche Resonanz (Berichterstattung der Massenmedien/ Außenpräsentation
Vermittlungsphase	Alle Parteimitglieder und Sympathisanten	Popularisierung des Programms; Diskussion mit dem Bürger

die langwierigen Prozeduren hin, die bis zur Verabschiedung eines
Programms durchlaufen werden müssen. Verabschiedet wurden die Programme gegen Ende des Jahres 1982, was dazu beigetragen hat, daß
die Parteien mit Ausnahme der FDP, nach außen als geschlossene politische Einheit auftreten konnten. Befreit vom Ballast der innerparteilichen Diskussion um programmatische Grundsätze und konkrete
politische Absichten, konnte man sich jetzt ganz der Auseinandersetzung mit dem politischen Gegner widmen.

Inhaltlich knüpften die Landtagswahlprogramme, angesichts der ter-
minlichen Zusammenlegung der rheinland-pfälzischen Wahl mit der Bundestagswahl durchaus verständlich, an die Programme ihrer Bundesorganisationen an. Eine derartige Verknüpfung kommt zwar bei fast
allen Landtagswahlprogrammen vor, unabhängig vom Termin zur Bundestagswahl, sie war aber besonders ausgeprägt bei der rheinland-pfälzischen Landtagswahl. Die Parteien wollten damit vermeiden, daß der
politische Gegner die Möglichkeit erhält, auf Unstimmigkeiten zwischen den Land- und Bundestagswahlprogrammen hinzuweisen.

Die Orientierung der Landtagswahlprogramme an den Bundesprogrammen
ging besonders deutlich aus dem Programm der Grünen hervor. Die einzelnen Ziele und konkreten Absichten dieser Partei waren explizit
aus einem Rekurs auf die programmatischen Grundsätze der Gesamtpar-
tei abgeleitet. Auf diese Weise wurden die landespolitischen Forderungen der Grünen in einen übergreifenden Gesamtzusammenhang einge-
bettet. Ähnliches gilt auch für die anderen Parteien.

Für die CDU hatte das Landtagswahlprogramm in erster Linie eine interne Bedeutung. Die Führungsspitze der Partei sah in der Programmdiskussion die willkommene Gelegenheit, die politischen Grundsätze
zu überdenken, auf neue Probleme zu beziehen und zu konkretisieren
sowie die politisch-programmatische Marschrichtung der Partei für
die nächste Legislaturperiode innerparteilich abzuklären. Da die
CDU davon ausgehen konnte, daß sie erneut die Regierung würde stellen können (21), war das Wahlprogramm als Arbeits- bzw. Regierungsprogramm konzipiert und demzufolge vor allem auf die praktische Umsetzung gerichtet. Von daher wurde darauf geachtet, daß nur solche
Ziele in dem Programm Eingang fanden, die sich mit einiger Sicherheit auch realisieren ließen. Der Charakter als Regierungsprogramm
wurde aber auch daraus ersichtlich, daß in Form einer Leistungsbilanz das bisher politisch Erreichte betont wurde.

Für den Programmentwurf war eine Programmkommission verantwortlich,
die aus ca. 15 Teilnehmern bestand. Im einzelnen gehörten ihr Mitglieder des Landesvorstandes, des Kabinetts, der Landtagsfraktion
und der Kreisverbände an, also alles Mitglieder aus den wichtigsten
Führungszirkeln der Partei. Die Programmerstellung begann mit der
Aufforderung an die Kreisverbände, Vorschläge für ein Wahlprogramm
zu unterbreiten. Auf diesen Vorschlägen sowie bereits bestehenden
Beschlüssen und programmatischen Festlegungen der Partei gründete

die Programmkommission den Entwurf des Wahlprogramms, der bereits im Frühjahr 1982 vorgelegt wurde. Der Entwurf wurde dann auf drei Bezirksparteitagen ausführlich beraten und modifiziert. Eine Redaktionskommission besorgte schließlich die endgültige sprachliche Ausformulierung des Programms, bevor es den Delegierten auf dem Landesparteitag in Lahnstein zur Beschlußfassung vorgelegt wurde. Dort ist es ohne wesentliche Änderungen mit großer Mehrheit von den Parteitagsdelegierten gebilligt worden. Auf die Herausgabe einer Kurzfassung hat die CDU verzichtet, obwohl eine solche Forderung mehrheitlich auf dem Landesparteitag beschlossen worden war.

In der SPD begannen die ersten innerparteilichen Diskussionen um das Wahlprogramm bereits zu Beginn des Jahres 1982. Den Entwurf des sozialdemokratischen Landtagswahlprogramms erstellte nach ausführlichen thematischen und politisch-inhaltlichen Vorgaben seitens der Parteigliederungen eine Wahlkampfkommission, die sich aus ca. 17 bis 20 Mitgliedern zusammensetzte und zu der als Teilnehmer die Regierungsmannschaft, der geschäftsführende Landesvorstand, die Geschäftsführer des Landesverbandes sowie die Bezirksgeschäftsführer der Partei gehörten. Der Programmentwurf wurde beraten, verändert und den Untergliederungen als Diskussions- und Orientierungsgrundlage zugestellt. Darüber hinaus war vorgesehen, das Programm gezielt bestimmten Bürgern, Gruppen und Institutionen vorzustellen, es also parteiüberschreitend zu diskutieren, um den Realitätsgehalt des Programms zu erhöhen und damit seine Durchführbarkeit zu gewährleisten. Stärker als bei der CDU sollte damit das Wahlprogramm neben der parteiinternen Verständigung auch bei der Wählerwerbung dienen. Formal verabschiedet wurde das Programm dann auf dem außerordentlichen Parteitag in Ludwigshafen, ohne daß es darüber noch zu größeren Diskussionen zwischen den Delegierten gekommen ist. Für die programmatische Außendarstellung wurde eine illustrierte Kurzfassung des Wahlprogramms erstellt, in der noch einmal pointiert die programmatischen Leitsätze und Absichten der Partei hervorgehoben wurden. (22)

In der FDP durchlief die Programmdiskussion im wesentlichen ebenfalls die bereits bei CDU und SPD aufgezeigten Phasen, wobei die Wahlplattform Ausgang bei den Fachausschüssen der Partei nahm, die zu den einzelnen Problemfeldern Stellung nahmen. Verabschiedet wurde das Programm schließlich von der großen Mehrheit der Delegierten auf dem Landesparteitag in Deidesheim im November 1982. Auch bei den Liberalen gab es um das Programm keine so intensiven internen Konflikte, daß daraus etwa auf eine tiefe programmatische Kluft in der Partei hätte geschlossen werden können. Diese Feststellung ist deshalb interessant, weil es innerhalb der FDP-Spitze ja erhebliche Auseinandersetzungen hinsichtlich der Wahlkampfstrategie gegeben hat. Man kann deshalb davon ausgehen, daß das Wahlprogramm der FDP den kleinsten gemeinsamen politischen Nenner darstellte, auf sich die unterschiedlichen Gruppen in der Partei einigen konnten. Für die Außendarstellung sollte wie bei den Sozialdemokraten eine

Kurzfassung sorgen, die aber nicht von der Partei, sondern von einer Werbeagentur verfaßt und entsprechend illustriert wurde. (23) Auch bei den Freien Demokraten ging man also davon aus, daß die Langfassung des Wahlprogramms von den Bürgern nicht zur Kenntnis genommen wird. Sie wurde deshalb nur auf besondere Anforderung an interessierte Bürger abgegeben und nur in einer relativ geringen Auflagenhöhe produziert.

Anmerkungen

1) Ossip K. Flechtheim, Parteiprogramme, in: Kurt Lenk/Franz Neumann (Hrsg.), Theorie und Soziologie der politischen Parteien, Neuwied/Berlin 1968, S. 415

2) So auch Joachim Raschke, Parteien, Programme und "Entideologisierung". Zur Analyse von Parteiprogrammen, in: Aus Politik und Zeitgeschichte B 8/1970, S. 8

3) Vgl. Wilhelm Mommsen (Hrsg.), Deutsche Parteiprogramme, München 1964 (2. Auflage), S. 575

4) Vgl. hierzu Otto Kirchheimer, Der Wandel des westeuropäischen Parteiensystems, in: Gilbert Ziebura (Hrsg.), Beiträge zur allgemeinen Parteienlehre, Darmstadt 1969, S. 341 ff. Kritisch zum Begriff Volkspartei äußert sich Alf Mintzel, Die Volkspartei. Typus und Wirklichkeit. Ein Lehrbuch, Opladen 1984

5) So Hermann Scheer, Parteien kontra Bürger. Die Zukunft der Parteiendemokratie, München/Zürich 1979, S. 134

6) Wulf Schönbohm, Funktion, Entstehung und Sprache von Parteiprogrammen, in: Aus Politik und Zeitgeschichte, B 34-35/1974, S. 18

7) Vgl. Niklas Luhmann, Probleme eines Parteiprogramms, in: Horst Baier (Hrsg.), Freiheit und Sachzwang. Beiträge zu Ehren Helmut Schelskys, Opladen 1977, S. 169

8) Zu einem Vergleich von Wahlprogrammen und -reden vgl. Klaus Schönbach, Wahlprogramme und Wählermeinung 1976, in: Max Kaase (Hrsg.), Wahlsoziologie heute. Analysen aus Anlaß der Bundestagswahl 1976, Opladen 1977 (= Politische Vierteljahresschrift, Heft 2/3 1977), S. 360 ff

9) Grundsätzlich zum Verhältnis Programm - Praxis vgl. Wolf-Dieter Narr, CDU - SPD. Programm und Praxis seit 1945, Stuttgart/Berlin/Köln/Mainz 1966

10) Vgl. hierzu Wolf-Dieter Narr, Editorial. Parteienstaat in der BRD - ein Koloß auf tönernen Füßen, aber mit stählernen Zähnen, in: ders. (Hrsg.). Auf dem Weg zum Einparteienstaat, Opladen 1977, S. 7ff

11) So kritisch Hartmut Jäckel, Bemerkungen zur Dialektik von Konsens und Alternative in einem System von Volksparteien, in: Günther Doeker/Winfried Steffani (Hrsg.), Klassenjustiz und Pluralismus, Festschrift für Ernst Fraenkel zum 75. Geburtstag, Hamburg 1973, S. 528

12) Diese Auffassung vertritt z. B. Schönbohm, (Anm. 6), S. 21

13) Grundsätzlich dazu Jäckel, (Anm. 11)

14) Franz Josef Strauß, zitiert nach: Dorothee Buchhaas, Die Volkspartei. Programmatische Entwicklung der CDU 1950-1973, Düsseldorf 1981,
S. 81

15) Vgl. dazu z. B. Heiner Flohr, Parteiprogramme in der Demokratie.
Ein Beitrag zur Theorie der rationalen Politik, Göttingen 1968,
S. 58f

16) Vgl. dazu Narr, (Anm. 9)

17) Vgl. Schönbach, (Anm. 8), S. 360 und Strauß, in: Buchhaas,
(Anm. 14), S. 320

18) Vgl. dazu Heino Kaack, Geschichte und Struktur des deutschen Parteiensystems, Opladen 1971, S. 401ff; Hans Kremendahl, Parteiprogramme
in der parlamentarischen Demokratie der Bundesrepublik Deutschland,
in: Siegfried Hergt (Hrsg.), Parteiprogramme, Leverkusen 1977
(11. Auflage), S. 10ff; Flohr (Anm. 15), S. 60ff

19) Vgl. hierzu Kaack, (Anm. 18), S. 402f

20) Reiches illustrierendes Material bieten hierzu die Analysen im Abschnitt "Innerparteiliche Diskussionen" der Parteien-Jahrbücher bzw.
der beiden Handbücher des deutschen Parteiensystems. Vgl. im einzelnen: Heino Kaack/Ursula Kaack (Hrsg.), Parteien-Jahrbuch 1973/74,
Meisenheim 1977, S. 150ff; Heino Kaack/Ursula Kaack (Hrsg.), Partien-Jahrbuch 1975, Meisenheim 1978, S. 175ff; Heino Kaack/Reinhold
Roth (Hrsg.), Parteien-Jahrbuch 1976, Meisenheim 1979, S. 255ff;
Heino Kaack/Reinhold Roth (Hrsg.), Handbuch des deutschen Parteiensystems, Bd. 2: Programmatik und politische Alternativen der Bundestagsparteien, Opladen 1980, S. 11ff

21) Vgl. dazu Infas-Report Wahlen. Rheinland-Pfalz 1983. Landtagswahl am
6. März 1983. Analysen und Dokumente, Bonn - Bad Godesberg 1983,
S. 7f und S. 10

22) Vgl. "Und plötzlich ist Mainz ganz nah." Vorschläge aus unserem Wahlprogramm von 1983-1987. Hrsg. von der SPD Rheinland-Pfalz

23) Die Kurzfassung des rheinland-pfälzischen Wahlprogramms besitzt keinen übergreifenden Slogan. Auf dem Deckblatt ist eine farbige Satellitenaufnahme des Landes Rheinland-Pfalz abgebildet.

3. WAHLKAMPF UND POLITIKVERMITTLUNG

- Die Wahlkampfanalyse als forschungspraktisches Problem -

Es gibt sehr unterschiedliche Wege der arbeitspraktischen Realisierung einer Wahlkampfanalyse. Man kann den Verlauf der politischen Kontroversen zwischen den Parteien sekundäranalytisch über die Berichterstattung von Presse und Rundfunk in der Wahlkampfphase analysieren. Dabei ist es durchaus möglich, über die Berichterstattung möglichst vieler, gerade unterschiedlich politisch gewichtender Medien ein vergleichsweise umfassendes Bild "öffentlicher Politik" im Wahlkampf zu gewinnen. Über die Intentionen, strategischen Absichten und Planungen der Parteien erhält man hier gleichwohl Informationen und Interpretationen aus zweiter Hand. Dieses Defizit läßt sich allerdings auch nur partiell ausgleichen durch Quellenmaterial, also Redetexte, Sitzungsprotokolle von Parteivorständen oder Wahlkampfkommissionen, Planungsentwürfe etc. der Parteigeschäftsstellen. Denn nicht nur die Bereitschaft der Parteien, interne Materialien herauszugeben, ist aus verschiedenen Gründen sehr unterschiedlich entwickelt, so daß bei einer Wahlkampfanalyse Probleme der Vergleichbarkeit entstehen. Auch ist festzustellen, daß gerade die interessierenden politisch-strategischen Diskussionen nicht immer dokumentiert werden. Die dadurch entstehenden Ungleichgewichte im Informationsstand lassen sich nur zum Teil durch Interviews und Befragungen von Akteuren in Landesgeschäftsstellen ausgleichen, denn auch hier ist die Auskunftsbereitschaft nicht bei allen gewünschten Interviewpartnern in gleichem Maße gegeben.

Bleibt schließlich noch eine dritte Variante der arbeitspraktischen Umsetzung einer Wahlkampfanalyse: die teilnehmende Beobachtung. Bei der teilnehmenden Beobachtung ist der Forscher - idealtypisch gesehen - bei allen von ihm als analyserelevant erachteten Ereignissen und Situationen selbst anwesend. Dieses Verfahren erfordert nicht nur einen hohen personellen und finanziellen Aufwand, es stößt auch im Falle einer Wahlkampfanalyse vor allem dann an Grenzen, wenn auch die organisationsinterne Willensbildung und Strategieplanung unmittelbar beobachtet werden sollen. Nach vorgegebenen bzw. zu entwickelnden Kategorien erfolgt hier die systematische Erfassung von Ereignismerkmalen.

In den beiden ersten der nachfolgenden Beiträgen wurde ein gemischtes Verfahren gewählt. So stand uns die regionale und überregionale Presseberichterstattung weitgehend zur Verfügung - nur: dort wurde über den Landtagswahlkampf im Gegensatz zum Bundestagswahlkampf vergleichsweise wenig berichtet. Dankenswerterweise hatten uns auch die Landesgeschäftsstellen der Parteien dokumentarisches Material zur Verfügung gestellt, dies allerdings in unterschiedlichem Umfang. So konnten wir in einem Falle sogar alle Parteivorstandsprotokolle einsehen, während in anderen Fällen fast ausschließlich mehr oder weniger öffentlich zugängliche Redetexte, Mitgliederrundschreiben oder Verlaufsplanungen zur Verfügung standen. Ähnlich unterschiedlich war auch die Auskunftsbereitschaft der Gesprächspartner in den Landesgeschäftsstellen. Es versteht sich von selbst, daß solche Diskrepanzen in der Informationsgrundlage die Vergleichbarkeit von Aussagen erschwert.

Neben diesen materialspezifischen Gründen sprachen aber auch didaktische Gründe für den schließlich gewählten Aufbau der Wahlkampfbeiträge 3.1 und 3.2. Es sollten - nicht zuletzt mit Blick auf den Adressatenbereich Politische Bildung - einige zentrale, immer wieder zu beobachtende Elemente modernen Politikmanagements in Wahlkämpfen, exemplarisch beschrieben werden, wobei die gewählten Beispiele größtenteils nicht nur für die Partei, auf die sie sich beziehen, typisch sind. (Vgl. Beitrag 3.1, Kap. 1). Zum anderen sollten aber auch die grundlegenden konzeptionellen und politisch-strategischen Vorstellungen vergleichend nebeneinander dargestellt werden. (Vgl. Beitrag 3.1, Kap. 2; Beitrag 3.2). Und schließlich waren die politisch-situativen Ausgangsbedingungen und ihre unterschiedliche Bewältigung durch die Parteien zu untersuchen. (Vgl. Beitrag 3.1, Kap. 2; Beitrag 3.2, insb. Kap. 1, 2 und 5). Der in der bundesrepublikanischen Wahlgeschichte bisher einmaligen Situation, daß Landtags- und Bundestagswahlen an einem Tag stattfanden, ist schließlich noch ein eigener Beitrag gewidmet, der das Problem des Verhältnisses von Landtagswahlen und Bundestagswahlen über den konkreten Fall hinaus generell thematisiert. (Vgl. Beitrag 3.3).

U. S.

3.1 Der Landtagswahlkampf 1983: Aspekte zu Strategie, Planung und Verlauf

(Ulrich Sarcinelli/Edwin Czerwick)

1. Wahlkampforganisation und -strategie

    1.1 Wahlkampforganisation. Logistik der Wahlkampfführung sowie der Partei- und Wählermobilisierung

    1.2 Aspekte zur strategischen Planung von Wahlkämpfen

2. Zur politischen Ausgangslage der Parteien

    2.1 Landespolitische Rollenverteilung und parteistrategische Ausgangslage

    2.2 Spitzenkandidatenimage und Personalisierungschancen

    2.3 Die "Doppelwahl": Der Landtagswahlkampf im Bundestagswahlkampf

3. Wahlkampfziele und politische Strategie im Landtagswahlkampf

    3.1 CDU: Stabilität, Kontinuität und Regierungsfähigkeit

    3.2 SPD: "Geborene" Oppositionspartei mit neuem Spitzenkandidaten

    3.3 FDP: Partnerschaft in einer christlich-liberalen Koalition

    3.4 Die Grünen: "Wahlkampf ohne strategisches Konzept"

4. Politische Kontroversen und Wahlkampfführung

    4.1 Politische Alternativen in der Wahlkampfkontroverse

    4.2 Ausgewählte Beispiele zur Wahlkampfführung

    - Die Großkundgebung: Der Kandidat als souveräner Landesvater
    - Die Polit-Talk-Show: Der Politiker 'zum Anfassen'
    - Mobiler Wahlkampfeinsatz durch Wahlkampfmobile
    - Wahlkampf im politischen Vorfeld
    - Der persönliche Brief: Ein Beispiel für Zielgruppenwahlkampf

5. Zur Rolle des Bürgers in Landtagswahlkämpfen

Anmerkungen

1. Wahlkampforganisation und -strategie

1.1 Wahlkampforganisation: Logistik der Wahlkampfführung sowie der Partei- und Wählermobilisierung

Wahlkämpfe sind Teil eines langfristig geplanten politischen Prozesses. Denn genau genommen beginnt der nächste Wahlkampf schon "am Tag nach der Wahl" (1), wobei die Terminierung wichtiger politischer Vorhaben für die Legislaturperiode bereits auf die Wahl hin vorgenommen wird. "Für Politiker und Parteien ist Wahlkampfführung deshalb das durchgehende Element ihrer Politik. Sie führen einen Dauerwettbewerb zur Erhaltung oder Erringung der Regierungsverantwortung, einen Wettbewerb um Wählerstimmen." (2) Neben der Einbindung von Wahlkämpfen in die langfristige Politikentwicklung stellt die 'eigentliche' Wahlkampagne jede Parteiorganisation vor höchste Anforderungen - unabhängig davon, ob Wahlkampf idealistisch als "politische Kommunikation" oder betriebswirtschaftlich-nüchtern als "Management-Aufgabe wie andere auch" (3) verstanden wird. Vor allem drei Merkmale sind für modernes Wahlkampfmanagement charakteristisch: Zentralisierung, innerparteiliche Professionalisierung und Kommerzialisierung. (4)

1. Zentrale Steuerung der Wahlkampfführung:

Die Wahlkampfführung aller Parteien wird mehr oder weniger zentral gesteuert, ob es nun um die Entwicklung der Strategiekonzeptionen, die Werbemittelproduktion oder den flächendeckenden Einsatz von Rednern geht. Allerdings läßt sich gerade bei den letzten Bundestags- und z. T. auch Landtagswahlen feststellen, daß sich die Parteien auch um die frühzeitige Einbeziehung der regionalen Parteibasis in die Wahlkampfvorbereitungen bemühen (z. B. durch Kreisbereisungen, Regionalkonferenzen), um eine optimale Umsetzung der schließlich beschlossenen Wahlkampfmaßnahmen zu gewährleisten. Eine Sonderstellung nehmen jedoch die Grünen ein. Sie haben nicht nur aufgrund ihrer heterogenen Organisationsstruktur auf eine zentrale Steuerung ihres Wahlkampfes verzichtet, sondern ebenso aus prinzipiellen "basisdemokratischen" Erwägungen.

2. Innerparteiliche Professionalisierung:

Eine optimale Mobilisierung der gesamten Partei kann nur erreicht werden, wenn dafür die organisatorischen und personellen Voraussetzungen geschaffen worden sind. So werden schon lange vor der sog. heißen Wahlkampfphase die innerparteilichen Kommunikationssysteme (z. B. Telefondienste, Briefservices, Telekopiermöglichkeiten, interne Informationsdienste, Argumentationshilfen für politische Sachdiskussionen etc.) ausgebaut. Über die organisatorischen Maßnahmen

hinaus werden Funktionäre und aktive Mitglieder auch für Einsätze
im Wahlkampf z. B. in eigens veranstalteten Seminaren geschult.

3. Kommerzialisierung der Wahlkampfführung:

Kommerzialisiert werden moderne Wahlkämpfe nicht nur dadurch, daß
der politische Wettbewerb vielfach auf der Basis teurer 'Material-
schlachten' stattfindet. Kommerzialisierung meint daneben auch die
Auslagerung von Aufgaben auf kommerzielle Unternehmen. So werden
nicht nur Meinungsforschungsinstitute beauftragt, Wählereinstellungen zu politischen Sachfragen, zum Image von Personen oder Einstellungen zu den Parteien zu ermitteln, um diese bei strategischen
Weichenstellungen berücksichtigen zu können. Auch bei der Entwicklung des Werbekonzepts sowie bei der inhaltlichen Gestaltung, Pro-
duktion und Verteilung der Werbemittel bedienen sich die Parteien
zunehmend kommerzieller Unternehmen.

Neben diesen Merkmalen moderner Wahlkampfführung, ist nicht zuletzt
mit Blick auf den Landtagswahlkampf darauf hinzuweisen, daß die politischen Aktivitäten auf verschiedenen Handlungsebenen miteinander koordiniert werden müssen. Denn je besser es einer Partei gelingt, z. B. bundespolitische Aktivitäten und landespolitische Maßnahmen aufeinander zu beziehen, desto geschlossener und konzen-
trierter wirkt ihr Wahlkampf. Dabei kommt es vor allem darauf an,
die selbst geschaffenen Ereignisse wie Parteitage, Kandidaten- oder
Programmpräsentation oder andere Arten von öffentlichkeitswirksamen
Veranstaltungen so zu terminieren und im Hinblick auf Veranstal-
tungsorte zu planen, daß eine optimale medienwirksame Selbstdarstellung des Landesverbandes möglich ist. Dazu gehört auch - soweit
überhaupt möglich - die Abstimmung mit Wählerinitiativen. Auch spektakuläre Auslandsreisen von Spitzenkandidaten werden bisweilen ter-
minlich so gelegt, daß die über die Medien vermittelte internatio-
nale Reputation für die Personalisierung des Wahlkampfes funktiona-
lisiert werden kann. (5)

1.2 Aspekte zur strategischen Planung von Wahlkämpfen

Der Begriff "Strategie" ist ein analytisches Konstrukt, mit dessen
Hilfe das Verhalten von Individuen, Gruppen oder Staaten nach rationalen Maßstäben erklärt werden soll. Der Begriff entstammt ursprünglich dem Militärwesen, findet heute aber in nahezu allen Lebensbereichen mit Wettbewerbscharakter Verwendung (Werbung, Sport, Wissenschaft, Schach). Trotz oder gerade wegen der inflationären Verwendung des Begriffs fehlt bis heute eine klare Definition von Strategie. In seiner allgemeinen Bedeutung umschreibt der Begriff die Zuordnung von Zielen und Mitteln. Wahlkampfstrategie wäre demnach die
Festlegung politischer Ziele unter Berücksichtigung der eigenen

Möglichkeiten, der situativen Gegebenheiten und des Potentials des
Gegners. Sie schließt die Planung aller Maßnahmen ein, die zur Förderung des Zieles notwendig sind. (6)

Während die organisatorisch-technische Seite von Wahlkämpfen auf
der Basis von Auflagenstärken, Produktionszahlen, Kostenkalkulation,
Verteilungsnetzen etc. - soweit diese Daten überhaupt von den Parteien zugänglich gemacht werden - doch relativ leicht nachvollzogen
werden kann, ist das, was gemeinhin als Wahlkampfstrategie bezeichnet wird, inhaltlich wesentlich schwieriger zu konkretisieren. So
verbinden sich mit dem analytischen Konstrukt Wahlkampfstrategie
sowohl binnenstrukturelle Probleme und Maßnahmen wie auch solche,
die auf die Außenpräsentation gerichtet sind. Vor allem auf folgende Faktoren, die jede Wahlkampfstrategie berücksichtigen muß, ist
dabei hinzuweisen. (7)

1. Die programmatisch-konzeptionelle Grundlinie der Partei

Die politisch-programmatischen Aussagen der Partei und ihre praktizierte konzeptionelle Grundlinie müssen Eckpfeiler jeder strategischen Kalkulation sein, wenn Widersprüche in der politischen Argumentation und damit ein Glaubwürdigkeitsverlust (8) vermieden werden sollen.

2. Die Leistungsfähigkeit der Parteiorganisation

Die Umsetzung jeder, auf der Führungsebene konzipierten, Strategie
hängt letztlich von der Leistungsfähigkeit der Parteiorganisation ab.
Dabei ist von entscheidender Bedeutung, in welchem Maße eine arbeitsteilige und funktionsgerechte Aufgabenwahrnehmung durch einen
hauptamtlichen Apparat gewährleistet wird, über welche Finanzmittel
er verfügen kann oder inwieweit die Partei auch flächendeckend im
Wahlkampfgebiet präsent sein kann. Damit in engem Zusammenhang steht
etwa auch die Zahl der Mitglieder in einzelnen Teilgebieten, die Leistungsfähigkeit von Parteigeschäftsstellen in den Untergliederungen
oder auch die Zahl und Größe der Ortsverbände.

3. Der aktuelle politische Problemhaushalt

Wahlkämpfe lassen sich nicht unter Negierung der aktuellen politischen Problemfelder führen. Hierin liegt ein Dilemma strategischer
Planungsmöglichkeiten. Einerseits soll der Wahlkampf möglichst weitgehend vorgeplant und durch selbst initiierte Ereignisse gesteuert
werden. Andererseits lassen sich nicht alle Konflikte voraussehen.
Wahlkampfstrategien müssen deshalb so angelegt sein, daß Reaktionen
auf veränderte politische Situationen möglich sind, ohne daß die Partei zu ihrem bisherigen Verhalten in Widerspruch gerät.

4. Die Parteienwettbewerbssituation

Wahlkämpfe sind nicht zuletzt Wettbewerbsveranstaltungen, in denen
die eigene Position stets relational, d. h. im Verhältnis zur Position des politischen Gegners gesehen werden und die zu konzipieren-
de Strategie danach ausgerichtet werden muß. Dies gilt sowohl für
Themen, die u. U. nicht zuletzt deshalb in den Vordergrund gestellt
werden, weil der Gegner etwa kompetenzmäßig schlechter eingeschätzt
wird, als auch für die Personalisierung eines Wahlkampfes. (9) Denn
verfügt der politische Gegner über einen sehr populären Spitzenkandidaten, so könnte es sich als strategisch zweckmäßig erweisen, den
eigenen Spitzenkandidaten weniger in den Vordergrund der Kampagnen
zu stellen als etwa eine Wahlkampfmannschaft.

5. Das politische Meinungsklima (10)

Mit den genannten vier Faktoren in unmittelbarem Zusammenhang steht
die Berücksichtigung der demoskopisch ermittelten Wählermeinungen
über politische Akteure und Parteien sowie über die verschiedenen
Problembereiche der Politik. Hier gilt es, nicht nur die allgemeine
Einschätzung der Wählerschaft zu Parteisympathie, Politikerimage
und Problemlösungskompetenz in der Wahlkampfstrategie zu berücksichtigen, sondern auch die Vorstellungen wichtiger Adressatengruppen des Wahlkampfes, um möglichst eine Fehleinschätzung der Wähler-
reaktion auf die eigenen Wahlkampfmaßnahmen und Strategieentschei-
dungen zu vermeiden.

Im folgenden sollen insbesondere die Faktoren 3 und 4 etwas näher
beleuchtet werden, weil sie den Teil von Wahlkampf wiedergeben, der
in der Öffentlichkeit am deutlichsten zutage tritt. Auf die Faktoren 2 und 5 kann hier nur am Rande eingegangen werden, während die
programmatisch-konzeptionellen Grundlinien der Parteien bereits in
der Synopse zentraler Wahlaussagen behandelt wurden.

2. Zur politischen Ausgangslage der Parteien

2.1 Landespolitische Rollenverteilung und parteistrategische Aus-
     gangslage

Im Gegensatz zur Bundestagswahl, bei der sich die amtierende christ-
lich-liberale Koalition erstmals seit 1965 wieder gemeinsam dem Wäh-
lervotum stellte, war die langfristig stabile Rollenverteilung der
rheinland-pfälzischen Parteien ein zentraler, die wahlkampfstrategische Ausgangslage bestimmender Faktor. Kennzeichnend für die Rollenverteilung war und ist, daß sich in Rheinland-Pfalz seit der ersten
Landtagswahl 1947 ein parteipolitisches Zweikräftesystem herausge-

bildet hat, in dem den Christdemokraten stets die Rolle der tragenden Regierungspartei, den Sozialdemokraten jedoch seit 1951 die Oppositionsrolle zugewiesen ist. Seit der Landtagswahl 1971 verfügte die CDU zudem noch über eine absolute Mehrheit und konnte somit ohne Koalitionspartner die Regierung und den Ministerpräsidenten stellen. Aufgrund dieser langfristigen Rollenverteilung kann es nicht verwundern, daß die traditionelle Regierungspartei CDU in hohem Maße mit Entwicklung und Politik des Landes Rheinland-Pfalz identifiziert wird. Dabei schlägt sich der Vorteil des dauerhaften Regierungsmandats nicht nur in den besseren Chancen zur Rekrutierung von Führungspersonal auf allen Ebenen der Politik und damit auch in der besseren personell sichtbaren Präsenz nieder. Der personelle "Amtsbonus" bedeutet jedoch auch Themenführerschaft in der Politik. (11) Während das Regierungsamt politische Gestaltungschancen eröffnet, sind Oppositionsparteien eher zu einer reaktiven Politik verurteilt. Sie sind in hohem Maße von Terminierung und politisch-inhaltlichen Aktionen der Regierung abhängig. Damit in direkter Verbindung stehend kommt noch hinzu, daß sich die Aufmerksamkeit von Presse, Rundfunk und Fernsehen vor allem auf die Darstellung von Regierungsaktivitäten stützt, und insofern bereits die öffentliche Berichterstattung Regierungsparteien den Vorteil der stärkeren Medienpräsenz bietet. (12)

2.2 Spitzenkandidatenimage und Personalisierungschancen

Auch die Möglichkeiten zur Personalisierung von Politik werden wesentlich bestimmt von der Problemverteilung im politischen System. Mit Bernhard Vogel verfügte die CDU über einen Spitzenkandidaten, der seit 1976 das höchste politische Amt im Lande bekleidet und nicht nur den höchsten Bekanntheitsgrad unter den rheinland-pfälzischen Politikern hat, sondern auch als "Landesvater" hohe Popularität genießt. (13)
Die Ausrichtung des gesamten Wahlkampfs der Union auf die Person des auch innerparteilich völlig unumstrittenen Spitzenkandidaten lag insofern nahe. Durch eine geschickt terminierte Reisediplomatie im Vorfeld des Wahlkampfs wurde zudem die Möglichkeit genutzt, den "Landesvater" Vogel als einen Politiker zu vermitteln, der sich auch auf internationalem Parkett zu bewegen weiß: Der Ministerpräsident als Gesprächspartner des amerikanischen Vizepräsidenten, des amerikanischen Verteidigungs- und Außenministers sowie von Henry Kissinger.

Während Bernhard Vogel auch über die Landesgrenzen hinweg, nicht zuletzt als Bundesvorstands- und -präsidiumsmitglied seiner Partei, einen vergleichsweise hohen Bekanntheitsgrad hatte, waren die Voraussetzungen für eine personelle Vermarktung des SPD-Spitzenkandidaten im rheinland-pfälzischen Landtagswahlkampf denkbar ungünstig.

Nach der Wahl des rheinland-pfälzischen SPD-Landesvorsitzenden von Dohnanyi zum Hamburger Bürgermeister übernahm der Rheinland-Pfälzer Hugo Brandt den SPD-Landesvorsitz. Der Führungswechsel ging jedoch nicht ohne innerparteiliche Reibungsverluste vonstatten. Vor allem drei Aspekte bestimmten dabei das personalisierte Handicap der Sozialdemokraten:

1. Nur mit Mühe konnte die SPD die für eine optimale Selbstdarstellung im Wahlkampf allgemein als notwendig erachtete Geschlossenheit erreichen. Gleichwohl bestanden die - unterhalb der Ebene offiziell demonstrierter Parteiloyalität öffentlich noch vorhandenen - Rivalitäten zwischen Brandt und dem amtierenden Fraktionsvorsitzenden Werner Klein fort; nicht zuletzt deshalb, weil dieser den Vorsitz der SPD-Landtagsfraktion zunächst nicht freiwillig zu räumen gedachte, zumal er gerade in der Fraktion erheblichen Rückhalt besaß. Dafür dürften nicht nur bzw. weniger persönliche Gesichtspunkte, als vielmehr unterschiedliche Vorstellungen über die Oppositionsstrategie der SPD ausschlaggebend gewesen sein.

2. Der SPD-Ministerpräsidentenkandidat bot zum Amtsinhaber auch insofern ein Kontrastbild, als er im Lande nicht nur wenig bekannt war, sondern auch selbst eine geringe Neigung zeigte, sich durch spektakuläre Auftritte vermarkten zu lassen. Weder das Image eines "Landesvaters" noch das eines "Machers", um zwei gängige Klischeebilder zu nennen, paßte auf Hugo Brandt. Doch ein Politiker, der - nach sozialdemokratischer Einschätzung - keine großen Worte macht, Großveranstaltungen eher scheut und seine Wirkungsmöglichkeiten mehr im überzeugenden und toleranten Gespräch sieht, ist nur schwer als Gegengewicht zu einem sehr populären Amtsinhaber aufzubauen.

3. Schließlich fehlte dem SPD-Spitzenkandidaten ein spezifisch landespolitisches Profil. Hugo Brandt hatte sich durch seine parlamentarische Arbeit im Bundestag vor allem als Experte im Bereich der Innen- und Rechtspolitik einen bedeutenden Namen gemacht, ein Bereich, der sich zur Popularisierung eines Politikers weniger eignet als etwa das Feld der Außen-, Wirtschafts- oder Sozialpolitik. Dem sozialdemokratischen Spitzenkandidaten wurde deshalb eine Regierungsmannschaft zur Seite gestellt, die sich aus bekannten Landespolikern zusammensetzte.

Die FDP besaß im Gegensatz zu CDU und SPD keine Chance, einen Ministerpräsidenten zu stellen, weshalb sie auch darauf verzichtet hat, einen eigenen Kandidaten zu nominieren. Dies mußte aber keinen Verzicht auf die Benennung eines eigenen Spitzenkandidaten implizieren, wie FDP-Wahlkämpfe in anderen Bundesländern zeigen. Der Grund, weshalb die Freien Demokraten ihren Wahlkampf ohne designierten Spitzenkandidaten geführt haben, läßt sich auf parteiinterne Auseinandersetzungen zurückführen. Mehr noch als in der SPD war in der FDP die innerparteiliche Geschlossenheit wegen Differenzen zwischen dem Parteivorsitzenden Hans-Günter Heinz und dem Vorsitzenden der FDP-Landtagsfraktion, Hans Otto Scholl, beeinträchtigt. Hierbei ging es vor allem um die Frage, wer den Kurs der freidemokratischen Politik bestimmt: die Partei oder die Fraktion. Scholl nahm für sich in Anspruch, daß die Landespolitik primär von der Landtagsfraktion gemacht werde, die deshalb auch das Erscheinungsbild der Liberalen nach außen präge. Dagegen war die Partei darum bemüht, ebenfalls ihren politischen Einfluß zur Geltung zu bringen. Das Ergebnis war, daß sich Partei und Fraktion häufig gegenseitig blockierten und notwendige wahlpolitische Entscheidungen, wie etwa die über die Nominierung eines Spitzenkandidaten, nicht getroffen werden konnten.

Die bei den beiden größten Parteien des Landes höchst unterschiedliche Kandidatensituation hatte nicht nur Konsequenzen für die Formulierung von Wahlkampfzielen und -strategie, sondern auch für die konkrete Planung und praktische Durchführung des Wahlkampfes selbst. Neben der politischen Rollenverteilung in der Landespolitik und der Spitzenkandidatensituation bestimmte allerdings noch eine weitere politisch-strategische Grundbedingung die Ausgangslage der Parteien im Landtagswahlkampf: Die "Doppelwahl".

2.3 Die "Doppelwahl": Der Landtagswahlkampf im Bundestagswahlkampf

Mit der Zusammenlegung von Bundestags- und Landtagswahl auf einen Termin, einem Novum in der bundesdeutschen Wahlgeschichte (14), standen alle Landesparteien vor dem gleichen Problem:
Wie konnte gesichert werden, daß der Landtagswahlkampf nicht völlig vom Bundestagswahlkampf überlagert wurde? Das aus der "Doppelwahl" resultierende Dilemma stellte sich allerdings für die Parteien in unterschiedlicher Weise. Insbesondere für die CDU war der Doppelwahlkampf entgegen der in den Medien immer wieder vertretenen Auffassung nicht notwendigerweise dysfunktional, konnte doch das unionsregierte Rheinland-Pfalz als Beispiel der politischen "Wende" vermittelt werden, für die Helmut Kohl auch in Bonn um eine Mehrheit warb. Der Parallelität von bundes- und landespolitischen Zielsetzungen war umso mehr Nachdruck zu verleihen, als die Union auf beiden Ebenen, also im Bund und im Land, die Vorteile des "Amtsbonus" nutzen konnte. Ungewiß war dagegen, welche Konsequenzen die Zusammenlegung von Landtags- und Bundestagswahl für das Wählerverhalten haben würde.

Gleichwohl hatte die Landesregierung einer Zusammenlegung beider Wahltermine zugestimmt. Mit ausschlaggebend dafür dürfte auch gewesen sein, daß sich die Union vor allem vom amtierenden Bundeskanzler Helmut Kohl, dem ehemaligen Ministerpräsidenten von Rheinland-Pfalz, positive Effekte für die Landtagswahl erhoffen konnte. Während sich die Sozialdemokraten vor allem aufgrund der höheren Wahlbeteiligung bei Bundestagswahlen eine volle Ausschöpfung ihres

Wählerreservoirs versprachen, waren die Folgen der Zusammenlegung
von Bundestags- und Landtagswahlen für die Freien Demokraten und
für die Grünen kaum kalkulierbar. Viele FDP-Politiker, die ver-
geblich gegen die Zusammenlegung der Wahlen protestiert hatten, be-
fürchteten, daß wegen der Doppelwahl ihre Partei unterhalb der
5%-Hürde bleiben könnte. Die Befürchtungen basierten auf der Annahme, daß nur in sehr begrenztem Ausmaß mit sog. "Leihstimmen" gerechnet werden konnte. Man erwartete, daß die der CDU nahestehenden Wähler, die bei der Doppelwahl aus Sympathie für den Koalitionswechsel in Bonn der FDP ihre Zweitstimme gäben, bei der Landtagswahl, bei der nur eine Stimme vergeben werden konnte, zur CDU zu-
rückkehren würden.

Noch schwerer zu kalkulieren waren die Chancen der Grünen, die sowohl im Land Rheinland-Pfalz als auch im Bund erstmals an Parla-
mentswahlen teilnahmen. Aufgrund der sehr unterschiedlichen Wähler-
struktur und der noch im Aufbau befindlichen Parteiorganisation war
auch die Tatsache, daß die Grünen sowie Alternative Listen bereits
in fünf Landtagsparlamenten vertreten waren, noch kein hinreichender Indikator dafür, daß auch die rheinland-pfälzischen Grünen die
parlamentarische Hürde würden nehmen können.

3. Wahlkampfziele und politische Strategie im Landtagswahlkampf

3.1 CDU: Stabilität, Kontinuität und Regierungsfähigkeit

Das Hauptziel der CDU-Wahlkampfstrategie zeichnete sich nach dem
Ausgang der Landtagswahl in Hessen und der Bürgerschaftswahl in
Hamburg am 26. September 1982 bzw. 6. Juni 1982 deutlich ab. Dem
Wähler müsse, so der Landesvorsitzende Vogel, klar gemacht werden,
daß "Hamburger und hessische Verhältnisse" in Rheinland-Pfalz verhindert werden müssen, weil in schwierigen Zeiten stabile Länder
notwendig seien. Mit dem Begriff "Hamburger und hessische Verhältnisse" sollte dabei die Situation zum Ausdruck gebracht und als ab-
schreckendes Beispiel hervorgehoben werden, daß aufgrund des Wähler-
votums weder in Hessen noch im Stadtstaat Hamburg regierungsfähige
Mehrheiten zustande gekommen waren. In beiden Parlamenten war
durch den Einzug der Grünen bzw. der Alternativen Liste und durch
das Absinken der Freien Demokraten unter die für die parlamentarische Repräsentanz erforderlichen fünf Prozent der Wählerstimmen
eine Minderheitsregierung im Amt. Nicht zuletzt mit Blick auf diese Wählervoten war die politische Argumentation der CDU ganz auf
Stabilität, Kontinuität und Regierungsfähigkeit ausgerichtet. Diese Strategie konnte umso glaubwürdiger vertreten werden, als sich
die CDU selbst als 'geborene' rheinland-pfälzische Regierungspar-

tei und als Garant politischer Kontinuität vermitteln konnte. In einer Erklärung der CDU Rheinland-Pfalz zu den Wahlen am 6. März hieß es denn auch: "Eines ist vor allem wichtig: Die Wahlen am 6. März müssen zu klaren Mehrheiten in Mainz und in Bonn führen. Wir brauchen handlungsfähige Regierungen in Mainz und in Bonn. Der Verlust der Regierungsmehrheiten würde zu neuer Unsicherheit, zu Führungslosigkeit und Stillstand führen. Das muß verhindert werden. Jede Stimme für Bernhard Vogel in Rheinland-Pfalz garantiert, daß Rheinland-Pfalz stabil bleibt und weiterhin zu den Ländern gehört, die Zukunftsfragen anpacken und Neues wagen. Jede Stimme für Helmut Kohl ist eine Bestätigung für den neuen Anfang in Bonn und gibt Hoffnung." (15) Die CDU-Slogans "Rheinland-Pfalz muß stabil bleiben" sowie "Mit Rheinland-Pfalz vertraut" brachten dieses Wahlkampfkonzept begrifflich verdichtet zum Ausdruck. Vor allem der Slogan "Mit Rheinland-Pfalz vertraut" war besonders geeignet, in gleicher Weise Vertrauenswürdigkeit und Kompetenz zu symbolisieren.

Unverkennbar stand die CDU Rheinland-Pfalz jedoch in einem strategischen Dilemma. Einerseits ging es ihr um den Erhalt der absoluten Mehrheit, andererseits zeigte sie jedoch auch offen großes Interesse am parlamentarischen Überleben der FDP. Hatte doch der knappe Ausgang der Landtagswahlen von 1979 gezeigt, daß das Erreichen der absoluten Mehrheit - die CDU hatte mit 50,1 Prozent gerade noch die Chance zur Alleinregierung erhalten - nur bei voller Ausschöpfung des Unionswählerreservoirs möglich sein würde.

Insofern hatte das Interesse an einem Wiedereinzug von FDP-Abgeordneten in den Landtag einen durchaus realistischen machtpolitischen Hintergrund, zumal nicht völlig auszuschließen war, daß die SPD aufgrund erhöhter Wählermobilisierung ihr Ergebnis von 1979 (42,3 Prozent) halten oder gar leicht verbessern könnte, die Grünen erstmals in den Landtag einzögen und die Freien Demokraten die Fünf-Prozent-Hürde nicht überwinden. In diesem, gleichwohl für nicht sehr wahrscheinlich gehaltenen Fall, hätte sich eine Pattsituation oder auch eine arithmetische Mehrheit zugunsten von SPD und Grünen ergeben können.

Bernhard Vogel machte dann auch aus diesen, auf die langfristige Sicherung der Regierungsmacht angelegten strategischen Überzeugungen keinen Hehl: "So überraschend das vielleicht klingt, ich möchte, daß die FDP überlebt und ich meine, dies sei auch aus einer langfristigen Überlegung heraus notwendig. Man kann in einer konkreten Wahl mit viel Kraftanstrengung die absolute Mehrheit erringen. Man kann aber nicht davon ausgehen, daß dies für alle Zeiten gelingt. Und deshalb ist es für das Parteienspektrum meiner Überzeugung nach besser, wenn die FDP überlebt." (16) Das Interesse an einem Wiedereinzug der FDP ins Landesparlament dürfte jedoch noch einen zweiten Hintergrund gehabt haben. Mit der generellen Befürwortung einer christlich-liberalen Koalition auch in Rheinland-Pfalz stand die rheinland-pfälzische CDU auch im politisch-

strategischen Gleichklang mit der Bundes-CDU, die nach dem erfolg-
reichen Mißtrauensvotum im Oktober 1982 mit der FDP eine Koalition
eingegangen war.

Konsequenz dieser wahlkampfstrategischen Bedingungen und Ziele war,
daß SPD und Grüne zum Hauptgegner der politischen Auseinandersetzungen wurden. Allerdings rechnete bereits Anfang Februar 1983 die
Führung der Landes-CDU nicht mehr mit einem Wiedereinzug der FDP in
das Parlament oder zumindest wurde in diese Richtung argumentiert.
Die daraus gezogene Schlußfolgerung ließ sich in die ohne Zweifel
wählerwirksame Alternative bringen: Es gehe allein um die Frage, ob
die CDU die absolute Mehrheit der Stimmen erhalte, oder ob man
"hessische Verhältnisse" bekomme.

3.2 SPD: "Geborene" Oppositionspartei mit neuem Spitzenkandidaten

Die Sozialdemokraten begannen ihre Wahlkampfplanung bereits zu einem
recht frühen Zeitpunkt. Schon im Frühjahr 1981 wurden die ersten organisatorischen und technischen Überlegungen angestellt und geprüft,
wie die Arbeit der SPD-Landtagsfraktion in der 2. Hälfte der 9. Legislaturperiode mit dem Landtagswahlkampf verknüpft werden konnte,
und es wurden erste Schritte zur Auswahl landtagswahlfähiger Themen
unternommen. Die rheinland-pfälzische SPD mußte dabei durchgängig
vor allem zwei Faktoren in ihr wahlkampfstrategisches Kalkül einbe-
ziehen: erstens, ihre Rolle als parlamentarische Oppositionspartei
und zweitens, das Image ihres Spitzenkandidaten. Beide Faktoren
konnten zu erheblichen Nachteilen für die Sozialdemokratie im zwischenparteilichen Wettbewerb führen, wenn nicht versucht würde, dem
durch eine entsprechende Planung der Wahlkampfstrategie entgegenzu-
wirken. Ihr Handicap als langjährige Oppositionspartei, (17) das
ähnliche Identifikationen wie die der CDU mit der Entwicklung des
Landes Rheinland-Pfalz unmöglich machte, versuchten die Sozialdemokraten über eine engere Verklammerung zwischen der Landes- und der
Kommunalpolitik abzubauen. Durch eine gezieltere Koordination und
Abstimmung wollte man erreichen, daß die Landespolitik der SPD sich
publizistisch stärker in den Lokalteilen der Presse widerspiegelt,
die bei den Lesern auf besondere Aufmerksamkeit stoßen. Insofern besaß der sozialdemokratische Wahlslogan "Und plötzlich ist Mainz ganz
nah" auch eine Doppelbedeutung: er sollte nicht nur die Möglichkeit
einer sozialdemokratischen Regierungsübernahme signalisieren und
Parteimitglieder und Wähler mobilisieren, sondern er sollte auch
deutlich machen, daß bei einem sozialdemokratischen Wahlsieg kommunale Interessen beachtet würden. Das Image ihres neuen Spitzenkandidaten zwang die Sozialdemokraten ebenfalls, entsprechende wahlkampfstrategische Maßnahmen zu ergreifen. So wurde bereits vom Mai bis
Juli 1982, zu einem Zeitpunkt also, der lange vor dem Landtagswahl-
termin lag, eine Kampagne gestartet, deren zentrales Anliegen es war,

Hugo Brandt im Lande stärker bekannt zu machen und zu einer populären Persönlichkeit aufzubauen.

Hauptgegner des sozialdemokratischen Wahlkampfes war ganz allgemein die CDU, hinter der die Landesregierung und Ministerpräsident
Bernhard Vogel im besonderen zurückfielen. Im Gegensatz dazu wurden
FDP und Grüne im Wahlkampf der SPD weitestgehend ignoriert, um beide Parteien bei den Wählern nicht unnötigerweise ins Gespräch zu
bringen. Zwar wollten die Sozialdemokraten Regierungsverantwortung
in Mainz übernehmen, doch haben sie realistischer Weise nicht damit
rechnen können, die Landesregierung abzulösen. Ihr Nahziel war deshalb, die absolute Mehrheit der CDU in Rheinland-Pfalz zu brechen.
Da man in einem solchen Fall eine große Koalition oder eine Zusammenarbeit mit der CDU zwar nicht grundsätzlich ausschloß, aber auch
nicht bewußt anstrebte, die FDP eine Koalition mit der CDU suchte,
während die SPD eine förmliche Koalition mit den Grünen ablehnte,
blieben die koalitionspolitischen Zielvorstellungen der Sozialde-
kraten für die Zeit nach der Landtagswahl letztlich offen.

3.3 FDP: Partnerschaft in einer christlich-liberalen Koalition

Wie die anderen Parteien hat auch die FDP ihren Landtagswahlkampf
1983 bereits zu einem sehr frühen Zeitpunkt konzipiert. So wurde an
alle Mitglieder ein Fragebogen versandt, der über bisherige Schwach-
stellen der FDP Auskunft geben sollte und damit dazu beitragen konnte, diese bis zur Landtagswahl beheben zu können. Die Auswertung des
Fragebogens führte u. a. zu folgenden Schlußfolgerungen:

1. Die FDP muß ihre Kommunalpolitik ausbauen, um ihre Politik bür-
gernäher zu gestalten ("Bürgernähe im Dialog").

2. Die FDP muß ihre innerparteiliche Kommunikation intensivieren
und ihre Service- und Schulungsleistungen für die Orts- und Kreisverbände verbessern ("Professionalisierung").

3. Um eine bessere Ausschöpfung des Wählerpotentials zu gewährleisten, muß die FDP als Organisation flächendeckend vertreten sein.

Darüber hinaus wurde ein weiterer umfangreicher Fragenkatalog an
alle Mitglieder des Landesvorstandes, an die Bezirks- und Kreisvorsitzenden sowie an die Vorsitzenden der Landesfachausschüsse
versandt, in dem Stellungnahmen zur Wahlkampfkostenbegrenzung, zu
einer Koalitionsaussage, zum Slogan, zur Auseinandersetzung mit
dem politischen Gegner, zur Plakatierung u.ä.m. abgegeben werden
sollten. Auf der Basis dieser beiden Umfragen sollte dann die frei-
demokratische Wahlkampfstrategie konzipiert werden. Typisch für den

Wahlkampfstil der FDP war jedoch, wie bereits angedeutet wurde, eine mangelhafte Kooperation und ein sich gegenseitiges Blockieren von Partei und Fraktion. Als beispielhaft dafür kann die Auseinandersetzung über den Wahlkampfslogan angeführt werden, der mit seiner Bekanntgabe vor der Presse durch den Parteivorsitzenden Heinz an gleicher Stelle vom Fraktionsvorsitzenden Scholl abgelehnt wurde. Scholl wollte statt des Slogans "Vorwärts mit Vernunft" lieber die Aussage "Freiheit und Verantwortung" in den Mittelpunkt des Landtagswahlkampfes stellen.

Insgesamt kann bei der FDP nicht von einer einheitlichen Wahlkampfstrategie, sondern eher von verschiedenen Strategiekonzepten gesprochen werden. Dabei galten aber die Wahlkampfziele als nicht umstritten. Die Freien Demokraten verfolgten das Hauptziel, die Fünf-Prozent-Hürde zu überspringen und die CDU unter die absolute Mehrheit der Wählerstimmen zu drücken, so daß diese auf eine Koalition mit ihnen angewiesen war. Bereits im Jahr 1981 wollten FDP und CDU ein Regierungsbündnis eingehen, doch scheiterte dies am Veto der FDP-Bundesparteiführung, die grundsätzliche Vorbehalte gegen Koalitionen hatte, bei denen ein Partner über eine absolute Mehrheit verfügte.
Der Wunsch der rheinland-pfälzischen FDP, ein Bündnis mit der CDU zu bilden, hatte beträchtliche Auswirkungen auf ihre Wahlkampfstrategie. Zwar verschonte man die Union nicht mit Kritik, doch war sie immer so maßvoll gehalten, daß einer Koalition nach der Wahl keine Hindernisse in den Weg gelegt wurden. Dies wurde insbesondere in der zwischenparteilichen Auseinandersetzung um den sogenannten Weinskandal deutlich, bei dem die FDP sehr viel zurückhaltender argumentierte als die SPD. Politischer Hauptgegner der FDP waren im Wahlkampf vor allem die Sozialdemokraten, während man die Grünen ignorierte, um sie nicht publizistisch aufzuwerten.

3.4 Die Grünen: "Wahlkampf ohne strategisches Konzept"

Mit der Kandidatur der Partei "Die Grünen" bewarb sich erstmals eine primär ökologisch orientierte Partei bei einer rheinland-pfälzischen Landtagswahl. Bereits Mitte Februar 1983 schloß sich der Landesverband der Grünen der Einschätzung des baden-württembergischen Landesverbandes an, daß ein "Wahlkampf ohne strategisches Konzept" (18) geführt werde. Die Gründe dafür sind sicherlich nicht nur organisatorischer Natur. Sie dürften auch wesentlich mit dem politischen Selbstverständnis dieser Partei und dem daraus abgeleiteten politischen Handeln in Verbindung stehen. Unbestreitbar dürfte wohl sein, daß die Grünen rein organisatorisch gegenüber den Parteien CDU, SPD und FDP in der wohl schwierigsten Lage waren. Die Partei befand und befindet sich auch gegenwärtig noch in einer Phase des personellen und organisatorischen Aufbaus. Neben der hauptamtlich mit zwei Halbtagskräften besetzten und während des Wahlkampfs vor allem durch Aushilfskräfte aufgestockten Landesgeschäftsstelle verfügte die Partei über keine weiteren hauptamtlichen Mitarbeiter auf der Kreisebene. Die Vorbereitungen des Landtagswahlkampfes hatten gerade für diese Partei - sieht man einmal vom Wahlergebnis ab - einen wichtigen Selbstzweckcharakter, als nicht nur die eigenen Mitglieder mobilisiert wurden, sondern verschiedene Kreisverbände erst im Verlaufe bzw. im Vorfeld und anläßlich des Wahlkampfes gegründet wurden. Hier fielen in der Tat bisweilen Wahlkampf- und Gründungsaktivitäten in einzelnen Kreisverbänden zusammen.

Ebenso wie diese Probleme des Aufbaus einer flächendeckend präsenten Parteiorganisation dürfte jedoch nicht zuletzt das basisdemokratische Selbstverständnis der Partei mit ausschlaggebend dafür gewesen sein, daß der Wahlkampf auch aus der Sicht des Landesvorstandes der Grünen als strategisch konzeptionslos empfunden wurde. Zwei Gesichtspunkte verdienen dabei besondere Hervorhebung:

1. Zentrale Planung und Wahlkampforganisation läßt sich nur schwer mit dem basisdemokratischen Selbstverständnis und -bewußtsein derer vereinbaren, die mobilisiert werden sollten. Eine Partei, die sich vornehmlich als politische Dachorganisation für Basisinitiativen versteht, toleriert nur in sehr begrenztem Maße politische und organisatorische Vorgaben von oben. Typisch für diese dezidierte Organisationsskepsis waren etwa interne Diskussionen im Verlauf des Landtagswahlkampfes, in denen ernsthaft die Frage gestellt wurde, ob nicht anstelle eines eigenen Wahlkampfes der Aufbau von Wählerinitiativen sowie die Präsenz und Diskussionsbeteiligung bei Veranstaltungen anderer Parteien die für die Grünen geeignetere Form der politischen Auseinandersetzung sei.

2. Auch die bei den etablierten Parteien besonders ausgeprägte Personalisierung von Politik widerspricht dem politischen Grundverständnis der Grünen. Dies hat erhebliche Konsequenzen für die öffentliche Sichtbarmachung von Politik, lassen sich doch "Köpfe" wesentlich leichter und einprägsamer vermarkten als politische "Inhalte". Die Folge eines solchen Politikverständnisses war dann auch, daß die rheinland-pfälzischen Grünen kaum über Politiker verfügten, die über den lokalen Bereich einen größeren Bekanntheitsgrad hatten. Das Gegenkonzept zur Personalisierung der Politik, vor allem bei den beiden großen Parteien, fand seinen wahlpolitischen Ausdruck auch darin, daß die beiden ersten Listenplätze der vier rheinland-pfälzischen Wahlkreise mit jeweils zwei Kandidaten besetzt wurden. Mit dieser Doppelkandidatenpräsentation sollte deutlich gemacht werden, daß die Grünen bei einem Einzug in das rheinland-pfälzische Landesparlament das sog. Rotationsprinzip zu praktizieren gedachten, um eine basisdemokratische Kontrolle (19) zu gewährleisten. D. h. nach der Hälfte der Legislaturperiode sollte durch freiwilligen Rücktritt dem Ersatzkandidaten das Mandat übergeben werden. (20)

Das basisdemokratische Selbstverständnis fand schließlich darin seinen Ausdruck, daß die politisch-strategischen Grundentscheidungen für den Landtagswahlkampf von den Landesmitgliederversammlungen, die Ende 1982 und Anfang 1983 in Zweibrücken und Kaiserslautern stattfanden, getroffen wurden. Diese betrafen sowohl die Frage von eventuellen politischen Bündnissen wie auch die Festlegung politischinhaltlicher Ziele, auf die unten noch eingegangen wird. Mit der Entscheidung, kein politisches Bündnis mit einer anderen Partei einzugehen und allenfalls eine Minderheitsregierung zu tolerieren, leisteten die Grünen ohne Zweifel der auf Stabilität, Kontinuität und Regierungsfähigkeit ausgerichteten Wahlkampfstrategie der CDU Vorschub.

Ein letztes zentrales, mit den oben genannten Gesichtspunkten wohl in enger Verbindung stehendes Problem für den Wahlkampf der Grünen ergab sich aus ihrer unzureichenden Medienpräsenz. Wie in wissenschaftlichen Untersuchungen immer wieder nachgewiesen werden konnte, ist die politische Berichterstattung der Rundfunk- und Fernsehanstalten, aber auch der Presse sehr stark ausgerichtet auf Ereignisse im Umfeld der Regierung und der etablierten Parteien. Der Amtsbonus von Regierungsparteien findet dabei gerade auch dadurch seinen öffentlich immer wieder sichtbaren Ausdruck, daß vor allem die Regierung und die sie tragenden Parteien die Themen öffentlicher Berichterstattung weitgehend mitbestimmen. Im Umfang der Presseberichterstattung spiegeln sich vielfach die lokalen bzw. regionalen Kräfteverhältnisse der etablierten Parteien CDU, SPD und FDP wider. Für eine neue und zudem sich als grundsätzliche politische Alternative verstehende Partei wie Die Grünen war es deshalb umso schwerer, den 'Etabliertenproporz' in der Medienpräsenz zu durchbrechen. Die Folge war, daß die rheinland-pfälzischen Grünen in den zwischenparteilichen Wahlkampfkontroversen weniger sichtbar wurden als die Landtagsparteien und ihre politischen Alternativen nur auf geringe Medienresonanz stießen.

4. Politische Kontroversen und Wahlkampfführung

4.1 Politische Alternativen in der Wahlkampfkontroverse

Zum Schwerpunkt jeder Wahlkampfplanung gehört die Suche nach und die Entscheidung für bestimmte Wahlkampfthemen. Nun lassen sich Themen nicht beliebig konstruieren; denn zum einen gibt es Ereignisse, die in der Planungsphase eines Wahlkampfes noch nicht vorhergesehen werden können. Zum anderen hängt die Entscheidung, ob eine Partei bestimmte politische Probleme in den Mittelpunkt der Wahlkampfkommunikation stellt, andere dagegen möglichst wenig thematisieren möchte, von sehr unterschiedlichen Faktoren ab: (21)

- Welche Einstellungen die Wähler und vor allem wichtige Zielgruppen zu den jeweiligen Problemen haben,
- wie die eigene Kompetenz zur Lösung des Problems vom Wähler eingeschätzt wird,
- wie die Kompetenz des politischen Gegners im jeweiligen Fall beurteilt wird,
- welche programmatischen Festlegungen getroffen worden sind,
- welche Stellungnahmen aufgrund der aktuellen Problemlage notwendig sind oder
- welche Themen vom politischen Gegner 'besetzt' oder dem eigenen Wahlkampf aufgezwungen werden?

Unter Berücksichtigung dieser Gesichtspunkte wird jede Partei bemüht sein, vor allem solche Themen zu "besetzen", mit denen sie positiv assoziiert wird und die eine möglichst optimale Selbstdarstellung erlauben.

Nun ist es allerdings außerordentlich schwierig und auch problematisch, über die Analyse der Presseberichterstattung die Frage nach den zentralen Wahlkampfthemen zu beantworten. Problematisch ist ein solches Vorgehen vor allem deshalb, weil die Berichterstattung der Medien in hohem Maße von der Überwindung bestimmter "Aufmerksamkeitsbarrieren" abhängt und über Wahlkampfveranstaltungen und -kontroversen in der Regel vor allem dann berichtet wird, wenn politische Prominenz beteiligt ist. (22) Demgegenüber findet die überwiegende Mehrzahl der Wahlkampfveranstaltungen, wenn überhaupt, dann allenfalls das Interesse der Lokalpresse.

Insgesamt aber registriert und reflektiert die Presse primär politische Ereignisse auf der Bundesebene, was im Doppelwahlkampf die Nichtbeachtung bzw. Vernachlässigung landespolitischer Probleme noch verstärkte. Trotz dieser Schwierigkeiten, sich ein objektives Bild darüber zu verschaffen, welche Themen den Wahlkampf bestimmten, sollen einige Schwerpunkte der politischen Kontroversen skizziert werden. Hinsichtlich des Vergleichs der alternativen programmatischen Positionen zu den verschiedenen Politikbereichen kann generell auf die detaillierte Übersicht im Rahmen der Synopse (Beitrag 2.1) in diesem Band verwiesen werden.

Im rheinland-pfälzischen Doppelwahlkampf waren die Möglichkeiten der Landesparteien, sich thematisch zu profilieren, vor allem dadurch erschwert, daß die bundespolitischen Themen auch den Landtagswahlkampf klar dominierten. So war gerade auch bei größeren Wahlkampfveranstaltungen mit landespolitischer Prominenz beobachtbar, daß Probleme der Landespolitik eine eher untergeordnete Rolle spielten und meist auch in einen bundespolitischen Kontext eingebunden wurden. Entsprechend präsentierte die CDU ihre Leistungsbilanz unter besonderer Hervorkehrung der im Bundesvergleich insgesamt positiven Situation im Felde der Arbeitsmarkt-, Wirtschafts- und Finanzpolitik. Hinsichtlich der Wirtschaftskraft, der Arbeitslosenzahlen, der Ausbildungsplätze und dank einer modernen Wirtschaftsstruktur gehöre Rheinland-Pfalz zu den führenden Flächenstaaten. Als Beispiel erfolgreicher Landespolitik fand immer wieder von seiten der Unionspolitiker - mit Blick auf das Ludwigshafener Kabelpilotprojekt - besondere Erwähnung, daß Rheinland-Pfalz Vorreiter einer modernen Medienpolitik sei. Auch die Bildungspolitik, einer der wenigen Bereiche mit fast ausschließlich landespolitischer Zuständigkeit, spielte im Wahlkampf, zumindest zeitweise, eine gewisse Rolle, nachdem durch die Veröffentlichung der Ergebnisse der Enquête-Kommission "Orientierungsstufe" im Mainzer Landtag die auch in den Wahlprogrammen dokumentierten unterschiedlichen Positionen der Landesparteien zur Frage der schulartübergreifenden Orientierungsstufe die Aufmerksamkeit der Medienberichterstattung erregte. Schließlich war der Hinweis auf die Partnerschaft mit dem afrikanischen Staat Ruanda, zu dessen Gunsten schon zahlreiche rheinland-pfälzische Hilfsaktionen gestartet worden waren, immer wieder Gegenstand der von CDU-Akteuren im Wahlkampf vermittelten landespolitischen Leistungsbilanz.

Zentrale Wahlkampfthemen, mit denen die Sozialdemokraten ihren Wahlkampf bestritten und die in den Wahlkampfveranstaltungen auch seitens des Publikums immer wieder angesprochen wurden, waren: Arbeitslosigkeit, Friedenssicherung (NATO-Doppelbeschluß, Abrüstung), Bafög-Kürzungen, Mietengesetzgebung, Gesamtschulen, Bau von Umgehungsstraßen, Umweltschutz, Kabelfernsehen, Verhältnis SPD - Grüne. Die Vielzahl der Themen zeigt bereits, daß es für die SPD das Wahlkampfthema, mit dem sie die CDU in Mainz ablösen wollte, nicht gab. Man wollte vielmehr die Union thematisch flächendeckend angreifen und die eigene politische Kompetenz umfassend verdeutlichen. Interessant an diesem Themenkatalog, der etwas nähere Betrachtung verdient, ist die Thematisierung des Verhältnisses SPD - Grüne. Dieses Thema wurde den Sozialdemokraten von CDU und FDP aufgezwungen, die beständig vor der Gefahr einer rot-grünen Koalition warnten. Die Sozialdemokraten sahen sich deshalb genötigt, darauf hinzuweisen, daß eine Koalition mit den Grünen nicht in Frage käme, um auf diese Weise mögliche Ängste innerhalb der Wählerschaft zu zerstreuen. Mit allen anderen der genannten Themen dagegen versuchten die SPD-Politiker ihrerseits, die Christdemokraten unter Rechtfertigungsdruck zu setzen. Mit den Themen Kabelfernsehen, amerikanische Giftgaslager in der Pfalz und NATO-Raketenbasen, zu denen die SPD ablehnende Stellungnahmen abgab, nahmen die Sozialdemokraten dagegen den Grünen die Möglichkeit, sich allein mit diesen Themen zu profilieren. Ziel der SPD-Politiker war es dabei, potentiell grüne Wähler für sich zu gewinnen.

Ähnlich wie die SPD verfügten die Liberalen nicht über ein einziges Hauptthema, mit dem sie ihren Wahlkampf bestritten, sondern sie stellten ebenfalls mehrere Themen in den Vordergrund ihrer Politik. Im einzelnen hob man auf den Abbau der Arbeitslosigkeit und die Wiederherstellung der Vollbeschäftigung ab. Beseitigung der Schulden der öffentlichen Hand, Behebung der Finanznot der Gemeinden sowie die Entbürokratisierung waren weitere Wahlkampfthemen. Darüber hinaus spielten aber auch der Umweltschutz und die Bildungspolitik eine gewichtige Rolle im freidemokratischen Wahlkampf. Die FDP-Politiker hoben aber in ihrem Wahlkampf nicht nur auf ihre politische Kompetenz ab, die oben angeführten Probleme einer Lösung zuführen zu können, sondern sie verwiesen immer wieder auch auf ihre konstruktive Mitarbeit im Landtag, um eine Stimmenabgabe für die Partei zu begründen. Doch gerade eine solche Argumentation hatte es schwer, sich in einem Wahlkampf durchzusetzen, der von der Bundespolitik überlagert war.

Mit der Entscheidung der Deutschen Gesellschaft für die Wiederaufbereitung von Kernbrennstoffen, auf einen Standort in Rheinland-Pfalz zu verzichten, war den rheinland-pfälzischen Grünen das wohl wählerwirksamste Thema genommen. Hingegen rühmten sich Unionsvertreter des Landes, durch ein rheinland-pfälzisches Standortangebot die Entsorgungsdiskussion vorangebracht zu haben. Neben der Forderung nach einer alternativen Energieversorgung und einem Ausstieg aus der Kernenergie, versuchten die Grünen vor allem auch gegen die Stationierung von Raketen in Rheinland-Pfalz mobil zu machen. Sie forderten die Auflösung der Giftgaslager, sprachen sich für die Bekämpfung der Arbeitslosigkeit durch ökologisch sinnvolle Zukunftsinvestitionen aus und betonten ihre Gegnerschaft gegenüber kommerzieller Fernsehen sowie gegenüber dem Kabelfernseh-Pilotversuch in Ludwigshafen. Ein Wahlkampfthema der Grünen war schließlich auch die geplante Volkszählung, die grundsätzlich abgelehnt wurde.

4.2 Ausgewählte Beispiele zur Wahlkampfführung

Zur Wahlkampfstrategie und einer Vermittlung der Wahlkampfthemen über die Berichterstattung der regionalen und überregionalen Presse (23) an eine mehr oder weniger interessierte Öffentlichkeit gehört auch die Aufgabe, parteipolitische Kundgebungen und Veranstaltungen so zu inszenieren, daß sie einen hohen Aufmerksamkeitsgrad erreichen. Entsprechend ihren unterschiedlichen politischen Ausgangspositionen, den Persönlichkeiten ihrer Spitzenkandidaten sowie ihren organisatorischen Möglichkeiten, wählten die Parteien jeweils eine solche Veranstaltungsform, die ihnen eine otimale Wählermobilisierung versprach.

- Die Großkundgebung: Der Kandidat als souveräner Landesvater -

Die Tatsache, daß vor allem die CDU Großkundgebungen in ihrer Wahlkampfplanung einen herausragenden Platz einräumte, hängt eng zusammen mit den politisch-strategischen Grundvorstellungen der rheinland-pfälzischen Christdemokratischen Union.
1. Die Partei sollte als d i e staatstragende Kraft in Rheinland-
   Pfalz vermittelt werden, die Stabilität und Regierungsfähigkeit
   gewährleistet. Die Identifikation rheinland-pfälzischer Politik
   mit der CDU war dabei offensichtlich Ziel der Wahlkampfstrategen, das sowohl im Slogan "Mit Rheinland-Pfalz vertraut" als
   auch in der optischen Präsentation seinen sichtbaren Ausdruck
   fand.
2. Der gesamte Wahlkampf sollte auf die Person des CDU-Spitzenkan-
   didaten und weithin bekannten und populären Ministerpräsidenten
   Bernhard Vogel ausgerichtet werden.

Der Rahmen von Großkundgebungen bietet eine, diesen strategischen
Grundentscheidungen adäquate, politische Kulisse. Intention der
Wahlkampforganisatoren war es dabei,
a) daß sich der Spitzenkandidat als Führungspersönlichkeit ungestört
   von Kleingruppen- oder Podiumsdiskussionen präsentieren kann,
b) daß die Veranstaltungen nur an zentralen Orten des Landes und in
   Räumen organisiert werden, die eine gewisse Anziehungskraft in
   der Region ausübten und
c) daß nicht zuletzt durch eine vollbesetzte Kulisse von mehreren
   hundert Personen eine über den lokalen Bereich hinausgehende Presseresonanz gesichert werden kann.

Mit dem Ziel, den amtierenden Ministerpräsidenten als unumstrittenen
Landesvater und über die Grenzen von Rheinland-Pfalz hinaus ge-
schätzten Politiker zu vermitteln, verbot sich zudem ein Eingehen
auf 'kleine politische Lokalprobleme'. Nicht politische Randgruppen-
probleme sollten zur Sprache kommen. Vielmehr galt es, die 'schwei-
gende Mehrheit' als Zeuge für eine im Grunde gute, erhaltenswerte,
wenn auch stetig weiterzuentwickelnde Politik zu gewinnen. Der Appell an Gemeinschaftsgeist und Gesamtsolidarität bildete den poli-
tisch-legitimatorischen Hintergrund für die Präsentation einer Leistungsbilanz der Regierungspartei.

Der Veranstaltungsverlauf entsprach einem fast immer gleichen Grundmuster. Ein Landtagskandidat oder ein Angehöriger der lokalen politischen Honoratioren eröffnet die Kundgebung mit einer kurzen Einführung. Im Mittelpunkt der Veranstaltung stehen dann die Ausführungen des Spitzenkandidaten, die auf einem von Kundgebung zu Kundgebung nur leicht variierten Redekonzept basieren. Schließlich folgen
Dankesworte von seiten eines bekannten Repräsentanten der Partei,
der als "Persönlichkeit" eine Wahlkampfempfehlung zugunsten des Ministerpräsidenten abgibt.
Die Veranstaltungsform erweist sich gegenüber anderen Wahlkampfformen vor allem deshalb als vorteilhaft, weil sie nicht nur zeitökono-

misch ist, sondern auch große öffentliche Resonanz verspricht und im Ablauf voll durchgeplant werden kann.

- Die Polit-Talk-Show: Der Politiker 'zum Anfassen' -

Die Polit-Talk-Show ist eine neue Veranstaltungsform, die besonders im sozialdemokratischen Landtagswahlkampf eine große Rolle spielte. Im Gegensatz zur Großkundgebung, die sich vor allem zur politischen Präsentation eines Spitzenpolitikers mit "Landesvater" - oder "Staatsmann"-Image eignet, schafft eine Talk-Show einen völlig anderen Rahmen. In ihr kann sich ein Kandidat als Gesprächspartner verschiedener Adressatengruppen vermitteln. Diese Veranstaltungsform zielt nicht nur auf die Information zu bestimmten politischen Sachfragen, sondern soll in einer bewußt auf Unterhaltung angelegten Atmosphäre vor allem auch die menschliche Seite des Gesprächspartners zur Sprache bringen. Der eher informelle Rahmen der inszenierten Befragungen erlaubt zudem, daß nicht nur die großen politischen Themen, sondern auch lokale Probleme und die Sorgen des sog. kleinen Mannes angesprochen werden können. Die Vermittlung von Bürgernähe, Gesprächsbereitschaft, Offenheit, Toleranz und Vertrauenswürdigkeit dürften denn auch die zentralen wahlkampfstrategischen Ziele gewesen sein, die sozialdemokratische Wahlkampfplaner dazu veranlaßt haben, Polit-Talk-Shows für die Präsentation ihres Ministerpräsidenten-Kandidaten zu veranstalten.

Trotz ihres ·informellen und inoffiziellen Charakters verliefen diese Veranstaltungen gleichwohl keineswegs ungeplant. Die Inszenierung erfolgte vielmehr immer nach einem gleichen Grundmuster und Ablaufschema. Der Spitzenkandidat besuchte mit führenden Landespolitikern verschiedene Kreise des Landes. Dabei kam es zu zahlreichen Kontakten mit lokalen Verwaltungen, Ortsgliederungen der Partei und wichtigen politischen Vorfeldorganisationen, in denen sich der Kandidat mit den regionalen Problemen vertraut und gleichzeitig selbst auch bekannt machte. Den "Kreisbereisungen"der SPD-Landesprominenz wurde große Aufmerksamkeit in der lokalen und regionalen Presse geschenkt. Zum Abschluß der "Kreisbereisung" fand dann die Polit-Talk-Show statt. Im Mittelpunkt der Show stand der SPD-Spitzenkandidat Brandt, der umgeben war von dem ansässigen Bundestagskandidaten und einem oder mehreren Landtagskandidaten. Ebenfalls vertreten war natürlich die politische Ortsprominenz der SPD. Moderiert wurden diese Veranstaltungen von bekannten Rundfunk- und Fernsehjournalisten, die zunächst die menschliche Seite ihres Gesprächspartners ("Zur Person") zur Sprache brachten. Im zweiten Teil wurden dann politische Probleme behandelt, wobei auch Fragen aus dem Publikum erwünscht waren.

- Mobiler Wahlkampfeinsatz durch Wahlkampfmobile -

Zur Unterstützung der Wahlkampfaktivitäten vor Ort wird nicht nur der Einsatz von bekannten Rednern zentral geplant ("Zentraler Red-

nereinsatz"), wobei die sehr prominenten Parteivertreter vor allem
auf die großen Städte verteilt werden, weniger prominente in kleineren Städten und Gemeinden zum rhetorischen Einsatz kommen. Zunehmend
organisieren die Parteien auch ganze Einsatzrouten, die dann etwa
mit einem Sonderzug, Bus etc. unter Teilnahme mehrerer bekannter Politiker, z. T. auch Künstler, abgefahren werden. An den zentralen
Stationen finden meist Großveranstaltungen statt.

Bei der Partei Die Grünen stand diese Wahlkampfform sogar im Mittelpunkt der zentral geplanten Kampagne. So fuhr ein Doppelbus, als
"Grüne Raupe" bezeichnet, zwei Wochen lang im Februar durch die ganze Bundesrepublik. Mit anwesenden bekannten Vertretern der Grünen
sowie ihr nahestehenden Künstlern fanden dann u. a. auch in zwei
rheinland-pfälzischen Großstädten Großveranstaltungen statt. Ausschließlich auf Landesebene wurde dagegen der sog. "Grüne Info-Bus"
als fahrendes Informations- und Kommunikationszentrum eingesetzt.
Der Bus konnte von den verschiedenen Kreisverbänden der Partei an-
gefordert werden. Diese Art der Wahlkampfführung bot, sieht man
einmal von den aufgetretenen technischen Problemen ab, für die Grünen besondere Vorteile:
Sie konnte die infrastrukturellen Defizite des im Aufbau begriffe-
nen Landesverbandes zumindest partiell mildern. Der Bus war als
fahrendes Informations- und Kommunikationszentrum ausgestattet und
sollte nicht eigenständigen Wahlkampf betreiben, sondern die örtlichen Aktivitäten durch Bereitstellung von Info-Ständen, Stelltafeln,
Videofilmen und Musik unterstützen. Zumindest in der Planung war dabei vorgesehen, daß der Einsatz des Info-Busses im Rahmen einer Veranstaltung erfolgen sollte, die auch eine größere Aufmerksamkeit der
Öffentlichkeit und der Presse gewährleisten sollte.

Einer anderen Variante des "mobilen Einsatzes" bediente sich die
CDU bzw. einige örtliche CDU-Vertreter: des Video-Mobils. Dieser Wagen präsentierte Kurzfilme sowohl über den örtlichen Kandidaten als
auch über politisch-inhaltliche Probleme. Im Gegensatz zu Info-Bus-
sen sollte das Videomobil die Aktivitäten des örtlichen Kandidaten
dadurch unterstützen, daß er an vielen Orten auch bildlich präsent
sein konnte, ohne persönlich anwesend sein zu müssen. Diese Form
des bereits auf lokaler Ebene mediatisierten Wahlkampfes nutzten
allerdings nur einige Landtagskandidaten. (Vgl. Beitrag 3.2.,
Kapitel 3.7).

Aus der Sicht der Wahlkampfplaner auf Landesebene wurde diese Art
des Wahlkampfes als eher kontraproduktiv beurteilt, weil sie dem
strategischen Ziel, allein die Person des Ministerpräsidenten in den
Mittelpunkt des Unionswahlkampfes zu stellen, entgegenlief. Es ist
allerdings nicht auszuschließen, daß hier möglicherweise ein Modell
mit Zukunft - wie immer man diese Art mediatisierter Wahlkampfführung beurteilen mag - praktiziert wurde. Dieses Modell könnte in
verschiedener Hinsicht attraktiv werden, erlaubt es doch die bildlich vorinszenierte Selbstdarstellung des Kandidaten und ermöglicht

durch den mobilen Einsatz flächendeckende Präsenz ohne eigene zeitliche Belastung. Es stellt sich allerdings die Frage, ob hier nicht
dem Politiker ein verlockendes Angebot gemacht wird, aufgrund dessen sich die ohnedies geringen Möglichkeiten des Bürgers zum direkten Kontakt mit dem Politiker auch im Wahlkampf reduzieren.

- Wahlkampf im politischen Vorfeld -

Als ein besonders hervorzuhebendes Beispiel für eine das politische
Vorfeld einer Partei einbeziehende Werbekampagne kann der von der
SPD-nahen Friedrich-Ebert-Stiftung durchgeführte "Mainzer Dialog"
angesehen werden. An dieser öffentlichen Veranstaltung, die in unregelmäßigen Abständen während der gesamten Legislaturperiode durchgeführt wurde, nahmen - parteiübergreifend - aktive Bürgergruppen,
Sachexperten und prominente Politiker teil. Diskutiert wurde dabei
über die Lösung aktueller Probleme wie beschäftigungspolitische
Maßnahmen in Rheinland-Pfalz oder die Ausländerfrage. Die Sozialdemokraten wollten auf diese Weise nicht nur Sympathiewerbung
für die eigene Organisation betreiben, in dem sie sich als Partei
profilierten, die frei und ohne Zwänge über aktuelle Probleme mit
den Bürgern diskutiert, sondern sie wollten zugleich den Sachver-
stand der Bürger für die eigene Politik nutzen. Die von den Bürgergruppen und Sachexperten entwickelten Problemlösungsvorschläge
sollten - sofern sie den programmatischen Vorstellungen der SPD
nicht zuwiderliefen - aufgegriffen und in die Wahlkampfprogrammatik
eingebracht werden. Auf diese Weise glaubte man, zumindest in politischen Teilbereichen auch solche Bürgergruppen für sich gewinnen
zu können, die der Sozialdemokratie bisher eher distanziert gegen-
überstanden. Wenn es der SPD gelänge, für bestimmte Sachfragen ein
breites Bündnis mit Bürgerinitiativen und Interessengruppen zu entwickeln, mußten sich nahezu zwangsläufig ihr Rückhalt innerhalb der
Bevölkerung vergrößern und sich damit die politischen Durchsetzungs-
chancen der Partei erhöhen. Darüber hinaus konnten sich die Sozialdemokraten Vorteile im zwischenparteilichen Wettbewerb erhoffen, da
sich jedes der auf dem "Mainzer Dialog" behandelten Probleme als ein
potentielles Versagen der Landesregierung interpretieren ließ. Der
"Mainzer Dialog" ist damit ein typisches Beispiel für eine kontinuierliche, langfristig angelegte Pflege des politischen Vorfeldes einer Partei, das sich aus sehr unterschiedlichen Zielgruppen rekrutieren kann.

- Der persönliche Brief: Ein Beispiel für Zielgruppenwahlkampf -

Es gehört zum integralen Bestandteil jeder Wahlkampfplanung, unterschiedliche, für die jeweilige Partei besonders interessante, Zielgruppen anzusprechen und zu gewinnen. Die von Parteien organisierte
Ausrichtung von z. B. Jugendveranstaltungen, der Besuch bei Alten-
nachmittagen und Seniorentreffen, Gespräche mit Betriebsleitungen

oder Arbeitnehmervertretungen sind - zumal wenn sie in Wahlkampfzeiten stattfinden - Beispiele für politische Zielgruppenarbeit.

Im Gegensatz zur allgemeinen Wahlkampfauseinandersetzung erlauben
Zielgruppenaktionen eher das Eingehen auf spezielle Interessen und
Probleme der Adressaten. Dabei ist das Bemühen von Parteien und Politikern unverkennbar, den Parteicharakter der Veranstaltung bzw.
Aktion nicht zu sehr in den Vordergrund zu stellen. Je nach Zielgruppe tritt dann der Politiker weniger als Parteibewerber, als
vielmehr in der Rolle des Kollegen, des Fachmannes oder auch interessierten Laien, des für die Jugend aufgeschlossenen oder auch
den Problemen der alten Menschen besondere Aufmerksamkeit schenken-
den Bürgers auf.

Auch im rheinland-pfälzischen Landtagswahlkampf organisierten alle
Parteien Zielgruppenaktionen. Ein Beispiel soll hier herausgegrif-
fen werden, weil es in der öffentlichen Diskussion während des
Wahlkampfes besonders umstritten war und zwischen den Parteien
zeitweise zum Wahlkampfthema geworden: Die Briefaktion des
rheinland-pfälzischen Kultusministers Georg Gölter.

Ausdrücklich in seiner Eigenschaft als Bezirksvorsitzender der CDU
Rheinhessen-Pfalz wandte sich Gölter brieflich an alle protestantischen und katholischen Pfarrer seines Bezirks sowie - was in der Öffentlichkeit weder sehr bekannt noch beachtet wurde - an die Hand-
werkerschaft. (Es war sicherlich kein Zufall, daß sich der Brief-
schreiber dabei nicht eines Briefbogens mit Parteisymbol bediente,
sondern eines solchen, der den Namen, die Angabe "Staatsminister"
sowie die Privatadresse Gölters enthielt.) In dem persönlich gehaltenen, auf die beiden unterschiedlichen Multiplikatorengruppen hin
leicht modifizierten, Schreiben bat der CDU-Bezirksvorsitzende "um
Unterstützung, weil wir es in diesem Wahlkampf nicht nur mit dem politischen Gegner, sondern auch mit einer zusätzlichen, fast über-
mächtigen Gegnerschaft zu tun haben: der Berichterstattung in Rundfunk und Fernsehen". Nach einem Wahlsieg der SPD auf Bundesebene
drohe im Lande ein "Rot-Grünes-Bündnis", was für die Wirtschafts-
und Sozialordnung der Bundesrepublik Deutschland verheerende Folgen
habe. Die Konsequenz wäre nach seiner Überzeugung "der wirtschaftliche und soziale Bankrott". Und auf umweltpolitische Erfolge der Bundesregierung verweisend betonte Gölter, die Umweltbewegung habe auch
in unserem Land mit den "Grünen" immer weniger zu tun. "Immer mehr
gewinnen diejenigen die Oberhand, die eine andere Republik wollen,
die den freiheitlichen und sozialen Rechtsstaat der Bundesrepublik
unterminieren wollen". Auch zur Wirtschafts- und Sozialpolitik sowie
zur Sicherheitspolitik stellte Gölter Versäumnissen vor allem der
SPD die erreichten oder zu erwartenden Erfolge der CDU gegenüber.

Wichtig und exemplarisch ist hier, daß der Absender in den Adressaten eine Zielgruppe sah, die es für die CDU als Multiplikatoren zu
umwerben galt. Als kontraproduktiv erwies sich die Briefaktion al-

100

lerdings insofern, als sie durch Proteste einiger Kirchenvertreter
an die Öffentlichkeit kam und besonders von Südwestfunk-Redakteuren
scharf kritisiert wurde. Die durch das Bekanntwerden des Briefes
ausgelöste Parteienkontroverse richtete sich nicht gegen diese
Zielgruppenaktion an sich. Sie ist nur zu verstehen vor dem Hintergrund der Tatsache, daß hier nicht nur eine wichtige Zielgruppe um-
worben wurde, sondern auch ein Personenkreis, der sich nach allgemeiner Auffassung besonderer Zurückhaltung in Wahlkämpfen befleißi-
gen soll.

Während die Grünen von einer "frivolen Manipulation religiöser Ge-
fühle" sprachen, kommentierte der SPD-Landes-Vorsitzende den Brief
als Beitrag "für eine seltsame Art des Wahlkampfes". Im übrigen
hatte sich auch Ministerpräsident Vogel "aus einer grundsätzlichen
Überlegung" und "persönlich" an Geistliche gewandt, um sie um ein
"empfehlendes und werbendes Wort bei ihren Freunden und in ihrem
Wirkungskreis" zu bitten. Er verband diese Bitte - ähnlich wie
Gölter - mit der Warnung vor den "unübersehbaren Folgen" eines möglichen Regierungswechsels in Mainz und vor der Aussicht, daß Rheinland-Pfalz von einer rot-grünen Mehrheit geführt werden könnte, die
nicht "ohne Wenn und Aber auf dem Boden unserer Verfassung
steht." (24)

5. Zur Rolle des Bürgers in Landtagswahlkämpfen

Der Landtagswahlkampf in Rheinland-Pfalz war, was Planung und Ziele
der Parteien sowie deren Strategie anbelangte, typisch für eine Vielzahl anderer Wahlkämpfe. Auch die Beispiele zur Wahlkampfführung,
wie die Großkundgebung, die Polit-Talk-Show usw., die oben näher er-
läutert worden sind, stellten keineswegs für Rheinland-Pfalz typische
Wahlkampfformen dar, sondern wurden und werden ebenso in anderen
Landtagswahlkämpfen eingesetzt. Von daher sollten im folgenden einige abschließende Anmerkungen zur theoretischen Einordnung dieser Art
von Wahlkampfführung gemacht werden, insbesondere unter dem Aspekt
des Verhältnisses Bürger-Parteien.

Es ist sicherlich eine zunächst triviale Feststellung, daß Parteien
und Bürger eine recht unterschiedliche Sichtweise von Wahlkampf besitzen. (25) Während die Parteien vom Bürger etwas haben wollen -
nämlich seine Stimme - kann er etwas vergeben und ist damit in einer
scheinbar vorteilhaften Position. Von den Parteien wird Aktivität
verlangt, während die Bürger zunächst einmal abwarten können, welche politischen Angebote ihm gemacht werden, um ihre Zustimmung zu
gewinnen. Insofern ist Wahlkampf als eine intensive Form zwischenparteilichen Wettbewerbs anzusehen, bei der der Bürger zunächst mehr
oder weniger interessierter Zuschauer ist, von dem aber am Wahltag

erwartet wird, daß er aktiv wird und seine Rolle als Souverän wahrnimmt.

Der Bürger ist im zwischenparteilichen Wettbewerb des Wahlkampfes
also vor allem Objekt mit relativ wenig Gelegenheit aktiv zu werden, sofern er nicht als Parteimitglied am Wahlkampfgeschehen teil-
nimmt. Die Wahlkampfkommunikation läuft deshalb im wesentlichen auf
einer Einbahnstraße. Lediglich der Wahltag erlaubt, ja fordert die
Rückmeldung der Bürger in Form der Stimmabgabe.

Es wäre allerdings eine verkürzte Sichtweise, zu glauben, der Bürger werde objektiv herabgewürdigt, ja seine Interessen stünden zur
freien Disposition der Wahlkampfmanager. Da jeder Wahlkampf seine
Ziele verfehlt, wenn es nicht gelingt, eine gewisse Interesseniden-
tität zwischen Parteien und Bürgern herzustellen, sind die Politiker gezwungen, bei ihren Wahlkampfaktivitäten auf die Wünsche und
Erwartungen der Bürger Rücksicht zu nehmen und diese in ihr Wahlkampfkonzept thematisch zu integrieren. Denn schließlich muß sich
der Wähler ja irgendetwas davon versprechen, wenn er einer bestimmten Partei seine Stimme gibt. Ein prominenter Wahlkampfmanager hat
diesen Sachverhalt einmal so formuliert: "Politisch handeln heißt
für ihn (den Politiker, d.A.) auch, in politischer Kommunikation
planen und entwerfen, heißt nicht nur an die Inhalte, sondern auch
an die öffentliche Umsetzung der Politik zu denken." (26) Dies
setzt allerdings voraus, daß zunächst einmal das Interesse des Bürgers am Wahlkampf geweckt wird. Dafür sollen unter anderem die hier
und im folgenden Beitrag vorgestellten Formen der Wahlkampfführung
Anreize schaffen. Aber auch hierbei bleibt der Bürger wiederum in
erster Linie Objekt, weniger aktiv partizipierendes Subjekt. Von
daher läßt sich seine Rolle im Wahlkampf am besten in den Worten
des Systemtheoretikers Niklas Luhmann als "unbeteiligter Teilnehmer"
beschreiben. Die Bürger "werden zwar nicht als Sprecher in Rollen
zugelassen, aber das (Wahlkamf-, d.A.) verfahren ist als Drama auch
für sie bestimmt. Sie sollen mit zu der Überzeugung gelangen, daß
alles mit Rechten Dingen zugeht, daß in ernsthafter, aufrichtiger
und angestrengter Bemühung Wahrheit und Recht ermittelt werden und
daß auch sie gegebenenfalls mit Hilfe dieser Institution (die Wahl,
d.A.) zu ihrem Recht kommen werden." (27)

In diesem Sinne waren alle rheinland-pfälzischen Parteien in ihren
Wahlkampfaktivitäten darum bemüht, den Bürger in die potentielle
Rolle des Entscheidenden zu versetzen und diese Entscheidung mög-
lichst zu ihren Gunsten zu beeinflussen.

Anmerkungen

1) Werner Kaltefleiter, Vorspiel zum Wechsel. Eien Analyse der Bundestagswahl 1976, Bonn 1977 (Sonderdruck der Bundeszentrale für politische Bildung, Bd. 130), S. 11

2) Peter Radunski, Wahlkämpfe. Moderne Wahlkampfführung als politische Kommunikation, München/Wien 1980, S. 9

3) Vgl. beide Sichtweisen bei Radunski, ebenda, S. 24 und S. 7; siehe dazu auch Werner Wolf, Der Wahlkampf. Theorie und Praxis, Köln 1980

4) Vgl. dazu im folgenden Monika Bethscheider, Wahlkampfstrategien. Themen- und Organisationsplanung im Bundestagswahlkampf 1979/80 (= Analysen und Berichte der Forschungsgruppe PARTEIENDEMOKRATIE, Nr. 3), Koblenz 1983, S. 8 ff

5) Für den Bundestagswahlkampf 1980 vgl. z. B. Edwin Czerwick/Ulrich Sarcinelli. Außenpolitik und Wahlkampf. Eine Analyse zur Rolle der Außenpolitik im Bundestagswahlkampf 1979/80, (= Analyse und Berichte der Forschungsgruppe PARTEIENDEMOKRATIE, Nr. 1) Koblenz 1982, S. 107

6) Vgl. hierzu Bernard Brodie, Strategy, in: David Sills (Hrsg.), International Encyclopedia of the Social Sciences, Vol. 15, 1968, S. 281 ff

7) Siehe dazu auch Monika Bethscheider (Anm. 4), S. 52 ff sowie Reinhold Roth, Legitimation des politischen Systems durch Wahlen, in: Heino Kaack/Reinhold Roth (Hrsg.) Parteien-Jahrbuch 1976, Meisenheim 1979, S. 541 ff

8) Zur Bedeutung von Glaubwürdigkeit als politisch-moralische Kategorie vgl. Ulrich Sarcinelli, Etablierte Parteien und "Parteienverdrossenheit" - Reflexionen von Politikern zur Parteienkritik, in: Heino Kaack/Reinhold Roth (Hrsg.), Handbuch des deutschen Parteiensystems, Bd. 1: Parteistrukturen und Legitimation des Parteiensystems, Opladen 1980, S. 302 f

9) Vgl. hierzu Peter Radunski, Wahlkampfstrategien 1980 in den USA und der Bundesrepublik. Personalisierung - Angriffswahlkampf - Dramatisierung, in: Aus Politik und Zeitgeschichte B 18/1981, S. 31 ff

10) Zum Begriff "Meinungsklima" siehe Elisabeth Noelle-Neumann, Das doppelte Meinungsklima, in: Max Kaase (Hrsg.), Wahlsoziologie heute. Analysen aus Anlaß der Bundestagswahl 1976, Opladen 1977 = Politische Vierteljahresschrift, Heft 2/3, 1977, S. 408 ff sowie dieselbe, Die Schweigesprache. Öffentliche Meinung - unsere soziale Haut, München/Zürich 1980

11) Daß dies nicht immer der Fall sein muß, zeigt Edwin Czerwick, Oppositionstheorien und Außenpolitik. Eine Analyse sozialdemokratischer Deutschlandpolitik 1955 bis 1966, Königstein/Ts. 1981, S. 124 ff

12) Vgl. hierzu auch Frank Böckelmann/Günter Nahr, Staatliche Öffentlichkeitsarbeit, Berlin 1979, S. 74

13) Vgl. dazu weitere Nachweise im Beitrag 4.2 von Andreas Engel in diesem Band sowie Peter Haungs/Eckhard Jesse, Die rheinland-pfälzische Landtagswahl vom 6. März 1983: Erste "Doppelwahl" in der Geschichte der Bundesrepublik, in: Zeitschrift für Parlamentsfragen, 1983, S. 518

14) Vgl. dazu den Beitrag 3.3 von Edwin Czerwick in diesem Band

15) Erklärung der CDU Rheinland-Pfalz zu den Wahlen am 6. März, in: Intern-Informationen der CDU-Landesgeschäftsstelle, Nr. 1/83, S. 1

16) Bernhard Vogel, zit. nach: Heidi Parade, "Hamburgische Verhältnisse verhindern", in: Die Rheinpfalz, 18.12.1982

17) Zur Oppositionspolitik der rheinland-pfälzischen SPD in den fünfziger bis frühen sechziger Jahren, vgl. Kurt Thomas Schmitz, Opposition im Landtag. Merkmale oppositionellen Verhaltens in Länderparlamenten am Beispiel der SPD in Rheinland-Pfalz 1951 bis 1963, Hannover 1971

18) Vgl. den Kreisrundbrief der Landesgeschäftsstelle der Grünen (Rheinland-Pfalz) vom 15.2.1983

19) Kritisch zu den Möglichkeiten basisdemokratischer Kontrolle äußert sich Michael Schenk, Kommunikationsstrukturen in Bürgerinitiativen. Empirische Untersuchungen zur interpersonellen Kommunikation und politische Meinungsbildung, Tübingen 1982

20) Vgl. Beschluß der Landesmitgliederversammlung der Grünen Rheinland-Pfalz vom 28.11.1982 in Saarbrücken (Protokoll im Archiv der Forschungsgruppe PARTEIENDEMOKRATIE, Koblenz)

21) Vgl. hierzu auch Hans D. Klingemann, Issue-Kompetenz und Wahlentscheidung, in: Politische Vierteljahresschrift, 1973, S. 227 ff und Hans D. Klingemann/Charles L. Taylor, Affektive Parteiorientierung, Kanzlerkandidaten und Issues, in: Kaase (Anm. 10), S. 301 ff

22) Vgl. grundsätzlich dazu Niklas Luhmann, Öffentliche Meinung, in: Politische Vierteljahresschrift, 1970, S. 2 ff

23) Generell zum Versuch der Parteien, die Presseberichterstattung in ihrem Sinn zu beeinflussen, vgl. Hans-Joachim Lang, Parteipressemitteilungen im Kommunikationsfluß politischer Nachrichten. Eine Fallstudie über den Einfluß politischer Werbung auf Nachrichtentexte, Frankfurt/Bern/Cirencester 1980 sowie Wolfgang R. Langenbucher/Michael Lipp, Kontrollieren die Parteien die politische Kommunikation?, in: Joachim Raschke (Hrsg.), Bürger und Parteien. Ansichten und Analysen einer schwierigen Beziehung, Bonn 1982, S. 217 ff

24) Zur Kontroverse über die Wahlkampfbriefe vgl. Heidi Parade, Nach Pfarrerbriefen in der Schußlinie, in: Die Rheinpfalz, 3.8.1983; Günter Hollenstein, Pfarrer sollen CDU helfen, in: Frankfurter Rund-

schau, 22.2.1983; Partnerschaft weit verstanden, in: Frankfurter
Allgemeine Zeitung, 1.3.1983. Günter Hollenstein, Ministerpräsident
bat die Pfarrer um Wahlhilfe, in: Frankfurter Rundschau, 2.3.1983

25) Vgl. hierzu Hans-Peter Bank, der Wahlkampf aus der Perspektive
der Parteien, in: Politische Bildung, 1972, Heft 4, S. 13ff

26) Radunski (Anm. 2), S. 7

27) Niklas Luhmann, Legitimation durch Verfahren, Frankfurt 1983,
S. 123

3.2 Der lokale Wahlkampf der Parteien
(Werner Simon/Franz-Josef Witsch-Rothmund)

1. Wahlkampfanalyse im lokalen Bereich

   1.1 Problemstellungen lokaler Wahlkampfanalysen

   1.2 Untersuchungsziele des Beitrags

2. Sozialstrukturelle und parteiorganisatorische Merkmale des Untersuchungsraumes Koblenz

   2.1 Zum Stadtgebiet der Stadt Koblenz

   2.2 Parteiorganisatorische Voraussetzungen

3. Formen des lokalen Wahlkampfes der Parteien

   3.1 Plakatierung

   3.2 Kundgebungen/Parteiveranstaltungen

   3.3 Werbebroschüren

   3.4 Straßenwahlkampf

   3.5 Anzeigenkampagne

   3.6 Podiumsdiskussionen/Diskussionsveranstaltungen

   3.7 Sonderformen des lokalen Wahlkampfes

4. Der Wahlkampf in der lokalen Presseberichterstattung

5. Lokaler Wahlkampf: Eine Möglichkeit bürgernaher Politikvermittlung?

6. Tabellarische Gesamtübersicht zur Bedeutung von unterschiedlichen Wahlkampfaktivitäten

Anmerkungen

1. Wahlkampfanalyse im lokalen Bereich

1.1 Problemstellungen lokaler Wahlkampfanalysen

Zumindest in der klassischen Wahlforschung wurde die Analyse des lokalen Wahlkampfgeschehens weitgehend der zentralen Ausrichtung der Wahlforschung auf Wählerverhaltensanalysen anstelle von Wahlkampfanalysen untergeordnet. (1) Seit der Wahlstudie von Lazarsfeld, Berelson und Gaudet "The peoples choice" aus dem Jahre 1944 herrscht in der Wahlforschung weitgehender Konsens darüber, daß "Wahlkampf weniger Wählerbewegungen auslöst als vorhandene Trends bestätigt, mithin also dem Wahlkampf selbst für das Wählerverhalten vergleichsweise geringe Erklärungskraft zukommt" (2). Daher verlagerte sich das Interesse an der (lokalen) Wahlkampfforschung auf zwei Ebenen: Auf seiten von Politikern und Parteimanagern wächst das Interesse an der Wahlkampfforschung, weil man sich davon Hilfen für die Planung von Werbekampagnen und Wahlkampfstrategien im Sinne eines professionellen Politikmanagements verspricht. Auf seiten der politikwissenschaftlichen Forschung erfolgte eine zunehmende Ausdifferenzierung der lokalen bzw. regionalen Wahlkampfstudien in Analysen zur Kandidatennominierung, der lokalen Wahlkampforganisation, der Analyse parteiinternen Strategie- und Programmplanung, der zwischenparteilichen Interaktionen oder der Untersuchung der Rolle lokaler Medien im Wahlkampf (3).

Neuere Studien, wie die von Engel/Troitzsch, versuchen auf empirischer Ebene das Rechtfertigungsverhalten von Politikern im lokalen Wahlkampf zu untersuchen. Auf der Basis der Auswertungen von Feldbeobachtungen (Protokolle von Wahlkampfveranstaltungen, Befragungen usw.) werden Aussagen darüber gemacht, inwieweit der Politiker in direkten Kontakt mit dem Bürger treten kann. (4) Das direkte Elite-Bürger-Gespräch ist dabei ein wichtiges Mittel der Rechtfertigung (Legitimation) politischen Handelns seitens des politischen Akteurs (5).

Die vorliegende Studie verpflichtet sich einer andersartigen Problemstellung. Sie verzichtet völlig auf die Fragestellung nach möglichen Einflüssen des lokalen Wahlkampfes auf das Wählerverhalten in einer bestimmten Region oder - wie im vorliegenden Fall - auf das Wählerverhalten in der Stadt Koblenz. Auf umfangreichere teilnehmende Beobachtung mußte aus Zeit- und Kostengründen verzichtet werden.

1.2 Untersuchungsziele des Beitrags

Die vorliegende Studie verfolgt im wesentlichen folgende Absichten:
1. Es soll eine beschreibende Darstellung der lokalen Wahlkampfaktivitäten gegeben werden. Unter lokalen Wahlkampfaktivitäten werden dabei nicht die Aktivitäten von Parteimitgliedern und Sympathisanten in persönlichen Gesprächen usw. verstanden - sie sind dem analytischen Zugriff weitgehend entzogen -, sondern die öffentlichkeitsbezogenen, organisierten Wahlkampfveranstaltungen der Parteien, die nach mehr oder weniger standardisierten Prinzipien verlaufen und zum großen Teil die Beachtung durch die lokalen Medien finden. Dabei stellen sich verschiedene Fragen: Mit Hilfe welcher Werbemittel versuchen etwa die Parteien die Aufmerksamkeit und Zustimmung der Wähler zu gewinnen? (6)
Findet auch im lokalen Wahlkampf die Einschätzung eine Bestätigung, daß sich der Wahlkampf der Parteien zunehmend auf den Austausch diffuser Formeln sowie auf personalisierte und ritualisierte Konflikte reduziert? (7) Erschöpft sich auch hier die Rolle des Wählers darin, "Objekt anthropologischer und sozialpsychologischer, kommunikations- und sprachwissenschaftlicher Kalküle zu sein"? (8)

2. Die Untersuchung soll jedoch nicht nur eine Beschreibung von Aktivitätsformen liefern, sondern auch einen bescheidenen Beitrag zur Klärung eines demokratietheoretischen Grundproblems leisten. Dabei steht die Frage im Mittelpunkt, ob im lokalen Wahlkampf gegenüber dem Wahlkampf auf nationaler Ebene die "wachsende Entfremdung zwischen politischen Akteuren und Wählerschaft" (9) zumindest teilweise abgebaut werden kann. Dieser Problemzusammenhang soll unter Berücksichtigung folgender Fragestellungen untersucht werden:
- Eignen sich die von den Parteien gewählten Formen lokalen Wahlkampfes dazu, die zu beobachtende Distanz zwischen dem Politiker und dem Wähler abzubauen? (10)
- Überwiegen im lokalen Wahlkampf Formen der direkten Bürgeransprache gegenüber zumeist indirekten, medienvermittelten Formen der Elite-Bürger-Kommunikation des überregionalen Wahlkampfs?
- Bestätigt sich die These, wonach "ein Kennzeichen des lokalen Wahlkampfes darin besteht, daß Parteiakteure mit Bürgern in direkten Kontakt kommen" (11) und "regionaler Wahlkampf unter Beteiligung des Publikums inszeniert" (12) wird oder werden mit den lokalen Wahlkampfaktivitäten allenfalls politisch interessierte, informierte, gleichgesinnte und in ihrer Wahlentscheidung bereits festgelegte Parteimitglieder angesprochen, so daß die überwiegende Mehrheit der Wähler in eine anonyme Kulissenrolle verwiesen wird?

2. Sozialstrukturelle und parteiorganisatorische Merkmale des Untersuchungsraumes Koblenz

2.1 Zum Stadtgebiet der Stadt Koblenz

Als Untersuchungseinheit wurde das Stadtgebiet der Stadt Koblenz ausgewählt, was sich aus forschungspraktischen Gründen anbot und den Verfassern einen besseren Zugang zu den lokalen Parteiorganisationen sowie die Möglichkeit der unmittelbaren Beobachtung erlaubte. Nach Koblenz ist sowohl der Landtagswahlkreis 1 als auch der Bundestagswahlkreis 148 benannt, der neben dem Stadtgebiet noch das nähere Umland mit einem Radius von etwa 30 km umfaßt. Dem Landtagswahlkreis 1 sind außer dem Stadtgebiet von Koblenz die Landkreise Altenkirchen, Ahrweiler, Rhein-Lahn, Mayen-Koblenz und Neuwied zugeordnet.

Eine Beschränkung auf das Stadtgebiet von Koblenz ist, abgesehen von den erwähnten forschungspraktischen Überlegungen, aus zwei weiteren Gründen angezeigt:

1. Alle für die Analyse relevanten Parteien weisen das Stadtgebiet von Koblenz in ihrer Organisationsstruktur als Einzugsbereich eines "Kreisverbandes Koblenz-Stadt" aus.

2. Koblenz weist einige spezifische sozioökonomische Strukturmerkmale auf, die es als "geschlossene Untersuchungseinheit" qualifizieren: Die kreisfreie Stadt Koblenz (116.000 Einwohner), Bezirkshauptstadt des Regierungsbezirks Koblenz sowie Verwaltungssitz des Landkreises Mayen-Koblenz ist die größte Garnisonsstadt der Bundesrepublik mit über 12.000 stationierten Soldaten. Von den etwa 70.000 Erwerbstätigen in Koblenz sind gut die Hälfte in den Bereichen Handel, Versicherungen, Dienstleistungen beschäftigt, was der Stadt ihren Ruf als ausgeprägte "Beamtenstadt" gegeben hat. Eine besondere Rolle spielen die Bundeswehrbehörden. Neben dem Bundeswehr-Zentralkrankenhaus und der "Schule für Innere Führung" der Bundeswehr hat allein das "Bundesamt für Wehrtechnik und Beschaffung" (BWB), in Koblenz mit seinem Hauptsitz vertreten, fast 6.000 Mitarbeiter in der Rhein-Mosel-Stadt. Mit über 61.000 liegt die Zahl der weiblichen Koblenzer Bürger klar über dem männlichen Anteil (55.000), ebenso dominiert der katholische Bevölkerungsanteil eindeutig: Während sich über 70 % der Bevölkerung zur katholischen Konfession bekennen, liegt der Anteil der evangelischen Christen bei etwa 24 %, ein wichtiges sozialstrukturelles Merkmal, während die Verteilung der Konfessionen für das gesamte Land Rheinland-Pfalz bei 55 % Katholiken gegenüber 40 % Protestanten keine solche Differenz wie in Koblenz aufweist.
(Die statistischen Angaben sind entnommen: Karl Oster/Klaus Schütz: Koblenz von A-Z. Eine Stadt stellt sich vor, neue, erweiterte Auflage, Koblenz 1979)

2.2 Parteiorganisatorische Voraussetzungen

Prinzipiell mußten sich die Parteien im Hinblick auf den 6. März 1983 mit einem Ereignis auseinandersetzen, das in der Geschichte der Bundesrepublik ein Novum darstellt. Zum ersten Mal fielen eine Bundestagswahl und eine Landtagswahl zeitlich zusammen. Ein gewisser Anlaß zur Sorge war für die CDU mit einem potentiellen, nur begrenzt kalkulierbaren "Überspüleffekt" (SPIEGEL) verbunden, der den ansonsten bei Landtagswahlen im Vergleich zu Bundestagswahlen deutlicheren und beruhigenden Vorsprung der in Rheinland-Pfalz regierenden CDU gegenüber der Opposition hätte relativieren können. (13)

Auf die Koblenzer Situation bezogen lassen sich durchaus gewisse Parallelen aufzeigen: Die CDU besitzt auf kommunaler Ebene - im Stadtrat - seit 1974 eine absolute Mehrheit und verfügt gegenwärtig dort über 28 Sitze gegenüber 24 der SPD und 3 der FDP. Die Union stellt mit W. Hörter auch den Oberbürgermeister der Stadt Koblenz (seit 1974), während die SPD in der Stadtspitze (Bürgermeister, Dezernenten) nicht mehr vertreten ist.

Neben diesen, die Wahlkampfsituation und die Wahlkampfstrategie aller Parteien betreffenden, Gesichtspunkten ist Art und Umfang der Wahlkampfführung aber von parteiorganisatorischen Voraussetzungen abhängig. Dabei ist u. a. von Bedeutung:
- ob die lokale Parteiorganisation über einen hauptamtlichen 'Apparat' verfügt,
- wie groß das mobilisierbare Mitgliederpotential ist,
- wie groß die Zahl der freiwillig Aktiven im Wahlkampf ist,
- wie stark die personelle Verflechtung zwischen Partei- und kommunalen Führungsämtern oder etwa auch
- wie groß der finanzielle Spielraum der lokalen Parteiorganisation ist.

Die Koblenzer CDU weist eine außerordentlich differenzierte Organisationsstruktur mit einer deutlichen Tendenz zur Professionalisierung auf: Der Kreisverband umfaßt 22 Ortsvereine mit einem Mitgliederstamm von ca. 2.700 Mitgliedern (Stand Januar 1983). Die laufende Routinearbeit und die Vorbereitung von Wahlkämpfen obliegt auf Kreisebene der Kreisgeschäftsstelle, die neben einer hauptamtlichen Kreisgeschäftsführerin kontinuierlich über zwei Halbtagskräfte verfügen kann. Mit einer professionell arbeitenden Geschäftsstelle weist die CDU im Hinblick auf die Bewältigung des Wahlkampfes eine optimale organisatorische Ausgangslage auf.

Die lokale Parteiorganisation der SPD in Koblenz, genauer des Kreisverbandes Koblenz-Stadt, besteht ebenso wie die der Union aus 22 Ortsvereinen im Stadtgebiet, ist jedoch mit ca. 4.000 Mitgliedern der CDU personell deutlich überlegen. Da der Kreisverband über keine hauptamtlichen Mitarbeiter verfügt, wurde die Vorbereitung und Durchführung des Wahlkampfes von der Unterbezirksgeschäftsstelle bzw. deren Ge-

schäftsführer personell getragen, dem neben dem Büropersonal ein
Mitarbeiter ganztägig zur Verfügung stand. Die Mehrzahl der Helfer
rekrutierte sich aus ehrenamtlichen Mandatsträgern aus den Untergliederungen der Parteiorganisation.

Für die FDP ergab sich die Ausgangslage für den lokalen Wahlkampf
mehr als bei den übrigen Parteien aus der bundespolitischen Kon-
stellation, wie sie sich nach dem Regierungswechsel vom 1. Oktober
1982 darstellte. Für die Liberalen galt die Priorität ihrer Wahlkampfgestaltung eindeutig der Existenzsicherung im Bundestag gegenüber einem weiteren Verbleib im Landtag, was im Hinblick auf die
allgemeine Stimmungslage sowieso ein aussichtsloses Unterfangen
schien. Sowohl in bezug auf die Wahlkampfaktivitäten als auch auf
die Thematisierung im Wahlkampf wurden von den Liberalen fast ausschließlich bundespolitische Akzente gesetzt. Die aus der Stabili-
tätsperspektive wichtige Frage nach dem Rahmen einer CDU/CSU-FDP-
Koalition ließ die landespolitischen Themen eindeutig zu kurz kommen. Daneben war die FDP Koblenz, deren Kreisverband 4 Ortsverbände mit insgesamt 150 Mitgliedern umfaßt, weder personell (etwa 20
Parteimitglieder beteiligten sich aktiv am Wahlkampf) noch finan-
ziell (zur Verfügung standen etwa 7.000,-- DM) in der Lage, "zwei
Wahlkämpfe" gleichzeitig durchzuführen.

Die Grünen haben sich in Koblenz Ende 1979 als Kreisverband Koblenz-Stadt konstituiert. Eine Untergliederung in Ortsvereine ist
angestrebt bzw. im Aufbau begriffen. Bei einer karteimäßigen Mit-
gliederzahl von 65 zu Beginn des Jahres 1983 standen die Koblenzer
Grünen vor der schwierigen Situation, mit ca. 25-30 kontinuierlich
aktiven Mitgliedern einen Doppelwahlkampf führen zu müssen. Eine
Entlastung durch die kommerzielle Auslagerung von Wahlkampfaktivitäten (Plakatierung, Briefkastenaktionen etc.) wurde aus finanziellen und grundsätzlichen Erwägungen ausgeschlossen. Der Kreisverband
Koblenz hatte das Finanzbudget für den Wahlkampf auf 2.000,-- DM
begrenzt.
Planung, Koordination und Durchführung von Wahlkampfaktivitäten
blieben bei den Grünen, ähnlich wie bei der FDP, ausschließlich auf
das individuelle Engagement der Mitglieder verwiesen. Alle Partei-
ämter auf der lokalen Ebene - auch die Geschäftsführung - sind Eh-
renämter ohne Bezahlung. Die Arbeitsbelastung der aktiven Mitglieder des Kreisverbandes wurde bei den Grünen durch die Beanspruchung
im Rahmen regionaler Wahlkampfaktivitäten zusätzlich erhöht.

3. Formen des lokalen Wahlkampfes der Parteien

3.1 Plakatierung

- Zur Funktion der Plakatierung -

Die Plakatierung spielt im Wahlkampf der Parteien eine wichtige Rolle; sie dient vor allem der Demonstration politischer Präsenz nach außen und gibt der Partei die Möglichkeit, ihre Mitglieder z. B. zum "Kleben" der Plakate zu mobilisieren. Man unterscheidet zwei Arten von Plakatierung: Neben der Plakatierung der Parteien auf eigenen Plakatständern gibt es die kommerzielle Plakatierung auf bereits vorhandenen Werbeflächen und Litfaßsäulen usw. Die Wirkung der Plakate wird weniger in der Überzeugung denn in der Verstärkung bereits vorhandener Wählereinstellungen gesehen: "Mit Plakaten kann man kaum überzeugen, sondern mit Plakaten gibt man Signale, unterstreicht eine politische Kampagne durch Slogans, Symbole oder Personen, die man herausgestellt sehen will." (14)

- Plakatieren und Plakatgestaltung der Parteien -

Die Kreisverbände von CDU, SPD und FDP hatten sich im Rahmen eines gemeinsamen Wahlkampfabkommens (15) auf den Plakatierungsbeginn 16.12.1983 geeinigt. Von Plakataktionen ausgeschlossen waren die Kern-Altstadt und einige genau bezeichnete verkehrsneuralgische Punkte. (16) Von dieser Übereinkunft war allerdings die kommerzielle Plakatierung ausgenommen. (17)
Die CDU nutzte den hieraus resultierenden Handlungsspielraum und betraute ein gewerbliches Unternehmen mit der flächendeckenden Plakatierung. Ab 28. Januar eröffnete sie an 126 kommerziell betreuten Allgemeinstellen ihre Plakataktion "Helmut Kohl" zur Wahlkampferöffnung am 19.2. in der Rhein-Mosel-Halle.
Da mit der gesamten Plakatierung im innerstädtischen Bereich ein Unternehmen betraut war, blieb für die Ortsvereine nur eine geringe Plakatierung übrig. Die CDU verzichtete hier offensichtlich bewußt auf einen entsprechenden Mobilisierungseffekt ihrer Mitglieder. (18)
Bei ihrer Plakatierung konzentrierte sich die CDU auf die Kandidatenpräsentation, wobei in erster Linie Spitzenpolitiker und in Kombination mit den Spitzenakteuren die jeweiligen Landtagskandidaten im Kontext von positiven, Leistung bilanzierenden Informationen vermittelt wurden.

Bei der SPD dokumentiert die Plakatierung den Vorrang der Bundestagswahl; es überwogen die Plakate des Kanzlerkandidaten Hans-Jochen Vogel sowie die des Bundestagskandidaten Günter Pauli. Hinzu kamen die entsprechenden bundespolitischen Motiv- oder Sloganplakate. Spe-

zielle Plakate zum Landtagswahlkampf zeigten zumeist den Spitzenkandidaten der rheinland-pfälzischen SPD, Hugo Brandt, und verein-
zelt auch die Koblenzer Kandidaten des Landtagswahlkreises, Heinz
Sondermann und Dieter Muscheid. Vorgenommen wurde die Plakatierung,
im Gegensatz zur CDU, weitgehend durch die Ortsvereine bzw. den
Kreisverband.

Im lokalen Wahlkampf der FDP spielte die Plakatierung nur eine untergeordnete Rolle, da sie sehr kostenintensiv ist. Der weitgehende Verzicht auf Spitzenpolitikerplakate der FDP erklärt sich sicherlich auch aus den zu dieser Zeit negativen Sympathieeinschät-
zungen für bestimmte FDP-Akteure. Da der Bundestagskandidat und
der Landtagskandidat zudem auf eigene Kandidatenplakate verzichteten, wurde neben den üblichen Slogan- und Motivplakaten mit bundes-
politischem Bezug 50 mal das Kandidatenplakat des FDP-Fraktionsvor-
sitzenden und Spitzenkandidaten des Wahlkreises 1 Koblenz, H. O.
Scholl, geklebt.

Die Grünen verzichteten in Koblenz gänzlich auf eine Plakatierung
der Spitzenkandidaten und beschränkten sich auf eine gezielte Plakatierung von Slogan- und Motivplakaten. Sie entsprachen damit ihrem Grundsatz der "Basisdemokratie", der einer Heraushebung einzelner Kandidaten und "Spitzenakteure" entgegenwirken soll. Zum anderen sollte durch Vermeidung material- und kostenintensiver flächen-
deckender Plakataktionen dem Grundsatz "ökologisch-kostenmäßiger
Verträglichkeit" von Aktionen Rechnung getragen werden.

Mit dem einzigen landtagswahlbezogenen Plakat "Die Grünen Rheinland-
Pfalz" versuchte die Partei zugleich politische Präsenz und einen
programmatischen Schwerpunkt zu dokumentieren: Die Friedenspolitik.
Die übrigen von der Bundespartei übernommenen Motivplakate bezeich-
neten größtenteils die von den Grünen primär reklamierten Problembereiche: so z. B. "Rettet den Wald", "Frieden ist Vertrauenssache",
oder sie griffen die Hauptkonfliktlinien des Wahlkampfgeschehens aus
der Sicht der Grünen auf: so das Motivplakat "Gegen eine ge(Flick)te
Demokratie". Die Hauptanstrengungen richteten sich auch bei den Grünen offenkundig im Sinne ihres Slogans "Die Grünen in den Bundestag"
auf die Bundestagswahlen.

3.2 Kundgebungen/Parteiveranstaltungen

- Funktion und Ablauf von Kundgebungen -

Kundgebungen mit Spitzenakteuren und von den Parteien veranstaltete
öffentliche Selbstdarstellungen sind selbstverständlicher Bestandteil eines Wahlkampfes; sie garantieren eine hohe Aufmerksamkeit der
lokalen Medien. Kundgebungen sind vor allem dadurch charakterisiert,

daß dem Wähler ein Eingreifen i.d.R. nicht möglich ist. Seine Reaktionsmöglichkeiten bleiben auf Akklamation oder Mißfallensäußerungen, allenfalls auf Zwischenrufe beschränkt. Ihr Ablauf, der von äußeren Bedingungen, wie Größe und Struktur der Zuhörerschaft weitgehend unabhängig ist, erfolgt i.d.R. nach folgendem Muster: Nach der Begrüßung durch einen örtlichen Parteifunktionär folgt ein Referat eines höherrangigen, zumeist Spitzenpolitikers und endet mit dem Wahlaufruf des lokalen Parteifunktionärs an die Anwesenden. (19) Solche Veranstaltungen unterstreichen die Tendenz der Personalisierung von Politik zu Ungunsten einer sachpolitischen Auseinandersetzung, da die Person des Spitzenkandidaten im Mittelpunkt steht.

- Zu Planung und Verlauf der Kundgebungen -

Kernstück der CDU-Großveranstaltungen in Koblenz war die für die "heiße Phase" zentrale Wahlkampfauftaktveranstaltung in Rheinland-Pfalz mit Helmut Kohl und Bernhard Vogel am 19.2.1983. Für die Relation zwischen Bundestagswahl und Landtagswahl ist auch hier eine Äußerung B. Vogels in dem Sinne symptomatisch, daß auch die CDU Rheinland-Pfalz mithelfen wolle, daß H. Kohl Bundeskanzler bleibt. (20) Die übrigen Veranstaltungen wurden von der CDU als "Ein-Punkt-Veranstaltungen" zu spezifischen Themenbereichen geplant und durchgeführt: Bereits am 12. Januar referierten Sozialminister R. Geil in Koblenz-Lay und E. Broock, Vorsitzender des sozialpolitischen Ausschusses der EVP-Fraktion im Europa-Parlament, im Haus des Handwerks zu Fragen der Sozialpolitik. Als Zielgruppenveranstaltung für Architekten, das Baugewerbe und wohnungsbaupolitisch interessierte Bürger fand am 25.1. ein Gespräch mit Wohnungsbauminister Dr. O. Schneider zur "Aktuellen Wohnungsbaupolitik" statt. Der Staatsminister im Bundeskanzleramt, F. Vogel, sollte bei einer Veranstaltung im kleinen Saal der Rhein-Mosel-Halle am 9.2. vor allem rechtspolitisch interessierte Bürger und Juristen ansprechen. (21)

Die aufgeführten Veranstaltungen hatten von ihrer werbemäßigen Präsentation auf "Fachpublikum" bezogenen Zielgruppencharakter. Die angestrebte "Gesprächsatmosphäre" und Überschaubarkeit des Veranstaltungsrahmens schlugen sich auch in der Wahl der Räumlichkeiten nieder: Im Gegensatz zu Großveranstaltungen im großen Saal der Rhein-Mosel-Halle beschränkte man sich auf Kleinsäle, um einen mehr diskussionsorientierten, dialogischen Veranstaltungsverlauf zu begünstigen. Die Wahlkampfabschlußkundgebung fand am 1.3. mit Bundesvorstandsmitglied, Dr. B. Worms, in der Rhein-Mosel-Halle statt.

Eine eigene Großkundgebung des Spitzenkandidaten der SPD Rheinland-Pfalz, Hugo Brandt, wurde in Koblenz nicht durchgeführt, stattdessen besuchte Brandt am 1.2.1983 einen Tag lang den Landtagswahlkreis Koblenz im Rahmen der Teilnahme an Bürger-Frühschoppen oder an Infoständen der Ortsvereine. Die einzige Großkundgebung der Koblenzer

114

SPD galt dem Kanzlerkandidaten Hans-Jochen Vogel und wurde am 25.2. in der "Rhein-Mosel-Halle" durchgeführt. Bei dieser Veranstaltung war, wie das üblich ist, auch die landespolitische Parteiprominenz anwesend, doch wurden die bundespolitischen Spitzenpolitiker eindeutig stärker herausgestellt. (22) Außerdem führte die SPD zwei Parteiveranstaltungen in Form eines kulturellen Programms durch, bei denen der Bundestagskandidat und die Landtagskandidaten gemeinsam anwesend waren und den Zuschauern vorgestellt wurden. Im Unterschied zu den üblichen Kundgebungen standen nicht Politiker im Mittelpunkt, sondern die Kulturdarbietungen. Diese Veranstaltungsformen erfüllen offenbar den Zweck, über den preiswerten Besuch - beispielsweise einer Musikveranstaltung - auch solche Zielgruppen anzusprechen, die sich ansonsten eher politisch apathisch verhalten und kaum zum Besuch einer Parteiveranstaltung politischen Inhalts zu mobilisieren sind. Allerdings erscheint es offensichtlich, daß diese Formen weniger der Wählerinformation dienen als dem Versuch, emotionale Loyalität zur Partei herzustellen.

Den Auftakt dieser Veranstaltungsart bildete am 19.2.83 in der "Rhein-Mosel-Halle" ein Abend mit dem bekannten Mainzer Kabarettisten Hans-Dieter Hüsch, der sein Programm: "Wie aus heiterem Himmel" vortrug. Die zweite Veranstaltung "Für einen politischen Frühling" wurde am 2.3.83 an gleicher Stätte von der "Sozialdemokratischen Wählerinitiative Koblenz" durchgeführt und bestand in einer fünfstündigen Mischung aus Referaten prominenter Sozialdemokraten oder Anhängern sowie zahlreichen musikalischen Darbietungen (Liedermacher, Jazz, Rock). Anwesend waren auch hier der Bundestagskandidat G. Pauli sowie der rheinland-pfälzische Spitzenkandidat Hugo Brandt. Bei der Auswahl der Künstler war festzustellen, daß es sich allesamt um solche handelte, die der SPD nahestehen und dies auch deutlich zum Ausdruck brachten.

Die FDP verzichtete auf Großkundgebungen im üblichen Sinne; im gesamten Stadtgebiet fand keine öffentliche Veranstaltung mit ausschließlichem Landtagswahlbezug statt, wie der FDP-Kreisvorsitzende bestätigte. Im Rahmen der Bundestagswahlkampagne machte am 10.1. der "FDP-Sonderzug" mit Parteiprominenz (Motto: "Liberale fahren durch Deutschland") in Koblenz Station. Im weiteren Verlauf des Bundestagswahlkampfes waren in Koblenz: am 23.2. FDP-MdB Schäfer, am 25.2. der ehemalige Bundesinnenminister Baum und am 4.3. Wirtschaftsminister Lambsdorff, die den Bürgern eine Stunde lang für Fragen zur Verfügung standen. Der völlige Verzicht auf Veranstaltungen mit Spitzenakteuren der Landes-FDP unterstrich die bundespolitische Ausrichtung des gesamten Wahlkampfes.

Die Grünen konzentrierten sich in Koblenz schwerpunktmäßig auf die Durchführung von vier größeren, themengebundenen Veranstaltungen. Am 18.2.83 referierte die Hamburger Bürgerschaftsabgeordnete U. Jaebke in der Mensa der Fachhochschule über das Verhältnis der Grünen zum Parlamentarismus. Fragen der Trinkwasserversorgung standen im Mittelpunkt einer Informationsveranstaltung am 21.2.83 mit N. Geißler, einem Vertreter des Bundesverbandes Bürgerinitiativen Umweltschutz. Über die wirtschafts- und arbeitsmarktpolitischen Vorstellungen der Grünen referierte am 23.2.83 H. Heimann aus Baden-Württemberg, während eine Informations- und Diskussionsveranstaltung mit N. Mann, Familienrichter in Duisburg, am 28.2.83 die Veranstaltungsreihe abschloß.

Sowohl die Auswahl der Referenten (keine Spitzenkandidaten) als auch die thematische Gestaltung begründen den Eindruck einer primär informations- und diskussionsorientierten Veranstaltungsplanung. Die Veranstaltungen dienten offenkundig weniger der publikumswirksamen Mobilisierung als dem Versuch eines Informations- und Diskussionsangebots an interessierte Bürger. Bei einem Teilnehmerkreis, der je nach Veranstaltungsthema zwischen 40 und 80 schwankte, hielten sich denn auch Informations- und Diskussionsanteile in etwa die Waage. Einem diskussionsintensiven Veranstaltungsklima war hierbei sowohl eine offene, flexible Veranstaltungsleitung als auch die Auswahl entsprechend überschaubarer Räumlichkeiten zuträglich.

3.3 Werbebroschüren

- Werbebroschüren als Wahlkampfmittel -

Unter Werbebroschüren werden diejenigen Werbeschriften der Parteien verstanden, die als Prospekte, Zeitungsbeilagen, Faltblätter, Zeitungen usw. für die Erfordernisse des Wahlkampfes konzipiert sind und in vielfältiger Art an den Wähler weitergegeben werden. Neben der Vorstellung der Kandidaten enthalten sie zumeist eine Leistungsbilanz der Partei oder Fraktion in den vergangenen Jahren oder programmatische Forderungen für die Zukunft. Allgemein läßt sich die Tendenz beobachten, daß die Zahl der Werbeschriften zugunsten von Anzeigenkampagnen insgesamt rückläufig ist. (23) Dagegen gewann eine im nationalen Wahlkampf benutzte Form der politischen Werbung auch für den Landtagswahlkampf an Bedeutung: Die Entstehung eines kurzlebigen Zeitungsmarktes der Parteien, d. h. eine Partei erstellt einmal oder mehrere Male eine eigene Zeitung, die kostenlos an die Haushalte verteilt wird. Sie unterscheidet sich äußerlich kaum von bekannten Boulevardzeitungen. Besonders bekannt ist die von der SPD bei den beiden letzten Bundestagswahlen herausgegebene "Zeitung am Sonntag", die kosten- und personalaufwendigste Wahlkampfaktion der SPD, da die Zeitung an alle Haushalte in der Bundesrepublik verteilt werden sollte.

- Gestaltung und Verteilung von Werbebroschüren im Wahlkampf -

Die CDU beteiligte sich an der Initiierung dieses wahlbedingten
Zeitungsmarktes durch die Übernahme der bundesweit verteilten Publikationen "CDU-extra" sowie der Zeitung der CDU Rheinland-Pfalz
zur Landtagswahl "Miteinander", die zweimal in größeren Abständen
erschien.
Neben der wahlkreisbezogenen Kandidatenvorstellung und einer Kurzfassung des Landtagswahlprogramms, dominierten in erster Linie die
Vermittlung eines positiven Selbstbildes durch die thematische Zusammenstellung von Leistungsbilanzen sowie die ausgeprägte personelle, kompetenzmäßige und ideologische Negativdarstellung der SPD
bzw. der Grünen. (24)

Aufgrund eines Kreisvorstandsbeschlusses wurde mit der Verteilung
der Wahlkampfzeitungen an alle Koblenzer Haushalte ein gewerbliches
Unternehmen betraut. Neben der kommerziellen Plakatierung bestätigt
der gewerbliche Vertrieb von Wahlkampfmaterialien eine zunehmende
Tendenz zur Professionalisierung und Kommerzialisierung des Wahlkampfes. Aktivitäten, über die die Parteibasis mobilisiert werden
könnte, werden aus der Partei ausgelagert.

Die obligatorische Broschüre zum Landtagswahlprogramm der CDU sowie
die programmatische Rede B. Vogels "Rheinland-Pfalz muß stabil bleiben" wurden primär über die Info-Tische an den Bürger gebracht. Daneben dominierten auf den Info-Tischen im Sinne der Negativdarstellung des politischen Gegners die von der CDU-Bundesgeschäftsstelle
herausgegebenen Broschüren: "Die SPD als Regierungspartei - Eine
Schlußbilanz" und "Die Rotgrünen", kontrastiert von themenbezogenen
Programmaussagen und Leistungsnachweisen; so z. B.: "Arbeit schaffen", "Umwelt schützen", "Das soziale Netz sichern".

Eine besondere Rolle räumte die CDU Flugblattaktionen ein. Deren inhaltliche Begründung ist insbesondere für den Grad der Verbindlich-
keit der örtlichen Wahlkampfabkommens zwischen den Kreisparteien von
CDU, SPD und FDP interessant: Obwohl in Punkt 1 dieses Abkommens
"die allgemeine Verpflichtung zu einer fairen Wahlkampfführung" ver-
ankert ist (25), wird die besondere Rolle von Flugblattaktionen mit
der Begründung herausgestellt, daß "der politische Gegner sicherlich
keine Gelegenheit auslassen wird, Unwahrheiten zu verbreiten. Und
das heißt für uns, schnell den Bürger mit den richtigen Argumenten
zu überzeugen". (26)

Die grundlegende Bewertung von "Wahlkampf als Schlammschlacht" (27)
erscheint hier bereits als handlungsleitendes Element in der Wahlkampfplanung. (28)

Als zentrale Werbeschriften der SPD, die man an den Info-Ständen erhalten konnte und die in einer Briefkastenaktion an die Haushalte
verteilt wurden, galten die beiden Schriften "Und plötzlich ist

Mainz ganz nah. Vorschläge aus unserem Wahlprogramm von 1983 -
1987" sowie das großformatige Heft "Den Menschen näher. Die SPD in
Rheinland-Pfalz". Darüber hinaus gab es eine 4seitige Schrift der
SPD-Landtagsfraktion als Brief des SPD-Landesvorsitzenden H. Brandt
und des Fraktionsvorsitzenden Klein, die zur Wahl der SPD "in Bund
und Land" aufrufen. Hinzu kam ein 16seitiger Kandidatenprospekt,
der den SPD-Spitzenkandidaten unter der Überschrift vorstellte:
"Mit ihm können Sie reden. Offen und ehrlich". Ebenfalls zu erhalten waren Ausgaben einer Dokumentationsserie "Rheinland-Pfalz-Doku-
mentation", herausgegeben von der Landtagsfraktion, die in verschiedenen Problemlösungsbereichen eine sozialdemokratische Leistungsbilanz sowie weiterreichende programmatische Vorstellungen entwickeln.

Zwei spezielle Broschüren für den lokalen Wahlkampf konnte die SPD
anbieten. Zum einen ein vierseitiges Faltblatt mit den Porträts der
beiden Landtagskandidaten Sondermann und Muscheid. Es betont insbesondere die lokalpolitischen Leistungen der Politiker und druckt
eine Postkarte ab, auf der Anfragen an die Abgeordneten gerichtet
werden können. Ein weiteres Prospekt ("So macht die SPD in Rheinland-Pfalz und im Bund für Sie Politik") wirbt in der Reihenfolge
Hans-Jochen Vogel - Hugo Brandt - Günter Pauli - Heinz Sondermann
- Dieter Muscheid für die SPD-Kandidaten auf Bundes- und Landesebene.

Die FDP hatte für den Landtagswahlkampf in Koblenz keine Werbebroschüren etwa mit kommunalen Bezugspunkten vorgesehen. Verteilt wurden die vom Landesverband der FDP oder von der Landtagsfraktion herausgegebenen Wahlprospekte. So die 10seitige Broschüre "Rheinland-
Pfalz", eine Kurzausgabe des rheinland-pfälzischen Wahlprogramms der
Liberalen mit der Präsentation der Spitzenkandidaten in den vier
Wahlkreisen. Des weiteren dienten als zentrale Werbebroschüren das
72seitige Heft "FDP-Bilanz" der FDP-Landtagsfraktion mit Positionen
der Liberalen zu landespolitischen Fragen sowie ein Faltblatt "Klartext-Liberal", das die landespolitische Arbeit der Fraktion darstellt. Auf einem Handzettel warb die FDP für eine Koalition mit der
Union auf Bundesebene und rief zur Wahl der Partei auf. Sowohl die
SPD als auch die FDP benutzten die Form einer eigenen "Zeitung" zur
Wahlwerbung, die bundes-, landes- als auch kommunalpolitische Themen
enthielt. Die Zeitung der SPD "Koblenzer-Blickpunkt" erscheint in
unregelmäßigen Abständen und wird von einer "Sozialdemokratischen
Bildungsgemeinschaft Koblenz e. V." herausgegeben, deren Vorsitzen-
der der Landtagskandidat Muscheid ist. In ihrer Wahlausgabe vom
Februar 1983 nahm die landespolitische Berichterstattung einen brei-
ten Raum ein, ähnlich der vom FDP-Landesverband herausgegebenen
"Liberalen Zeitung" (LZ).

Die Grünen warben mit ihrem umfangreichen und differenzierten Programm zur Landtagswahl (112 Seiten DIN A 4). Aus Kostengründen wurde
es nur an "ernsthafte Interessenten" gegen eine Schutzgebühr
(DM 4,--) abgegeben. Ihre breit angelegte Informationskampagne be-

stritten die Grünen mit thematischen Auszügen aus ihrem Landtagswahlprogramm, die jeweils als 4- oder 8seitige Faltblätter verteilt
wurden (z. B. zu Umwelt, Frieden, Wirtschaftspolitik, Frauen, Ausländer etc.). Hinzu kam, insbesondere auch für die durchgeführten
Briefkastenaktionen, ein 4seitiges Faltblatt, in dem die Grünen
kurz ihr Selbstverständnis als "Basisdemokraten" darlegen und in
vier Punkten die wesentlichen Problembereiche aufgreifen, die
Schwerpunkte ihrer Arbeit bilden: Friedenspolitik, Arbeitslosigkeit, Energiepolitik und Umweltschutz. Mit zwei Flugblattaktionen
(auch als Briefkastenaktionen durchgeführt) bezogen die Grünen zwei
kommunale Problemsituationen in die Wahlkampfauseinandersetzungen
ein: Zum einen die prekäre Trinkwassersituation in Koblenz und zum
zweiten die Gefährdung des Naturschutzgebietes "Graswerth".

3.4 Straßenwahlkampf

- Der Straßenwahlkampf als bürgernahe Wahlkampfaktivität? -

Ganz besondere Beachtung verdienen Wahlkampfaktivitäten der Partei-
en unter freiem Himmel "auf der Straße", da sie sich von den meisten Wahlkampfformen dadurch unterscheiden, daß eine unmittelbare
Kommunikation zwischen dem Wähler und dem politischen Akteur prinzipiell möglich und eine direkte Bürgeransprache auch erwünscht
ist. (29) In der Regel befinden sich die Informationstische der Parteien an den Brennpunkten der Städte wie Einkaufszentren, Marktplät-
zen oder Bahnhöfen, also zu bestimmten Zeiten (z. B. sammstagsvor-
mittags) besonders stark frequentierten Orten. Ein solcher Stand besteht zunächst aus einem Tisch mit entsprechendem Informationsmate-
rial (Programme, Broschüren, Faltblätter, aber auch Kleinwerbemit-
tel zur Sympathiewerbung wie Luftballons, Kugelschreiber usw.), wo
sich der Wähler selbständig oder auf Anfrage bedienen kann. Plakat-
ständer und Sonnenschirme sollen die Aktivität der Partei weithin
sichtbar oder unter Hinzuziehung von Lautsprecherwagen auch hörbar
werden lassen. Personell besetzt ist ein solcher Stand, insbesondere in Besucherspitzenzeiten, mit einem oder mehreren lokalen Kandidaten und Parteimitgliedern zur Ausgabe der Materialien. Des öfte-
ren besuchen auch höherrangige Politiker den Stand eines Ortsver-
eins. (Inwieweit es allerdings zu einem echten Gespräch mit dem
Bürger kommt, das nicht auf Sympathiebekundungen beschränkt bleibt,
kann an dieser Stelle nicht nachgeprüft werden; prinzipiell ist es
aber trotz für die Kommunikationssituation negativer Rahmenbedingungen noch am ehesten möglich).

- Zur Durchführung des Straßenwahlkampfes in Koblenz -

Die CDU legte eine deutliche Priorität ihrer personalintensiven

Wahlkampfaktivitäten auf den Straßenwahlkampf, insbesondere auf eine optimale Präsenz bei ihren Infoständen. Der Kreisvorsitzende, Dr. E. Klepsch, wies in seinem Anschreiben an die Funktionsträger der Partei ausdrücklich darauf hin, daß der Kreisvorstand vor allem die Unterstützung der Mitglieder und Funktionsträger bei der Organisation und personellen Besetzung der Infostände erwarte. Seine Erwartungshaltung begründete der Kreisvorsitzende mit Entlastung der Mitglieder durch die kommerzielle Organisation der Verteilung von Wahlkampfzeitungen sowie der Plakatierung. (30)

Die CDU nutzte ihre außerordentlich differenzierte Organisation im Stadtgebiet von Koblenz und organisierte an 9 Tagen (i.d.R. an Samstagen) 45 Infostände an 24 verschiedenen Standorten. Grundsätzlich fällt bei der Organisation und Planung von Infoständen auf, daß Konkurrenzsituationen vor allem auch im Straßenwahlkampf möglichst vermieden werden. Besonders deutlich wird dies bei der Planung und Vorbereitung des CDU-Infostandes zur Gartenbaumesse vom 28.2.-6.3.1983, in deren Verlauf vom Kreisvorstand ausdrücklich der Appell an die verantwortlichen Funktionsträger gerichtet wurde, hierzu keinerlei Informationen nach außen zu tragen, "da sonst die anderen auch einen Stand machen wollen". (31)

Für diese "Konkurrenzvermeidungsstrategie" spricht außerdem die Tatsache, daß im gesamten Wahlkampfverlauf gemeinsame Auftritte mit dem politischen Gegner (z. B. bei Podiumsveranstaltungen) vermieden wurden. Nur an zentralen, besonders stark frequentierten innerstädtischen Punkten (z. B. Zentralplatz), an denen die Parteien präsent sein wollten, bot sich dem Bürger die seltene Möglichkeit des direkten Vergleichs.

Der zentrale Straßenwahlkampf der SPD-Koblenz fand, abgesehen von zahlreichen Infoständen einzelner Ortsvereine in ihren Stadtteilen, auf dem in der Koblenzer City und im Zentrum mehrerer Einkaufshäuser gelegenen "Zentralplatz" statt. An den letzten vier Samstagen vor dem Wahltermin war der Stand nahezu ganztägig besetzt mit deutlicher Betonung der bundespolitischen Wahl. Daneben wurde am 21.2.1983 und am 23.2.1983 ein Kandidaten-Info-Stand organisiert, an dem die Sozialdemokraten ihren Bundestagskandidaten sowie die Landtagskandidaten vorstellten.

Die FDP-Koblenz verlegte den Schwerpunkt ihrer gesamten Wahlkampagne auf den Straßenwahlkampf in der Form von Info-Ständen, Briefkastenaktionen und direkten Bürgerkontakten. Dies war nicht zuletzt auch eine Konsequenz aus der besonderen lokalen Situation der FDP in Koblenz. Beide Spitzenakteure, der FDP-Bundestagskandidat und Kreisvorsitzende Schwerin und auch der Landtagskandidat Völker gelten als kommunalpolitisch engagierte Politiker. Nicht zuletzt aufgrund der negativen Einschätzung der Liberalen als Partei und ihrer Spitzenakteure auf Bundes- und Landesebene wie auch ihrer Wahlchancen im demoskopischen Meinungsbild der Bevölkerung verzichtete man auf Kundgebungen und größere Parteiveranstaltungen zugunsten persönlicher Wähleransprache. Ebenso wie die übrigen Parteien organisierte die FDP an den 4 Samstagen vor der Wahl einen Info-Tisch auf dem Zentralplatz; weitere waren in den Koblenzer Stadtteilen Südliche Vorstadt, Karthause und Ehrenbreitstein plaziert. Insgesamt an 20 Tagen hatten die Koblenzer Liberalen Stände im Stadtgebiet aufgebaut, besetzt zumeist mit dem Bundestags- oder dem Landtagskandidaten sowie Parteimitgliedern. Der FDP waren aufgrund der personellen Situation für weiterreichende Aktivitäten enge Grenzen gesetzt.

Ein weiterer Schwerpunkt des Wahlkampfes der FDP bildeten Briefkastenaktionen, die mit Hilfe verschiedener Selbstdarstellungsprospekte auch diejenigen Bürger ansprechen sollten, die einen direkten Kontakt mit Politikern an Info-Tischen oder den Besuch von Parteiveranstaltungen scheuen. So wurde die Wahlbroschüre "Rheinland-Pfalz" im Koblenzer Stadtgebiet in knapp 12.000 Briefkästen verteilt, etwa 11.000 Exemplare der "Liberalen Zeitung" sowie knapp 10.000 mal die Broschüre "Klartext-Liberal", davon etwa 7.500 als Beilage des wöchentlichen Anzeigenblattes "Schängel".

Auch die Grünen sahen im Straßenwahlkampf aus zwei Gründen einen Schwerpunkt ihrer Aktivitäten: Zum einen, weil kaum eine andere Form des Wahlkampfes den direkten Kontakt zum Bürger in vergleichbarer Weise ermöglicht und zum anderen, weil Straßenwahlkampf die geringsten Kosten verursacht. Die Grünen konzentrierten ihren aktiven Mitgliederstamm in den letzten vier Wochen vor der Wahl an zentralen Punkten der Innenstadt (Zentralplatz und Plan). Die Info-Tische wurden dabei in der Regel zu Büchertischen erweitert, um ein breiteres, nicht nur wahlkampfbezogenes Informationsangebot zu gewährleisten. Die Bürgeransprache und -mobilisierung erfolgte häufig über kommunale Problemsituationen, für die in der Regel kaum eine Lobby existiert (Trinkwasserproblematik etc.). So integrierten die Grünen in ihren Straßenwahlkampf z. B. eine Unterschriftenaktion zur Erhaltung des Naturschutzgebietes "Graswerth" und erreichten damit eine unterschriftlich beurkundete Zustimmung bei über 1.000 Koblenzer Bürgern.

3.5 Anzeigenkampagne

- Zur Funktion von Anzeigenkampagnen -

Eine weitere wichtige Wahlkampfform der Parteien bildet die Anzeigenwerbung, weil sie "mit ihren vielfältigen Möglichkeiten der Wahlkampfführung einen breiten Entscheidungsspielraum einräumt". (32) Sie ist wie kaum ein anderes Wahlkampfmittel geeignet, in relativ kurzer Zeit gestaltet werden zu können. Mit Anzeigen können Parteien auf aktuelle politische Ereignisse reagieren. Sie erreichen dabei einen

Großteil der Wählerschaft. Darüber hinaus können die Anzeigen gezielt auf bestimmte Wählergruppen hin konzipiert werden und die Leserschaft von bestimmten Zeitungen und Zeitschriften individuell ansprechen. "Nur in wenigen Werbemitteln ist es möglich, politisch so intensiv zu argumentieren wie in Anzeigen." (33) Wenn auch der Kontakt zwischen Politiker und Bürger damit nur indirekt erfolgt, sind Anzeigen mit am ehesten dazu geeignet, möglichst viele Wähler gezielt und gleichzeitig anzusprechen.

Für die Stadt Koblenz boten sich für die Anzeigenkampagne zunächst die allein am Ort ansässige Tageszeitung "Rhein-Zeitung" an, die über einen eigenen Lokalteil für die Stadt verfügt. Anzeigen konnten aber auch in zwei Anzeigenblättern, dem wöchentlich erscheinenden "Schängel" und dem ebenfalls im Wochenrhythmus aufgelegten Blatt "Wochenspiegel", plaziert werden.

- Anzeigenkampagnen im lokalen Wahlkampf -

Die CDU legte im Gegensatz zu den anderen Parteien neben der Anzeigenkampagne zur Bundestagswahl ein stärkeres Gewicht auf die Präsentation von Kandidaten und Themen zur Landtagswahl. Sowohl in der Rhein-Zeitung als auch in den örtlichen Anzeigenblättern startete die CDU bereits Ende 1982 eine Anzeigenserie, wobei sich die beiden Landtagskandidaten, Dr. H. P. Volkert und Frau G. Kokott-Weidenfeld entweder gemeinsam oder im Wechsel zü bestimmten Problembereichen (Bildungspolitik, Sozialpolitik, Rheinland-Pfalz als Militärbase) "äußerten", meist aber generell, im Sinne einer positiven Leistungsbilanz um Vertrauen für die Partei und die eigene Person warben.

Ein positives Leistungsbild wurde vor allem auf dem Hintergrund einer mehr als dreißigjährigen, CDU-verantworteten Regierungspolitik gezeichnet: "Durch die Kontinuität jahrzehntelanger CDU-Politik ist unser Land Rheinland-Pfalz zu einem der attraktivsten Bundesländer geworden" (34). Und: "Seit wir wieder ein demokratisches Deutschland haben, regiert in Rheinland-Pfalz die CDU. Aus einem unterentwickelten Landstrich wurde so in über drei Jahrzehnten ein blühendes Bundesland - die Voraussetzung für die positive Entwicklung unserer Heimatstadt Koblenz". (35)

Auf dieser Basis warben die beiden Landtagskandidaten entweder im Sinne persönlicher Kontinuität um das erneute Vertrauen der Wähler (Dr. H. P. Volkert) oder im Sinne einer Kontinuität auch im persönlichen Wechsel um den Auftrag der Wähler (Frau G. Kokott-Weidenfeld): "Ich bin besonders stolz, als Nachfolgerin von Frau Susi Hermanns als Landtagskandidaten berufen worden zu sein. Ich will in ihrem Sinne fortfahren oder auch neue Probleme anpacken. Ich bitte um Ihre Zustimmung". (36) Die CDU bevorzugte in ihrer Anzeigenkampagne zur Landtagswahl eine Kombination von Kandidatenpräsentation und sloganartiger, global leistungsbilanzierender Information. Im

Sinne dieser Rechtfertigung ihrer Politik versuchte die CDU, eine Wechselwirkung von regionalen, landespolitischen und bundespolitischen Kompetenznachweisen zu erreichen. (37) Insgesamt kam die CDU hinsichtlich der quantitativen Anteile ihrer Anzeigenkampagne zu einem relativ ausgewogenen Mischungsverhältnis von bundes- und landespolitischen Aspekten.

Neben den zentralen Anzeigen zum Bundestagswahlkampf finden sich bei der SPD nur wenige Anzeigen mit ausschließlichem Rekurs auf die Landtagswahl in Rheinland-Pfalz. Eine Anzeige der SPD belegt exemplarisch, wie auch in der Anzeigengestaltung der Bundestagswahl eindeutig Priorität eingeräumt wurde. Neben den Fotos des Bundestagskandidaten sowie der beiden Koblenzer Bewerber um einen Sitz im Landtag erschien u. a. folgender Text:
"Wir sind einer Meinung: für Frieden, gegen Konfrontation mit den Nachbarn, gegen sozialen Abbau, mit Hans-Jochen Vogel, Bundeskanzler im deutschen Interesse, Hugo Brandt, Ministerpräsident für Rheinland-Pfalz. Übrigens, der 6. März: Ein Tag, zwei Wahlen, drei Stimmen: Erststimme Günter Pauli, Zweitstimme Hans-Jochen Vogel, dritte, die Landtagswahlstimme für Hugo Brandt mit Heinz Sondermann und Dieter Muscheid" (38). Speziell aus Anlaß des Landtagswahlkampfes erschienen drei als "offene Briefe" gestaltete Anzeigen des SPD-Landesvorsitzenden Brand, die er an die "Liebe(n) Mitbürgerinnen, Liebe Mitbürger" adressierte (39). Auf dem etwa DIN-A 4 mit Schreibmaschinenschrift gesetzten ersten "Brief" vom 18.2.1983 nimmt Brandt Stellung zum bisherigen Wahlkampfverlauf im Bund, ohne auf die Landtagswahl Bezug zu nehmen. Erst im zweiten "Brief" vom 23.2.1983 widmet sich der Kandidat der bevorstehenden Landtagswahl und bedauert, daß aufgrund der gleichzeitig stattfindenden Bundestagswahlen die rheinland-pfälzische Landespolitik zu kurz komme:
"Das ist verständlich aber auch bedauerlich ... Es ist wichtig, die SPD am 6. März auf beiden Wahlzetteln anzukreuzen. Die SPD braucht Ihre Erst- und Zweitstimme für die Bundestags- und Ihre Stimme zur Landtagswahl." Ein dritter Brief vom 26.2. nimmt Bezug auf die Schuldenlast des Bundeslandes und fordert die rheinland-pfälzische CDU-Regierung auf, den Landeshaushalt schnellstens zu konsolidieren. Die übrigen Anzeigen dienten in aller Regel dem Hinweis auf SPD-Veranstaltungen im Stadtgebiet, verbunden mit den bekannten Wahlaufrufen. Ebenso wie für die FDP kann festgestellt werden, daß die Anzeigenkampagne fast ausschließlich auf die Bundestagswahl Bezug nahm und Aussagen zu landes- oder kommunalpolitischen Aspekten dadurch ausgespart blieben.

Am 20.1.1983 erschien im Koblenzer Anzeigenblatt "Schängel" ein erstes "FDP-Wahl-Info" zur Landtagswahl in Rheinland-Pfalz. Es informiert über das rheinland-pfälzische Wahlsystem und die bisherige personelle Zusammensetzung des Landtages. Diese Anzeigenserie der FD hebt sich bewußt von denen der übrigen Parteien dahingehend ab, daß sie dem Bürger ausschließlich politische Sachinformationen an die Hand geben will und daher auf Wahlaufrufe für die eigene Partei

verzichtet. Im zweiten "Wahl-Info" vom 27.1. wird dann Bezug auf
die Bundestagswahl genommen. In weiteren Anzeigen mit der Überschrift "Freiheit braucht Mut" sowie "Die FDP schafft's" wird zunächst für die Bundestagswahlstimme geworben und als zweites für
die der Landtagswahl, damit die Alleinherrschaft einer Partei "in
Mainz aufhört". (40) Als Kleinanzeigen des FDP-Kreisverbandes Koblenz erschienen zur Landtagswahl in der "Rhein-Zeitung" zwei Anzeigen, die speziell landespolitische Aspekte aufgriffen:
"Wer gegen die leistungs- und sozialfeindliche CDU-Verfilzung des
Verwaltungsapparates in Rheinland-Pfalz ist, wählt die FDP in
Rheinland-Pfalz" sowie "Nach dem Gesetz der Dunkelziffer sind die
von der FDP aufgedeckten Machenschaften der CDU im rheinland-pfälzischen Weinskandal - und in anderen Fällen - nur die Spitze des
Eisbergs! Wir dagegen sind für eine offene, ehrliche und damit bürgernahe Politik". (41)

Die Grünen waren in Koblenz einerseits mit einer für sie restrikti-
ven Pressekonstellation (vgl. unten) konfrontiert und standen andererseits einer werbemäßigen Nutzung des Mediums Zeitung auch aus
finanziellen Erwägungen distanziert gegenüber. Aufgrund ihres knappen finanziellen Budgets beschränkten sich die Grünen auf eine einzige, kleinformatige Anzeige in der Rhein-Zeitung, die wahlkampf-
kritisch die programmatische und werbemäßige Praxis der etablierten Parteien karikiert: "Wir setzen uns auch nach dem 6. März für
Umweltschutz und Abrüstung ein". (42) Die Grünen unterstellen damit, sie seien die einzige Partei, die Kontinuität und Identität
zwischen Wahlkampf und politischer Alltagsroutine garantieren könne. Eine Nutzung der örtlichen Anzeigenblätter als Informationsme-
dium blieb den Grünen hingegen auf Beschluß der Herausgeber ver-
wehrt.

3.6 Podiumsdiskussionen/Diskussionsveranstaltungen

Aus Gründen der Vollständigkeit soll auch die Wahlkampfform "Podiumsdiskussion" an dieser Stelle abgehandelt werden, auch wenn im
Koblenzer Landtagswahlkampf keine solchen Veranstaltungen stattge-
funden haben. Unter "Podiumsdiskussion" wird in der Regel eine Veranstaltung bezeichnet, bei denen sich Politiker mehrerer Parteien
vor einem Auditorium gegenübersitzen und über ein oder mehrere vor-
her festgelegte Themen des politischen Problemhaushalts diskutieren. Für das Zustandekommen müssen insbesondere drei Voraussetzungen erfüllt sein: Zum einen das Vorhandensein einer mitgliederstar-
ken, örtlichen Organisation, die den Parteien für ein ausreichend
großes Autitorium einstehen kann sowie zweitens die Möglichkeit
einer Absprache zwischen den Parteien über die gemeinsame Durchführung. Sollte, als dritte Voraussetzung, nur eine mitgliederarme Organisation zur Verfügung stehen, empfiehlt sich, bei der Themenwahl

124

eine möglichst große örtliche Betroffenheit herzustellen, um nicht nur Parteimitglieder, sondern möglichst viele Wahlbürger zum Besuch der Podiumsdiskussion zu mobilisieren. (43) Eine besondere Rolle kommt dem Diskussionsleiter zu, der hier regelmäßig als Sprecher der Mehrheit des Plenums agiert. Daneben gibt es Diskussionsveranstaltungen, die nur von einer Partei getragen werden und, wo neben den Politikern, sich auch das Plenum zu Wort melden kann, was bei Podiumsdiskussionen der zuerst geschilderten Art weitaus weniger der Fall ist. Dies können Straßendiskussionen sein, aber ebenso auch Diskussionen vor geladenen Zielgruppen (Mittelstand, Jugendliche usw.). Mittlerweile liegen erste empirische Arbeiten über verschiedene "Ablaufvarianten" solcher Podiumsdiskussionen bzw. Diskussionsveranstaltungen vor, die die verschiedenen Möglichkeiten der Kontaktnahme zwischen Politikern untereinander bzw. zwischen Politiker und Plenumsteilnehmer aufzeigen. (44)

3.7 Sonderformen des lokalen Wahlkampfes

Neben den behandelten, fast schon traditionellen Wahlkampfaktivitäten bestehen noch eine Reihe von Sonderformen, denen jedoch im öffentlich dargestellten und wahrgenommenen Wahlkampfgeschehen nur eine untergeordnete Rolle zukommt. Dazu gehören persönliche Hausbesuche der Wahlkreiskandidaten (Canvassing) oder die häufiger gewählte Form der Besichtigung von Fabriken oder sozialen Einrichtungen. Als weitere Formen, die auch im Koblenzer Wahlkampf der etablierten Parteien eingesetzt wurden, gelten: Frühschoppen, Baumbepflanzungsaktionen, Kinderfeste sowie Zielgruppenveranstaltungen. Insbesondere die letztgenannten Aktionen dienen dabei mehr der Sympathiewerbung für Partei und Kandidat als dem Austausch von Argumenten oder der Herstellung von direkten Bürger-Kontakten: (45)

Neue Wege der Wahlwerbung beschritt schließlich die CDU mit dem Einsatz des "Wahl-Video-Infos". Über Monitor, im mobilen Info-Wagen, wurde dem Bürger eine Synthese von Informationen zu den Wahlkreiskandidaten und jeweils zugeordneten programmatischen Schwerpunkten präsentiert. Der Einsatz des Video-Wagens wurde von den örtlichen Politikern vor allem wegen seines "Multiplikatoreffekts" außerordentlich positiv bewertet. Kennzeichnend ist die Einschätzung des CDU-Landtagswahlkandidaten Dr. H. P. Volkert, der den Video-Einsatz als zukunftsweisendes Medium bezeichnete, dessen Einsatz vor allem in Verbindung mit Kabelfernsehen optimiert werden könne. (46)

Einsatz und Bewertung dieses Mediums belegen nachdrücklich die Tendenz einer zunehmenden Mediatisierung und Professionalisierung von Wahlkampf auch auf der lokalen Ebene. Die professionelle Planung, Organisation und Durchführung von Wahlkampf weist auf eine problematische Entwicklung hin. Die anonymisierenden und Distanz bewirkenden Folgen einer bewußt in Kauf genommenen Einweg-Kommunikation (Video-Kabelfernsehen) drängen den Wahlbürger mehr und mehr in die Rolle eines passiven Beobachters.

Ein weiteres ebenfalls bedenkliches Merkmal einer zentral gesteuerten und auf bestimmte Überredungseffekte abgestellten Wahlkampfführung ist die Form organisierter Leserbriefaktionen oder Anzeigenserien, in denen sich Einzelpersonen in Zeitungsannoncen zu bestimmten Parteien bekennen. So beispielsweise wurden Parteimitglieder aus der Überlegung heraus, daß "gerade Leserzuschriften eine große Wirkung auf die Meinungsbildung haben", gebeten, Personen zu benennen, die von der örtlichen Parteizentrale vorgefertigte Leserbriefe zu unterschreiben bereit wären. Die Partei selbst wollte unter den benannten Namen die 'Leserbriefe' an die Zeitung weiterleiten. (47)

4. Der Wahlkampf in der lokalen Presseberichterstattung

Generell ist davon auszugehen, daß komplexes Wahlkampfgeschehen, das der angesprochene Bürger primär selektiv wahrnimmt, "erst durch die Berichterstattung der Presse als 'öffentlicher' Wahlkampf konstituiert wird." (48) So wertet denn auch H. D. Klingemann die intensive Pressearbeit der Kandidaten und Parteien als klares Indiz für deren Auffassung, Wahlkampf ohne Berichterstattung in der Presse sei "Wahlkampf quasi unter Ausschluß der Öffentlichkeit". (49) Diese Einschätzung korrespondiert mit Ergebnissen quantitativer Analysen, wonach die deutsche Presse zwar den Grundsatz der Überparteilichkeit für sich beansprucht, gleichwohl aber durch ein dezidiertes politisches Engagement auch in Wahlkämpfe relativ stark eingreift. (50) Dieses Ergebnis wird auch in anderen Studien (51) mit einer allerdings wichtigen Differenzierung im Hinblick auf die lokale Presseberichterstattung bekräftigt: "Gewisse Parteipräferenzen scheinen auch in den Lokalteilen der untersuchten Zeitungen aufzutauchen, allerdings eher in der unterschiedlichen Häufigkeit, mit der die einzelnen Zeitungen über den Wahlkampf der verschiedenen Parteien berichtet haben, als in der expliziten Kommentierung", die in der lokalen Wahlkampfberichterstattung ohnehin eine kaum ins Gewicht fallende Ausnahme zu sein scheint. (52)

Ebenfalls zutreffend scheint nach wie vor der Befund, daß die lokale Berichterstattung sich auf Großveranstaltungen und das Auftreten der Spitzenakteure konzentriert. Kleinere Veranstaltungen und lokale Wahlkampfroutine finden allenfalls im "Wahlkalender" ("Daten zum Wahlkampfgeschehen") Berücksichtigung. (53) Im Untersuchungsfeld Koblenz-Stadt besitzt die Rhein-Zeitung (RZ) als beherrschende Zeitung gewissermaßen eine Monopolstellung. Die "Ausgabe B" für Koblenz-Stadt und Teile des Umlands wird in einer Auflage von ca. 50.000 Exemplaren verbreitet. (54) Daneben erscheinen im wöchentlichen Turnus

zwei Anzeigenblätter, "Schängel" und "Wochenspiegel", die aufgrund
ihrer haushaltsdeckenden Verteilung und durch die den "etablierten" Parteien offerierte Möglichkeit zur Selbstdarstellung bzw.
zur Kandidatenpräsentation, zu einem interessanten Forum für die
Parteien avancierten.

Eine einfache inhaltsanalytische Auswertung der Lokalteile der
Rhein-Zeitung sowie der beiden Anzeigenblätter, durch Flächenberech-
nung im Hinblick auf die Repräsentanz der Parteien in der Berichterstattung, belegt nachdrücklich die angesprochenen Thesen, daß
1. Parteipräferenzen in der lokalen Berichterstattung in der unterschiedlichen Häufigkeit und Intensität der Berichterstattung
   sichtbar werden, und daß sich
2. die lokale Berichterstattung im wesentlichen auf Großveranstaltungen mit Spitzenpolitikerbeteiligung beschränkt.

Tabelle 1: Berücksichtigung/Repräsentanz der Parteien in der loka-
           len Wahlkampfberichterstattung der Rhein-Zeitung (55)

| | räumliche Anteile | |
	abs.	%-Ant.
CDU	1.387	39,7
SPD	1.129	32,4
FDP	583	16,7
Grüne	389	11,2

(Die Daten unter der ersten Spalte ("absolut") geben die durch Ausmessen des Satzspiegels der je Partei ermittelten Gesamtfläche in
cm² an. Die rechte Spalte gibt den daraus berechneten Prozentanteil
an. Die Angaben in der Prozentspalte sind auf- oder abgerundet.)

Die Rhein-Zeitung praktiziert in ihrer Lokalberichterstattung offenkundig, wenn man den je Partei konzedierten Raumanteil als Anhaltspunkt definiert, einen klaren Parteiproporz, der in etwa die lokalen (und im übrigen auch landesspezifischen) Kräfteverhältnisse widerspiegelt. Freilich können im Hinblick auf die Tendenz der Berichterstattung aus diesen quantitativen Angaben noch keine weiter-
gehenden Schlußfolgerungen gezogen werden. Legt man jedoch die Aussagen der Kreisgeschäftsführer der Parteien und verschiedener Landtagskandidaten zugrunde, so wird zumindest deutlich, daß das Verhältnis zur Lokalpresse als einvernehmlich und kooperativ bewertet
wird. (56)

Eine Ausnahme bilden hier die Grünen, deren Bewertung der Berichterstattung als "einseitig" in einem Schriftwechsel zwischen dem
Kreisgeschäftsführer der Grünen und der Rhein-Zeitung dokumentiert
ist. Die RZ hat im übrigen auf die Vorwürfe der Grünen offensiv rea-
giert und explizit darauf verwiesen, "daß die von privater Hand be-

triebene Presse im Gegensatz zu den öffentlich rechtlichen Rundfunkanstalten nicht zur Neutralität im Wahlwettbewerb der politischen Parteien verpflichtet ist". (57)

Die hier nur quantitativ erhärtete These eines Präferenzprofils in der lokalen Berichterstattung ist bereits in früheren Studien belegt worden, wobei darauf verwiesen wird, daß die Lokalberichterstattung ein "Instrument der lokalen Honoratiorengesellschaft" ist. Diese erwartet von den Zeitungen, so dargestellt zu werden, wie sie sich selbst sieht. Das impliziere ein Verbot jeder Kritik, die sich auf sie selbst bezieht, sowie eine großzügige Repräsentation der Leistungen, die sie sich selbst zuschreibe. (58)

Die lokale Wahlkampfberichterstattung in der RZ läßt sich durch entsprechende Merkmale zutreffend charakterisieren: Von ihren quantitativen und tendenzbestimmenden Aspekten her weist sie eine deutliche Begünstigung der etablierten Parteien auf. Die Berichterstattung ist dabei im Grundtenor wohlwollend und zeugt von einem einvernehmlichen Verhältnis zwischen RZ und der lokalen Parteielite. Für die RZ trifft darüber hinaus die These von einer stark personalisierten und an Großveranstaltungen orientierten Berichterstattung zu. Etwa zwei Drittel der lokalen Beiträge beziehen sich auf Veranstaltungen mit Beteiligung von Spitzenpolitikern.

Ein stark modifiziertes Bild bieten hingegen die beiden Anzeigenblätter: Die vorgenommene quantitative Raumanalyse zeigt zum einen, daß die Berichterstattung breiter angelegt ist. Qualitative Aspekte weisen daneben auf eine detailliertere Berichterstattung und - für die Parteien außerordentlich attraktiv - auf ein großzügiges Angebot zur Selbstpräsentation der Parteien hin.

Tabelle 2: Berücksichtigung der Parteien in den lokalen Anzeigenblättern (vgl. Tabelle 1)

| | Wochenspiegel | | Schängel | |
| | räuml. | Anteile | räuml. | Anteile |
	abs.	%-Ant.	abs.	%-Ant.
CDU	2.050	53,5	1.537	52,1
SPD (59)	852	22,3	848	28,8
FDP	927	24,2	566	19,1
Grüne	-	-	-	-

Während der "Schängel" sich weitgehend auf eine Kandidatenvorstellung beschränkt, verfolgt der Wochenspiegel ein detailliertes Konzept der "flächendeckenden" redaktionellen Berichterstattung. Auffällig ist vor allem, daß der "Wochenspiegel" im Gegensatz zur Rhein-Zeitung über eine Kleinberichterstattung auch alltägliche Wahlkampfroutine, vor allem Veranstaltungen der Ortsvereine, berück-

sichtigt. Daneben versteht sich der Wochenspiegel offensichtlich
als Forum zur Selbstdarstellung der Parteien. Allein dreimal bot er
den "im Landtag vertretenen Parteien" auf einer halben (DIN A3-)
Seite Gelegenheit, "das Wort zu ergreifen". Außerdem räumte der Wochenspiegel den lokalen Spitzenakteuren regelmäßig die Möglichkeit
eines "Gastkommentars" ein. Bedenkt man die außerordentlich extensive Berücksichtigung der beiden Lokalblätter bei der Anzeigenkampagne, vor allem durch die beiden großen Parteien, so gewinnt man
den Eindruck einer zweckbestimmten und effektiven Wechselbeziehung.
Aus den in Tabelle 2 zusammengestellten Daten lassen sich allerdings eindeutige Präferenzen im Hinblick auf die quantitative Berücksichtigung der Parteien nachweisen. Die politischen Aspekte
dieser quantitativen Gewichtung kommen unmißverständlich zur Geltung bei der völligen Ausblendung der Grünen aus der Berichterstattung sowohl des "Schängels" als auch des "Wochenspiegels".

Im Hinblick auf die pressemäßige Gesamtkonstellation in Koblenz ist
H. Meyn in seiner Feststellung zu folgen, daß gerade das, was nach
herrschender Lehre das Freiheitliche einer privatwirtschaftlichen
Presse ausmache, der Wettbewerb, der journalistische Konkurrenz-
kampf verschiedener Anbieter, in großen Teilen der Bundesrepublik
Deutschland nicht mehr vorhanden ist: "Hier verfügen die Heimatzei-
tungen in der Lokalberichterstattung über ein Monopol. Das ist politisch bedeutsam, weil die Gefahr besteht, daß die Leser völlig ein-
seitige Informationen erhalten." (60)

5. Lokaler Wahlkampf: Eine Möglichkeit bürgernaher Politikvermittlung?

Vor dem Hintergrund der dargestellten Wahlkampfaktivitäten soll versucht werden, die eingangs gestellten Fragen nach den Möglichkeiten
einer direkten Politiker-Bürger-Kommunikation im lokalen Wahlkampf
zu beantworten und damit das unter demokratietheoretischen Gesichtspunkten wichtige Problem der "Bürgernähe" von Wahlkampf noch
einmal aufgegriffen werden. Obwohl aufgrund der selektiven Beobachtung in einem Stadtgebiet die Ergebnisse nicht endgültig sein können, werden einige generalisierbare Aspekte lokalen Wahlkampfgeschehens aufgezeigt, die das Verhältnis Politiker-Bürger näher charakterisieren sollen. Grundsätzlich wird dabei von der Annahme ausgegangen, daß sich Politiker im Wahlkampf auf lokaler Ebene in einer besonderen Situation befinden, da an sie vielfältigere und
schneller wachsende Anforderungen gestellt werden als im weitgehend ritualisierten, meist ohne direkte Öffentlichkeit stattfindenden überregionalen Wahlkampf. Der lokale Wahlkampf bietet also dem
Akteur mehr Möglichkeiten, mit dem Wahlbürger in direkten Kontakt
zu treten, ohne daß damit zunächst Aussagen über den Inhalt solcher
Kommunikationssituationen gemacht werden können.

Die folgende Tabelle zeigt anhand der gängigen auch in Koblenz benutzten Wahlkampfaktivitäten ihre Möglichkeiten hinsichtlich der
Mitgliedermobilisierung, Beteiligung kommerzieller Unternehmer,
Herstellung von Öffentlichkeit (Presseresonanz) und der Möglichkeit des direkten Bürgerkontakts seitens der Parteien und Politiker. Diese idealtypische Gegenüberstellung der einzelnen Wahlkampfformen dient gleichzeitig als Kategoriengerüst zur Bewertung der
verschiedenen Koblenzer Wahlkampfaktivitäten und ihrer Besonderheiten. Der Vergleich führt zu den folgenden Ergebnissen:

1. Unverkennbar setzt sich auch im lokalen Wahlkampf der auf Bundesebene seit längerem konstatierte Professionalisierungsprozeß
   von Politik fort. Dies zeigt sich in der zunehmend gewählten
   Auslagerung von Wahlkampfaktivitäten auf kommerzielle Unternehmen (Plakatierung, Anzeigen, Werbemittelverteilung) und in einer
   zentralisierten Wahlkampfführung (organisierte Leserbriefaktionen). Der Professionalisierungsgrad ist aber bei den einzelnen
   Parteien unterschiedlich ausgeprägt. Er ist im untersuchten Fall
   bei der CDU, wie auch auf Bundesebene, am höchsten. Auch im lokalen Bereich wird Wahlkampf zunehmend durch kommerzielles Wer-
   bemanagement gestützt.

2. Da die Wahlkampfformen versuchen, eine möglichst große Zahl von
   Bürgern gleichzeitig und flächendeckend anzusprechen, wenden
   sie sich nicht direkt, sondern indirekt über Vermittlungsagentu-
   ren (Zeitung, Anzeigen usw.) an den Bürger. Als Folge davon sind
   die Möglichkeiten eines direkten Politiker-Bürger-Kontaktes
   weitgehend eingeschränkt, so daß die Reaktions- und Handlungs-
   möglichkeiten des Wählers weitgehend auf die Rolle eines Konsu-
   menten politischer Werbung beschränkt werden.

3. Auffallend im lokalen Wahlkampfgeschehen in Koblenz war weiterhin, daß die Parteien unmittelbare Konkurrenzsituationen mit dem
   politischen Gegner möglichst zu vermeiden suchten. Dies galt sowohl im Hinblick auf den Straßenwahlkampf als auch bei Planung
   und Durchführung von Kundgebungen und Parteiveranstaltungen. Podiumsdiskussionen und andere Formen des direkten Parteienwettbewerbs wurden nicht genutzt.

4. Allenfalls im Straßenwahlkampf, dem von allen Parteien besonderes Gewicht zugebilligt wird, bietet sich prinzipiell die Möglichkeit für den Bürger, mit Politikern in direkten Kontakt zu
   treten und ihnen seine Anliegen vorzutragen. Wenn auch die organisatorische und personelle Durchführung des Straßenwahlkampfs von
   den vier Parteien teilweise unterschiedlich gehandhabt wurde, so
   war dem politisch interessierten Bürger doch durchaus die Möglichkeit geboten, diese "bürgernahe" Wahlkampfform extensiv zu
   nutzen.

5. Insgesamt unterliegt auch der lokale Wahlkampf, wenn auch noch
   nicht in dem Maße wie der überregionale Wahlkampf, der Gefahr,
   ein zunehmend inszeniertes, zentral gemanagtes, anonymes Wahl-
   kampfritual zu werden, das den Wählern eine Kulissenrolle zu-
   weist und damit eine Tendenz eher zur "Bürgerferne" als "Bürgernähe" aufweist. Zumindest besteht für die Parteien und die Poli-

tiker weiterhin prinzipiell die Möglichkeit, ihre noch vorhandenen Handlungsspielräume für bürgernahe Wahlkampfaktivitäten stärker als bisher zu nutzen.

6. Tabellarische Gesamtübersicht zur Bedeutung unterschiedlicher Wahlkampfaktivitäten

Die folgende tabellarische Übersicht enthält eine Auflistung der lokalen Wahlkampfaktivitäten. (Vgl. linke senkrechte Spalte)
Diese sind bestimmten Kategorien zugeordnet, die eine kritische
Beurteilung von Funktionen und Problemen der einzelnen Aktivitäten
ermöglichen sollen. Dabei geht es um die Frage
- welches Ziel mit einer bestimmten Wahlkampfform primär verfolgt
  wird,
- welche Bedeutung die Wahlkampfaktivität für den Bürger und für
  seine Chancen, aktiv beteiligt zu werden, hat,
- ob und in welcher Weise politische und technische Aufgaben aus der
  Partei ausgelagert werden (durch Beteiligung kommerzieller Unternehmen) und
- inwieweit ein Einfluß auf die bzw. ein Interesse von seiten der
  Presse jeweils gegeben ist.

Tabelle 3: Übersicht zur Bedeutung unterschiedlicher Wahlkampfaktivitäten

Funktionale Bedeutung / Wahlkampfaktivität	1. Hauptziele	2. Beteiligungschancen für Mitglieder und Wähler	3. Auslagerung von Wahlkampfaufgaben auf kommerzielle Unternehmen	4. Einfluß auf die Medienberichterstattung
Plakatierung	- Demonstration politischer Präsenz nach außen - Verstärkung vorhandener Einstellungen durch Slogans, Symbolik, Personen	- Mitgliedermobilisierung zum "Kleben" der Plakate - keine inhaltliche Beteiligung	- Tendenz zur Übernahme der Plakatierungsarbeit durch gewerbliche Unternehmen ausgeprägt	- keine Resonanz
Kundgebung/Parteiveranstaltung	- öffentliche Selbstdarstellung der Parteien - Präsentation der Spitzenakteure	- Mitgliedermobilisierung durch Angebot des Besuchs der Veranstaltung - Reaktion des Wählers auf Akklamation beschränkt	- unterhaltendes Rahmenprogramm zumeist kommerziell organisiert	- starke Medienresonanz wegen Präsenz der Spitzenakteure (intensivste Medienberichterstattung)
Werbebroschüren	- flächendeckende Präsentation parteipolitischer Leistungsbilanzen - Möglichkeit differenzierter Sachinformation - Sympathiewerbung	- Bürger als Konsument politischer Werbung ohne Beteiligungschance, Mitgliedermobilisierung als Verteiler	- Bei Gestaltung sind zunehmend kommerzielle Werbeagenturen beteiligt	- keine Resonanz, Zeitungen als Verbreitungsmittel von Beilagen
Straßenwahlkampf	- Demonstration politischer Präsenz - direkte Bürgeransprache - personale Sympathiewerbung	- Mitgliedermobilisierung durch personelle Präsenz an den Info-Tischen - Möglichkeit unmittelbarer Politiker-Bürger-Ansprache	entfällt	- Medienresonanz i.d.R. nur bei Beteiligung von Bundes- oder lokaler Spitzenakteure
Anzeigenkampagne	- Kurzinformationen mit hohem Verbreitungsgrad - Möglichkeit kurzfristiger Reaktionen - Kandidatenvorstellung	- zumeist zentral geplant, keine Beteiligungschance	- durch Werbeagenturen vorbereitete Anzeigenkampagne	- Medien als Träger des Werbemittels
Podiumsdiskussionen/ Diskussionsveranstaltungen	- direkter Vergleich politischer und personeller Alternativen - direkte Sachinformationen	- Möglichkeit der Zwischenfrage oder Diskussionsbeiträge durch Plenum teilweise gegeben	entfällt	- Medienresonanz i.d.R. gewährleistet
Sonderformen - Hausbesuche - Videoeinsatz	- direkter Bürger-Politikerkontakt - Sympathiewerbung - Multiplikatoreneffekt	- im bescheidenen Rahmen möglich (Mitglieder als Verteiler, Briefkastenaktionen usw.)	- z.B. für die Herstellung von Video-Bändern Beauftragung kommerzieller Unternehmen	- geringe Medienresonanz

Anmerkungen

1) Vgl. Ulrich Sarcinelli: Symbolische Politik und Wahlkampf. Eine Analyse zur politischen Symbolik am Beispiel des Bundestagswahlkampfes 1980, Koblenz 1983, S. 18

2) Ebenda, S. 19

3) Vgl. ebenda, S. 23

4) Vgl. Andreas Engel/Klaus G. Troitzsch: Wahlkampf in vier Wahlkreisen. Zur Analyse des Bundestagswahlkampfes 1980 auf lokaler Ebene, Koblenz 1980, S. 10ff

5) Zum Legitimationsbegriff siehe Heino Kaack: Parteiensystem und Legitimation des politischen Systems, in: Heino Kaack/Ursula Kaack (Hrsg.), Parteien-Jahrbuch 1975. Dokumentation und Analyse der Entwicklung des Parteiensystems der Bundesrepublik Deutschland im Jahre 1975, Meisenheim am Glan 1978, S. 348-360

6) Vgl. Vera Gemmecke: Parteien im Wahlkampf, Meisenheim am Glan 1967, S. 70

7) Vgl. Reinhold Roth/Peter Seibt (Hrsg.): Etablierte Parteien jm Wahlkampf, Meisenheim am Glan 1979, S. 13

8) Ulrich Sarcinelli (Anm. 1), S. 8

9) Reinhold Roth/Peter Seibt (Hrsg.), a.a.O., S. 14

10) Vgl. Reinhold Roth: Legitimation des politischen Systems durch Wahlen, in: Heino Kaack/Reinhold Roth (Hrsg.): Parteien-Jahrbuch 1976. Dokumentation und Analyse der Entwicklung des Parteiensystems der Bundesrepublik Deutschland im Bundestagswahljahr 1976, Meisenheim am Glan 1979, S. 550

11) Andreas Engel/Klaus G. Troitzsch, (Anm. 4), S. 121

12) Ebenda, S. 154

13) Vgl. dazu den vorausgehenden Beitrag sowie den nachfolgenden von Sarcinelli/Czerwick bzw. Czerwick in diesem Band

14) Peter Radunski: Wahlkämpfe. Moderne Wahlkampfführung als politische Kommunikation, München/Wien 1980, S. 111

15) Vgl. zum Wortlaut des Wahlkampfabkommens die Broschüre des CDU-Kreisverbandes Koblenz-Stadt: Wahlkampf 1983, S. 12f

16) Dies entspricht übrigens dem von Peter Radunski angegebenen Richtwert von zwei Dekaden. Vgl. dazu Radunski (Anm. 14), S. 111

17) Vgl. dazu Punkt 2 Absatz d) des Wahlkampfabkommens (Anm. 15), S. 13

18) Vgl. dazu ebenfalls die Wahlkampfbroschüre der CDU (Anm. 15)

19) Vgl. Andreas Engel/Klaus G. Troitzsch, (Anm. 4), S. 78; siehe ebenso den Beitrag von Sarcinelli/Czerwick in diesem Band

20) Vgl. dazu "Wochenspiegel", Anzeigenblatt für Koblenz vom 23.2.1983

21) Vgl. zur Veranstaltungsplanung der CDU insgesamt: Rhein-Zeitung vom 10.1.1983

22) Vgl. Rhein-Zeitung vom 28.2.1983, insbesondere die Ausführungen Hugo Brandts zur Bundestagswahl

23) Vgl. Peter Radunski, (Anm. 14), S. 112

24) Vgl. hierzu vor allem die Wahlkampfzeitung der CDU "Miteinander", Ausgabe 2, S. 2ff

25) Vgl. CDU-Wahlkampfbroschüre, (Anm. 15)

26) Vgl. ebenda, S. 17

27) Siehe hierzu generell Ulrich Sarcinelli (Anm. 1), S. 4ff

28) Vgl. zu entsprechenden Vorkommnissen im Verlauf des lokalen Wahlkampfes die Auseinandersetzung zwischen SPD-Bundestagskandidat G. Pauli und CDU-Landtagskandidat Dr. H. P. Volkert, hier exemplarisch "Wochenspiegel" vom 12.1.1983 bzw. Rhein-Zeitung vom 18.1.1983

29) Vgl. Andreas Engel/Klaus G. Troitzsch, (Anm. 4), S. 79ff

30) Vgl. dazu das Anschreiben des Kreisvorsitzenden an die Funktionsträger der Partei in der CDU-Wahlkampfbroschüre, a.a.O.

31) Vgl. ebenda, S. 8

32) Peter Radunski, (Anm. 14), S. 108

33) Ebenda, S. 109

34) Rhein-Zeitung, 16.2.1982

35) Rhein-Zeitung, 5.3.1983

36) Vgl. dazu beide Anzeigen in der Rhein-Zeitung, 16.11.1982

37) Siehe hierzu exemplarisch die Präsentation der Landtagskandidaten mit Ministerpräsident B. Vogel in der Rhein-Zeitung, 5.3.1983

38) Vgl. "Schängel", Anzeigenblatt für Koblenz, 2.3.1983, sowie "Wochenspiegel", 2.3.1983

39) Vgl. Rhein-Zeitung, 18.2.1983, 23.2.1983 und 26.2.1983

40) "Schängel", 3.2.1983 sowie 24.2.1983

41) Rhein-Zeitung, 1.3.1983 sowie 2.3.1983

42) Rhein-Zeitung, 5.3.1983

43) Vgl. Andreas Engel/Klaus G. Troitzsch, (Anm. 4), S. 72ff

44) Vgl. dazu Kapitel 4.1 und 4.2 in Andreas Engel/Klaus G. Troitzsch, a.a.O., S. 72-78

45) Vgl. ebenda, S. 82f

46) Vgl. Rhein-Zeitung, S. 2, 1983

47) Vgl. zu diesem Vorgang CDU-Wahlkampfbroschüre, (Anm. 15), S. 16

48) Wolfgang Horn/Herbert Kühr: Kandidaten im Wahlkampf. Kandidatenauslese, Wahlkampf und lokale Presse 1975 in Essen, Meisenheim 1978, S. 197

49) Hans-Dieter Klingemann: Bestimmungsgründe der Wahlentscheidung, Meisenheim am Glan 1969, S. 197

50) Vgl. Wolfgang Horn/Herbert Kühr, (Anm. 48), S. 202

51) Vgl. ebenda, S. 204

52) Vgl. ebenda

53) Vgl. ebenda

54) Angaben entnommen nach Regional-Verbreitungsatlas, o.O., 1979, S. 159

55) Der Untersuchungszeitraum beschränkt sich auf die Zeitspanne vom 2.1.1983-5.3.1983. Im Rahmen der Raumanalyse (Ausmessen des Satzspiegels der einzelnen Beiträge) werden ausschließlich redaktionelle Beiträge mit Landtagswahlbezug berücksichtigt. Die Analyse der RZ bezieht sich auf den Lokalteil der Ausgabe Koblenz-Stadt

56) So beispielsweise bestätigt von Dr. H. P. Volkert, Landtagskandidat der CDU, Frau M. Lang, Kreisgeschäftsführerin der Koblenzer CDU und R. Schwerin, Kreisvorsitzender der FDP-Koblenz

57) So der Chef-Redakteur der Rhein-Zeitung, H. Kampmann, in seiner Erwiderung an die Grpnen vom 15. bzw. 17.3.1983

58) Vgl. Ralf Zoll: Zum politischen Potential der Lokalpresse, in: Ralf Zoll/Eike Henning: Massenmedien und Meinungsbildung, Angebot, Reichweite, Nutzung und Inhalt der Medien in der BRD, München 1970, S. 276

59) Diese "Abweichung" in der quantitativen Relation zwischen SPD und FDP beruht darauf, daß die SPD die in der Ausgabe 4 des Koblenzer Wochenspiegels vom 26.1.1983 angebotene Möglichkeit zur Selbstdarstellung nicht wahrgenommen hat.

60) Hermann Meyn: Massenmedien in der Bundesrepublik Deutschland, überarbeitete Neuauflage, Berlin 1979, S. 43

3.3 Zum Verhältnis von Landtagswahlen und Bundestagswahlen

(Edwin Czerwick)

Einleitung

1. Landtagswahlen in der Wahlforschung

2. Zum Verhältnis landes- und bundespolitischer Probleme in Landtagswahlkämpfen

3. Rückwirkungen der Bundespolitik auf das Verhalten der Parteien in Landtagswahlkämpfen

4. Wählerverhalten zwischen bundes- und landespolitischer Orientierung

5. Bedingungen der Dominanz landes- bzw. bundespolitischer Schwerpunkte in Landtagswahlkämpfen

6. Zur Dominanz der Bundespolitik im rheinland-pfälzischen Landtagswahlkampf

Anmerkungen

Einleitung:

Zum ersten Mal in der Geschichte der Bundesrepublik Deutschland ist am 6. März 1983 eine Landtagswahl mit einer Bundestagswahl zeitlich zusammengefallen. Zwar war die rheinland-pfälzische Landtagswahl ursprünglich für den 13. März vorgesehen, doch angesichts der besonderen bundespolitischen Situation entschied sich die Landesregierung dafür, die Wahl um eine Woche vorzuverlegen. Gerechtfertigt wurde diese Terminverschiebung mit Ersparnisgründen und dem Hinweis auf eine bei den Wählern sich möglicherweise ausbreitende Wahlmüdigkeit, wenn sie innerhalb von sieben Tagen zweimal zum Urnengang aufgefordert würden. (1) Ausschlaggebend für die Terminzusammenlegung dürften letztlich aber auch wahltaktische Überlegungen gewesen sein. Die CDU wollte den politischen Aufwind ihrer Partei im Bund und im Land für sich ausnützen, den Gleichklang zwischen Bundes- und Landesregierung im Wahlkampf betonen und zugleich verhindern, daß der SPD nach einem Wahlsieg der Union bei den Bundestagswahlen in der dann nachfolgenden Landtagswahl ein Mitleidseffekt zugute kommen könnte.

Eine Zusammenlegung von Bundestags- und Landtagswahl ist aber unter politischen Gesichtspunkten nicht ganz unproblematisch. Es besteht bei einer sog. "Doppelwahl" nämlich die Wahrscheinlichkeit, daß landespolitische Fragen nicht nur von der Bundespolitik überlagert, sondern völlig verdeckt werden. Deshalb wird auch für die Zukunft von allen Parteien in Rheinland-Pfalz eine zeitliche Entzerrung zwischen beiden Wahlen angestrebt.

Dieser Beitrag knüpft im folgenden an die Probleme an, die sich aus einer engen zeitlichen Terminierung oder gar Zusammenlegung von Bundestags- und Landtagswahlen ergeben können. Dabei geht es vor allem darum, welche Bedingungen dafür verantwortlich gemacht werden können, daß es zu einer Dominanz landes- bzw. bundespolitischer Problemstellungen in Landtagswahlkämpfen kommen kann und welche dieser Bedingungen die rheinland-pfälzische Landtagswahl in besonderem Maße beeinflußt haben. Im einzelnen wird untersucht, wann und bis zu welchem Grad sich ein eigenständiges landespolitisches Wahlkampfverhalten der politischen Akteure ergibt, welche Unterschiede sich dabei zu einem bundespolitischen Wahlkampfverhalten erkennen lassen und welche politischen Wechselwirkungen zwischen Landtags- und Bundestagswahlen bestehen. Zunächst sollen aber einige Überlegungen über Stellenwert, Bedeutung und Bewertung von Landtagswahlen in der Wahlforschung vorangestellt werden.

1. Landtagswahlen in der Wahlforschung

Die Wahlforschung hat den Landtagswahlen im Vergleich zu den Bundestagswahlen zunächst nur wenig Aufmerksamkeit geschenkt. Sie gewannen in den letzten Jahren erst in dem Maße an Bedeutung, wie ihr Einfluß auf die Bundespolitik zugenommen hat. Außer von den statistischen Landesämtern werden die Landtagswahlen jetzt kontinuierlich ausgewertet und analysiert u. a. von der "Forschungsgruppe Wahlen", von "Infas" sowie in der "Zeitschrift für Parlamentsfragen".

Landtagswahlen werden in der Wahlforschung meistens unter dem Aspekt der Testwahlen für Bundestagswahlen (2), als Indikatoren des aktuellen politischen Meinungsklimas und/oder in ihrer Bedeutung für die Mehrheitsverhältnisse im Bundesrat untersucht. (3) Fabritius hat die Ergebnisse solcher Studien zusammengefaßt und zugleich im Hinblick auf eine Analyse der kurz- und langfristigen Wechselwirkungen zwischen Landtagswahlen und Bundespolitik erweitert. (4) Er kommt dabei u. a. zu dem Ergebnis,
- daß die Bundespolitik sowohl ein qualitatives als auch ein quantitatives Übergewicht gegenüber der Landespolitik besitzt; (5)
- "daß die Summe bundespolitischer Themen und Ergebnisse die entscheidende Rolle spielen und letztlich darüber entscheiden, ob die Machtverhältnisse in den Ländern sich ändern oder stabil bleiben." (6);
- daß die Stimmabgabe der Bürger bei Landtagswahlen weitgehend bundespolitisch motiviert ist und von daher ein landespolitisches Wählerbewußtsein fehlt. (7)

Eine bundespolitische Durchdringung der Landespolitik hat daneben auch entsprechende Konsequenzen für das Verhältnis zwischen den Bundes- und den Landesorganisationen der Parteien. Kaack und Troitzsch konnten zeigen, daß die Einschätzung einer Landespartei wesentlich vom Erscheinungsbild abhängt, das die Bundespartei im Wählerbewußtsein hat. (8) Den Landesparteien gelingt es offenbar nur innerhalb bestimmter politischer Konstellationen, ein eigenes politisches Profil zu entwickeln. Dies gilt insbesondere für Oppositionsparteien, die sich mit dem zusätzlichen Handikap auseinandersetzen müssen, "daß oppositionelle Landespolitiker relativ unbekannt und das Wirken der Opposition im Land weitgehend vom Wähler nicht zur Kenntnis genommen wird." (9) So lag denn auch bei der rheinland-pfälzischen Landtagswahl der Bekanntheitsgrad des sozialdemokratischen Spitzenkandidaten Hugo Brandt weit unter dem von Ministerpräsident Bernhard Vogel. (10) Dieser Nachteil von Oppositions- gegenüber Regierungsparteien muß sich aber nicht in jedem Fall in Stimmeinbußen ausdrücken, nämlich dann nicht, wenn der sog. "Oppositionseffekt" durchdringt. Damit ist die Beobachtung angesprochen, daß die die Bundesregierung bildenden Parteien in Landtagswahlen vielfach "relativ" verlieren, (11) während es den die Opposition im Bund stellenden Parteien gelingt, entsprechend mehr Wählerstimmen für sich zu gewinnen. Insofern kann also die Oppositionspartei eines Landes davon profitieren, daß sie auch im Bund nicht an der Regierung ist. Das liegt allerdings weniger daran, daß die Wähler parteipolitische Unterschiede mit ihrer Stimmabgabe bei Bundestags- und Landtagswahlen machen, sondern ist vielmehr durch eine unterschiedlich hohe Wahlbeteiligung bedingt. Als mögliche Motive dafür nennt Wolf "Gleichgültigkeit, Denkzettel-Argumentation und politisches Gleichgewichtsdenken". (12)

Lavies hat für Rheinland-Pfalz nachgewiesen, daß der CDU eine hohe Ausschöpfung ihres Wählerpotentials nur bei Bundestagswahlen gelingt, während das Wählerpotential bei der SPD zwischen Bundes- und Landtagswahlen gleichmäßiger verteilt ist. (13) Die rheinland-pfälzische CDU konnte sich deshalb bei einer Zusammenlegung beider Wahlen eine erhebliche Mobilisierung ihres Wählerpotentials zugunsten der Landtagswahl versprechen. Andererseits mußte sie aber zugleich den Umstand berücksichtigen, daß bei Bundestagswahlen die Unterschiede zwischen ihr und den Sozialdemokraten stets geringer waren als bei den Landtagswahlen. Angesichts des allgemeinen politischen Stimmentiefs der SPD, das die Meinungsforschungsinstitute diagnostizierten, war jedoch die Wahrscheinlichkeit gering, daß die Christdemokraten daraus würden Nachteile hinnehmen müssen.

Gleichwohl gab es innerhalb der CDU warnende Stimmen, die auf die Unwägbarkeiten bei einer Zusammenlegung beider Wahlen auf die rheinland-pfälzische Landtagswahl hinwiesen. Angesichts des christdemokratischen Wahlerfolges haben sich solche Warnungen aber als gegenstandslos erwiesen. Die CDU erreichte zwar in der Bundestagswahl bei den Erststimmen ein besseres Ergebnis als bei der Landtagswahl, bei der wichtigeren Zweitstimme blieb sie aber unterhalb des Landtagswahlergebnisses, was die oben formulierte Regel, wonach die im Bund regierenden Parteien in Landtagswahlen stets "relativ" verlieren, modifiziert. Wichtig in diesem Zusammenhang ist auch, daß die SPD im Vergleich zur Landtagswahl im Jahre 1979 ihr Ergebnis nicht halten konnte, so daß sich ihr Abstand zu den im Bund und Land regierenden Christdemokraten noch vergrößert hat. Auch dieser Tatbestand trägt zu einer Relativierung der genannten Regel bei.

2. Zum Verhältnis landes- und bundespolitischer Probleme in Landtagswahlkämpfen

Bisher wurde davon ausgegangen, daß es nicht nur analytisch sinnvoll, sondern auch empirisch möglich ist, zwischen Landes- und Bundespolitik in Landtagswahlkämpfen zu unterscheiden. Beide Annahmen sollen im folgenden jedoch problematisiert und präzisiert werden. Allerdings wird es nicht möglich sein, exakt anzugeben, zu wieviel Prozent ein

Landtagswahlkampf aus bundespolitischen bzw. landespolitischen Problemen bestanden hat. Vielmehr erscheint es hier als ausreichend, ein mehr oder weniger von Landes- bzw. Bundespolitik festzustellen.

Wenn z. B. außen- oder sicherheitspolitische Themen den Wahlkampf beherrschen, so dominiert die Bundespolitik. Stehen dagegen schulpolitische Probleme im Vordergrund, so ist in erster Linie die Landespolitik betroffen. Oder wenn sich die Parteien zum Ziel setzen, die Bundesregierung und den Kanzler über die Landtagswahlen zu stabilisieren bzw. zu schwächen, so dominieren bundespolitische Erwägungen den Landtagswahlkampf, während bei umweltpolitischen Themen, wie z. B. die Frage des Standorts einer atomaren Wiederaufbereitungsanlage, landespolitische Probleme angesprochen sind. Natürlich ist eine solche Unterscheidung zwischen Landes- und Bundespolitik nicht immer so einfach, wie dies hier dargestellt worden ist. Es kann durchaus vorkommen, daß landespolitische Themen mit bundespolitischen Argumenten diskutiert werden und umgekehrt, bundespolitische Probleme mit landespolitischen Erwägungen unterlegt werden. Dies ist z. B. dann der Fall, wenn etwa, wie bei der Landtagswahl in Nordrhein-Westfalen im Jahre 1980 seitens der SPD versucht wird, das eher negative Image von Franz Josef Strauß mit dem nordrhein-westfälischen Spitzenkandidaten der CDU, Kurt Biedenkopf, in Verbindung zu bringen. (14) In solchen Fällen dürfte es nicht immer leicht sein, eine eindeutige Zuordnung auf die Landes- oder Bundespolitik vorzunehmen. Insgesamt aber ist es möglich, Landtagswahlkämpfe danach zu beurteilen, ob landes- oder bundespolitische Probleme dominieren, sofern sie sich nicht die Waage halten, was ja ebenfalls nicht im voraus ausgeschlossen werden kann.

Die Frage, ob es analytisch überhaupt sinnvoll ist, zwischen Bundes- und Landespolitik in Landtagswahlkämpfen zu unterscheiden, kann eindeutig bejaht werden. Bund und Länder sind gemäß des föderativen Charakters des Grundgesetzes relativ selbständige politische Einheiten, trotz aller zwischen ihnen bestehenden Verflechtungen. (15) Von Politikern, Wissenschaftlern und Publizisten wird jedoch häufig beklagt, daß trotz der föderalistischen Struktur der Bundesrepublik in der politischen Praxis die Länder gegenüber dem Bund zunehmend an Einfluß verlieren würden, und der Bund sich immer mehr Kompetenzen, die eigentlich Länderangelegenheiten seien, aneigne. (16) In diesem Zusammenhang wird auch häufig die Dominanz bundespolitischer Probleme in Landtagswahlkämpfen als ein Indikator für die Aushöhlung der politischen Autonomie der Länder und für ihren Funktionsverlust gegenüber dem Bund gewertet. Inwieweit diese Klagen berechtigt sind oder auf einer zu einseitigen Urteilsgrundlage beruhen, kann an dieser Stelle nicht entschieden werden. Die Ergebnisse einer Arbeit von Manfred G. Schmidt (17) gemahnen aber zur Vorsicht vor einer allzu unkritischen Übernahme solcher Ausführungen. Schmidt macht darauf aufmerksam, daß die Verfechter der These vom Funktionsverlust der Länder nicht säuberlich unterscheiden zwischen einer Zentralisierung mit Kompetenzverlust der Länder und einer politischen Zentralisierung, mit der zugleich eine verstärkte Mitwirkung der Länder an der Bundespolitik verknüpft ist. Gerade letztes ist aber charakteristisch für den bundesrepublikanischen Föderalismus. Außerdem konnte Schmidt nachweisen, daß der politische Gestaltungsspielraum der Länder nicht einheitlich ist, sondern je nach Politikbereich variiert. Er ist "am größten im Bereich der Bildungspolitik, der Politik der Inneren Sicherheit und im Bereich der Beschäftigung im öffentlichen Dienst." (18)

Wenngleich also den Ländern und den Landtagsparteien nach wie vor ein nicht unbedeutender politischer Gestaltungsspielraum gegenüber dem Bund bzw. den Bundesparteien verbleibt, so ist dennoch generell davon auszugehen, daß bei einer Dominanz der Bundespolitik in Landtagswahlkämpfen der Landesebene als einem politischen Kontext von eigenständiger Qualität sicherlich nicht in zureichendem Maße Rechnung getragen wird. Andererseits muß aber auch darauf hingewiesen werden, daß die bundespolitische Bedeutung von Landtagswahlen ebenso unvermeidlich wie auch notwendig ist. Auf folgende Zusammenhänge ist dabei hinzuweisen:

1. Mit der Konzentration des Parteiensystems im Bund und - zeitlich etwas später - in den Ländern stehen sich die gleichen Parteienkonstellationen gegenüber. (19) Regionale bzw. spezifisch landsmannschaftliche Parteiengruppierungen sind mit der Integration in die großen Volksparteien weitgehend verschwunden oder wurden zur relativen Bedeutungslosigkeit verurteilt. Kaltefleiter sieht deshalb auch eine starke Bundespolitisierung der Landtagswahlen vor allem erst nach 1961 einsetzen. (20) Bei einem in der Bundes- und Landespolitik identischen Parteienspektrum kann politisches Verhalten deshalb nicht mehr ausschließlich auf eine der beiden Ebenen beschränkt werden.

2. Die politischen Problemlösungen im Bund wirken sich auch auf die Landespolitik aus. Diese Auswirkungen werden um so stärker ausfallen, je mehr die parteipolitische Zusammensetzung der Regierung im Bund und im Land übereinstimmt. Da die Länder den größten Teil der im Bund beschlossenen Gesetze ausführen müssen, Gesetze, die oftmals einen erheblichen Ermessensspielraum offen lassen, ergibt sich hieraus zwangsläufig auch die bundespolitische Bedeutung von Landtagswahlen.

3. Damit in Verbindung steht ein partizipatorisches Element. Der Bürger hat nämlich in Landtagswahlen neben der Beurteilung der Landespolitik zugleich die Gelegenheit, die Politik der Bundesregierung und der Bundestagsparteien zu bewerten. Diese Möglichkeit besteht also, was die Bundespolitik betrifft, nicht nur alle vier Jahre, sondern angesichts zahlreicher Landtagswahlen in diesem Zeitraum sehr viel häufiger. Von daher würden solche Vorschläge, die für eine Zusammenlegung der Landtagswahlen auf einen Termin plädieren - z. B. in der Mitte der Bundestagswahlperiode - zu einer Einschränkung der politischen Mitspracherechte der Bürger führen.

Die Bundespolitik beeinflußt aber nicht nur einseitig die Landtagswahlkämpfe, sondern es gehen von diesen auch erhebliche Wirkungen
auf die Bundespolitik aus. Die Bundesregierung wird es vermeiden,
kurz vor anstehenden Landtagswahlen unpopuläre Maßnahmen zu verab-
schieden, um die sie tragende(n) Partei(en) nicht zu schädigen.
Die Bundestagsfraktionen werden sich darum bemühen, wichtige Fragen, die das Land betreffen, in dem der Wahlkampf stattfindet, im
Bundestag zu diskutieren, um sich so gegenüber den Wählern zu profilieren. Die Bundesorganisationen der Parteien oder ihre Führungsspitze wiederum können in diesem Bundesland Parteitage oder Fach-
kongresse abhalten, um so die Aufmerksamkeit der Öffentlichkeit auf
sich zu lenken. Außerdem werden häufig prominente Bundespolitiker
"abkommandiert", um als Spitzenkandidaten in Landtagswahlkämpfen
die insbesondere bei Oppositionsparteien in Landtagen oft fest-
stellbare personelle Unterlegenheit gegenüber der Landesregierung
wenigstens ansatzweise auszugleichen. Daneben sind Landtagswahlen
"auch Bewährungstests für Personen, Themen und innerparteiliche
Richtungen mit Blick auf Bonn", (21) und auch die Stellung des Bun-
deskanzlers innerhalb seiner Partei wird von den Landtagswahlergebnissen positiv oder negativ beeinflußt. Der Einfluß der Bundespolitik auf die Landtagswahlkämpfe ist also nicht einseitig, sondern
verläuft in beiden Richtungen, wenngleich die Einflüsse, die von
der Bundespolitik ausgehen, in der Regel stärker sind.

3. Rückwirkungen der Bundespolitik auf das Verhalten der Parteien in Landtagswahlkämpfen

Die häufig festgestellte bundespolitische Überformung von Landtagswahlen ergibt sich zwar aufgrund einer Reihe "objektiver" Bedingungen (s. u.), sie kann aber durch die Parteien noch verstärkt oder
abgeschwächt werden, je nachdem ob sie die Landes- oder die Bundespolitik in den Vordergrund ihres Wahlkampfes stellen. Keine Partei
kann es sich jedoch leisten, in Landtagswahlkämpfen nur bundespolitische Probleme zu thematisieren. Dies würde insbesondere bei solchen Politikern auf Kritik stoßen, die sich landespolitisch profilieren möchten. Außerdem müssen sich die Parteien wenigstens ansatzweise darüber Gedanken machen, mit welchen landespolitischen Programmen sie die kommende Legislaturperiode gestalten möchten und
wie sie die anstehenden landespolitischen Probleme lösen wollen. Insofern sind also selbst in einem eindeutig von der Bundespolitik dominierten Landtagswahlkampf immer auch auf die Landespolitik bezogene Forderungen und Argumentationsweisen enthalten. Die häufige bundespolitische Überlagerung von Landtagswahlen hat jedoch dazu geführt, daß die Landesparteien sich immer weniger für das von ihnen
erreichte Wahlergebnis verantwortlich fühlen. Gerade bei Wahlnie-
derlagen läßt sich zunehmend beobachten, daß oftmals in bundespolitischen Gründen die Ursache für das schlechte Abschneiden gesucht

und weniger die eigene Politik selbstkritisch hinterfragt wird.
Eine solche "Ausredepolitik" kann unter Umständen dazu führen, daß
die Landesparteien notwendige personelle, programmatische oder organisatorische Konsequenzen nicht ziehen, so daß die Wahrscheinlichkeit einer Wahlniederlage bei den kommenden Wahlen bereits zu
diesem frühen Zeitpunkt abzusehen ist, wenn sich auf der Bundesebene nichts Entscheidendes verändert. Insofern ist die Wahlergebnis-
interpretation durch die Parteien als ein wichtiger Indikator dafür
anzusehen, bis zu welchem Grad die Bereitschaft besteht, ihre Politik umzugestalten. Als Faustregel kann dabei gelten, daß dann die
Bereitschaft zur politischen Veränderung am größten ist, wenn die
Ursachen des Wahlergebnisses in der Landespolitik gesehen werden,
während die geringste Neigung zur Positionsveränderung dann besteht, wenn für die Wahlniederlage die Politik der Bundespartei
verantwortlich gemacht wird.

Rückwirkungen auf das Verhalten der Parteien ergeben sich aber
nicht nur aufgrund einer bundespolitischen Überlagerung von Landtagswahlen, sondern mittelbar auch aus der föderativen Ordnung der
Bundesrepublik. (22) Die interne Gliederung der Parteien orientiert
sich ebenfalls am föderalistischen Prinzip, "wobei die Landesparteien, wenn auch mit Unterschieden zwischen den drei Bundestagsparteien, das Übergewicht haben." (23) Dennoch werden in vielen Landtagswahlkämpfen aber nicht in erster Linie die Belange des Landes
und der in diesem Rahmen agierenden Parteien thematisiert, womit
darauf verzichtet wird, auch von dieser Seite her die Eigenständig-
keit der Landesparteien gegenüber den Bundesparteien zum Ausdruck
zu bringen. Vielmehr erlaubt die organisatorische Selbständigkeit
der Landesparteien gegenüber ihren Bundesorganisationen keine unmittelbaren Schlußfolgerungen im Hinblick auf ein besimmtes politisches Verhalten. Es besteht jedoch in den Landtagswahlkämpfen in
der Regel eine enge Zusammenarbeit zwischen den Bundes- und den
Landesorganisationen der Parteien. Dabei ist es keineswegs so, daß
die Bundeszentralen bundespolitische, die Landeszentralen dagegen
landespolitische Fragen in den Vordergrund stellen, so daß sich
hieraus ein innerparteilicher Konflikt über die Ausrichtung des
Wahlkampfes ergeben könnte. Vielmehr arbeiten beide Zentralen eng
zusammen, wobei die Schwerpunktsetzung des Wahlkampfes im wesentlichen davon abhängig gemacht wird, auf welchem Gebiet sich die Parteien die größeren Wahlvorteile erhoffen.
Die Zusammenarbeit zwischen Bundes- und Landesorganisationen der
Parteien war im rheinland-pfälzischen Wahlkampf angesichts der Doppelwahl naturgemäß besonders eng aufeinander abgestimmt, womit eine
Konzentration auf eine gemeinsame Wahlaussage erreicht und eine Zer-
splitterung des Wahlkampfes auf allzu unterschiedliche, vom Wähler
nicht mehr als politische Einheit aufgefaßte Problemstellungen vermieden werden sollte.

4. Wählerverhalten zwischen bundes- und landespolitischer Orientierung

Von besonderem Interesse für die politische Schwerpunktsetzung in
Landtagswahlkämpfen ist auch die Frage, wem, von seiten der Bürger
wie auch der Politiker, ein größerer Stellenwert eingeräumt wird:
der Landespolitik oder der Bundespolitik. Nicht immer sind die Be-
urteilungsmaßstäbe von Politikern und Bürgern deckungsgleich. Es besteht immer die Möglichkeit, daß die Parteien der Landespolitik Vorrang einräumen, die Bürger ihre Wahlentscheidung jedoch aufgrund
bundespolitischer Überlegungen treffen und damit der Landespolitik
nur eine untergeordnete Bedeutung beimessen und umgekehrt. Bei der
rheinland-pfälzischen Landtagswahl waren Politiker und Wähler sich
darin einig, daß vor allem die Bundespolitik den Ausschlag geben
würde. Fast drei Viertel aller Wähler sahen einer repräsentativen
Umfrage zufolge die Landtagswahl "von der Bundespolitik beherrscht
(21 %) oder zumindest von ihr mitentschieden (53 %)". (24) Diese
Einstellung der rheinland-pfälzischen Wähler darf nicht als typisch
angesehen werden. Die Wähler orientieren sich bei ihrer Stimmabgabe
in Landtagswahlen keineswegs immer an bundespolitischen Fragen, wobei aber je nach sozialer Schicht und Parteianhängerschaft Unterschiede auftreten können. (25)

Einige der Ursachen, die im einzelnen für ein an der Bundespolitik
orientiertes Wählerverhalten verantwortlich gemacht werden können,
wie die Konzentration des Parteiensystems auch auf Länderebene oder
das Durchschlagen bundespolitischer Probleme auf die Landespolitik,
wurden bereits weiter oben im Zusammenhang mit der Dominanz bundes-
gegenüber landespolitischer Problemstellungen in Landtagswahlkämpfen
erörtert. Als zusätzlicher Faktor, der das Wählerverhalten manchmal
in Richtung auf die Vorrangigkeit bundespolitischer Fragen lenkt,
läßt sich außerdem die Berichterstattung der Massenmedien nennen.
Presse, Rundfunk und Fernsehen räumen der Landespolitik meistens nur
einen relativ geringen Stellenwert ein.

Das Wahlverhalten der Bürger ist und war aber nicht immer und nicht
nur mit Blick auf die "große Politik" gerichtet, sondern trägt nach
wie vor lokalen und regionalen Problemstellungen Rechnung. Auch heute gibt es noch eine Vielzahl von Wählern, die in Landtagswahlen ihre Stimme nach landespolitischen Gesichtspunkten abgeben. Insofern
ist auch die Aussage von Rohe zu relativieren, der zu dem Ergebnis
kommt: Alles in allem gesehen stellt es (das Wahlverhalten nach landespolitischen Gesichtspunkten, E. C.) jedoch eine historisch ältere
Form des Wahlverhaltens dar, das noch existiert. (26)

Insgesamt machen diese Ausführungen also deutlich, daß die vielfach
erhobene Forderung, wonach sich Landtagswahlen auf primär landespolitische Problemstellungen beziehen sollen, um so bei den Bürgern
die Bedeutung der Systemebene Land für das politische System im gan-

zen zu vergrößern, keineswegs ignoriert wird, wenngleich konstatiert werden muß, daß die Landespolitik in vielen Fällen nicht im Zentrum der Wahlkämpfe steht.

5. Bedingungen der Dominanz landes- bzw. bundespolitischer Schwerpunkte in Landtagswahlkämpfen

Landtagswahlen werden also nicht immer von bundespolitischen Erwägungen überlagert. Dafür müssen erst eine Reihe ganz bestimmter Bedingungen erfüllt sein. Selbst Fabritius weist darauf hin, daß dem "Subsystem Land" unter Umständen "ein Spielraum eigener politischer Gestaltung" (27) gegenüber dem Bund verbleiben kann. Bei den Landtagswahlen in Bremen (Oktober 1979) (28), Baden Württemberg (März 1980) (29) und dem Saarland (April 1980) (30) haben z. B. landespolitische Themen dominiert. Dies zeigt, daß Landtagswahlkämpfe auch ein gegenüber der Bundespolitik eigenständiges Politikprofil besitzen können. Jede einzelne Landtagswahl hat ihre eigenen parteiexternen und parteipolitisch-strategischen Besonderheiten, die genauestens beachtet werden müssen. Insofern ist auch die von Fabritius entwickelte These von einem generellen quantitativen und qualitativen Übergewicht der Bundespolitik gegenüber der Landespolitik nur mit Vorsicht zu benutzen, zumal er dessen Ursachen im wesentlichen nur auf einen Faktor, die politische "Großwetterlage", reduziert. Eine Vereinfachung des von Fabritius entwickelten Schemas der Wahlkampfführung ergibt, daß die Parteien dann die Landespolitik in den Vordergrund ihres Landtagswahlkampfes rücken, wenn die bundespolitische "Großwetterlage" für sie ungünstig ist, sie dagegen bundespolitische Problemstellungen dann betonen, wenn die "Großwetterlage" für sie vorteilhaft ist. Damit wird also die Themenauswahl für Landtagswahlkämpfe allein von der bundespolitischen "Großwetterlage" abhängig gemacht. (31) Abgesehen davon, daß die Parteien ihren Wahlkampf natürlich nicht thematisch so steuern können, wie sie dies vielleicht wünschen, sondern sich darauf einstellen müssen, daß ihnen bestimmte Themenstellungen auch aufgezwungen werden können, läßt sich gegen Fabritius' Schema der Wahlkampfführung noch ein weiterer Einwand vorbringen. Woran - so wäre zu fragen - orientieren die Parteien eigentlich ihre thematische Schwerpunktsetzung, wenn es nicht möglich ist, die "Großwetterlage" genau zugunsten der einen oder zugunsten der anderen Partei zu bestimmen? Oder wie verhalten sich die Parteien, wenn für sie sowohl die politische "Großwetterlage" als auch die "regionale Wetterlage" im Land ungünstig sind? Und warum rücken in manchen Landtagswahlen alle Parteien die Landespolitik in den Vordergrund, wenn doch nicht gleichzeitig für alle die politische "Großwetterlage" günstig gewesen sein konnte? Wie auch immer die Antworten auf diese Fragen ausfallen mögen, so wird doch in jedem Fall deutlich, daß zwangsläufig differenziertere Kriterien herangezogen werden müssen, wenn man Aussagen über die Bedeutung der Bundespolitik in den Landtagswahlkämpfen machen möchte. Das soll aber nicht heißen, daß auf generalisierende Aussagen gänzlich verzichtet werden sollte, sondern nur ein Plädoyer dafür sein, sie auf einer komplexeren und informationshaltigeren Grundlage zu treffen. Zu diesem Zweck werden im folgenden einige Bedingungen dafür genannt, wann sich die Parteien in den Landtagswahlkämpfen stärker an landespolitischen Problemen orientieren und wann sie bundespolitischen Themen den Vorzug geben.

In Landtagswahlkämpfen steht dann die Landespolitik im Vordergrund, wenn
1. die Mehrheitsverhältnisse im Bundestag stabil sind, d. h., wenn das Ergebnis der Landtagswahl von den Parteien nicht dazu benutzt werden kann, Regierungskoalitionen im Bund zu verändern. Kaack hat nachgewiesen, daß die Landtagswahlkämpfe in den Jahren 1970 bis 1972 vor allem deshalb mit bundespolitischen Argumenten geführt worden sind, weil angesichts knapper Mehrheitsverhältnisse im Bundestag die Parteien die Landtagswahlergebnisse vor allem als Nachweis für die Berechtigung ihrer Politik instrumentalisiert haben. (32) Dies war insbesondere für die FDP prekär, die als Koalitionspartner der SPD bei den Landtagswahlen deutliche Stimmeneinbußen hinnehmen mußte, was die parteiinternen Kritiker der sozialliberalen Koalition in ihrem politischen Gewicht innerhalb der FDP stärkte und was mit dazu beitrug, daß einige FDP-Politiker zur CDU/CSU überwechselten, so daß schließlich 1972 vorzeitige Neuwahlen zum Bundestag notwendig wurden.

2. die Mehrheitsverhältnisse im Bundesrat nicht durch die Landtagswahlen gefährdet werden können. Laut Artikel 50 des Grundgesetzes wirken die Länder bei der Gesetzgebung und Verwaltung des Bundes mit. Diese Mitwirkung drückt sich u. a. darin aus, daß der Bundesrat seine Zustimmung zu den meisten Gesetzen geben muß, bevor sie wirksam werden können. Bei unterschiedlichen Mehrheitsverhältnissen zwischen Bundestag und Bundesrat kann über den Bundesrat die Gesetzgebung und damit die Politik der Bundesregierung blockiert werden. In vielen Landtagswahlen zu Zeiten der sozialliberalen Koalition in Bonn haben SPD und FDP ihre Wahlkämpfe mit bundespolitischer Argumentation bestritten. Durch einen Wahlsieg von Sozialdemokraten und Freien Demokraten in den Ländern werde, so hieß es immer wieder, eine "Blockadepolitik" bzw. "Obstruktionspolitik" der Unionsparteien, die im Bundesrat über eine Mehrheit verfügten, verhindert. (33) Die Bedeutung der Landespolitik ergab sich hier also besonders vor dem Hintergrund bundespolitischer Erwägungen.

3. intensive parteipolitische Auseinandersetzungen auf der Bundesebene fehlen. Versteht man unter Wahlkampf eine besonders intensive Form des zwischenparteilichen Wettbewerbs, bei dem die Parteien darum bemüht sind, sich durch klare politische Alternativen voneinander abzugrenzen, um so den Bürgern die Wahlentscheidung zu erleichtern, dann ist es für die Landesparteien einfacher, auf bestehende

zwischenparteiliche Interessengegensätze im Bund zurückzugreifen und im Wahlkampf zur Sprache zu bringen, als sich über landespolitische Probleme zu profilieren. Darüber hinaus ist die Wahrscheinlichkeit groß, daß die Presseberichterstattung, auf die die Parteien zwecks Wählermobilisierung angewiesen sind, landespolitische Themen nur am Rande erwähnt und stattdessen ihre Aufmerksamkeit auf die als wichtiger eingeschätzten bundespolitischen Gegensätze zwischen den Parteien richtet. Angesichts der ausgeprägten zwischenparteilichen Polarisierung über die Ost- und Deutschlandpolitik der sozialliberalen Koalition in den Jahren 1970 bis 1972 wurden z. B. in den Landtagswahlkämpfen die landespolitischen Themen weitgehend verdrängt. (34)

4. zwischen der Landesorganisation einer Partei und ihrer Bundesorganisation bzw. der von ihr geführten Bundesregierung sachliche oder personelle Differenzen bestehen. Dieser Sachverhalt war besonders gut in der Landtagswahl in Baden-Württemberg (März 1980) an der sozialdemokratischen Wahlkampfstrategie zu beobachten. (35) Angesichts der politischen Meinungsverschiedenheiten zwischen dem Spitzenkandidaten der SPD, Erhard Eppler, und Bundeskanzler Helmut Schmidt über die Sicherheits- und Umweltpolitik, waren die baden-württembergischen Sozialdemokraten gezwungen, die Landespolitik in den Vordergrund ihres Wahlkampfes zu stellen, weil bundespolitische Themen, die sich an der Politik Schmidts und der Bundesregierung hätten orientieren müssen, die Glaubwürdigkeit des sozialdemokratischen Spitzenkandidaten untergraben hätten. Außerdem wollte Eppler seiner Landespartei ein eigenständiges politisches Profil verleihen, um zu zeigen, daß eine von der Bundesregierung abweichende Politik mehrheitsfähig ist.

5. der Landesorganisation einer Partei in der Wählergunst größere Sympathiewerte zugesprochen werden als der Bundespartei. Stößt die Politik einer Partei im Bund auf wenig positive öffentliche Resonanz, so wird sich die Landesorganisation dieser Partei im Wahlkampf darum bemühen, nicht allzusehr mit der Politik ihrer Bundespartei identifiziert zu werden. Dies läßt sich noch am besten dadurch erreichen, daß über landespolitische Themen versucht wird, der Partei ein spezifisch landespolitisches Profil zu geben. Ob damit einer Motivation der Bürger, ihre Stimme nach bundespolitischen Erwägungen abzugeben, entgegengewirkt werden kann, ist zweifelhaft. In jedem Fall aber wird der Landtagswahlkampf mittels einer solchen Wahlkampfstrategie stark landespolitisch ausgerichtet. Als Beispiel hierfür können die Landtagswahlen in Bremen (1979), Baden-Württemberg (1980) und im Saarland (1980) angeführt werden, (36) bei denen es die CDU-Landesparteien sorgfältig vermieden hatten, mit ihrem für die Bundestagstagswahl aufgestellten Kanzlerkandidaten Franz Josef Strauß allzusehr in Verbindung gebracht zu werden, weshalb sie landespolitische Themen in den Vordergrund ihres Wahlkampfes gestellt haben.

6. der Anteil der zur Landtagswahl aufgerufenen Bevölkerung im Vergleich zur gesamten wahlberechtigten Bevölkerung so gering ist, daß aus dem Wahlergebnis keine repräsentativen Schlüsse auf ein mögliches Bundestagswahlergebnis gezogen werden können. Insbesondere bei den Stadtstaaten Hamburg und Bremen, aber auch bei den einwohnerärmeren Flächenstaaten wie dem Saarland mit weniger als einer Million Wahlberechtigten, wäre der Versuch einer Partei, diese Wahlen unter bundespolitischen Vorzeichen zu führen, mit erheblichen Problemen belastet, wenn das Landtagswahlergebnis nicht gleichzeitig auch Auswirkungen auf die Zusammensetzung des Bundesrates hat.

7. die Landtagswahl in großer zeitlicher Distanz zur Bundestagswahl steht. Fällt die Landtagswahl nämlich in die Nähe einer Bundestagswahl, ist die Versuchung der Parteien, diese Wahl als Testwahl zu interpretieren und die Eingängigkeit ihrer Argumentation beim Wähler im Hinblick auf die Bundestagswahl zu prüfen, außerordentlich groß. Diese Versuchung entfällt aber, wenn die Landtagswahl in weiter zeitlicher Distanz zur Bundestagswahl steht.

8. in Bund und Land unterschiedliche Koalitionen regieren. Bei der saarländischen Landtagswahl (April 1980) beherrschten auch deshalb landespolitische Probleme die parteipolitische Auseinandersetzung, weil SPD und FDP, (die im Bund die Regierung bildeten, während im Saarland die Freien Demokraten mit der CDU regierten, und die Sozialdemokraten in der Opposition waren) sich im Landtagswahlkampf nicht bundespolitische Fehler und Versäumnisse vorwerfen konnten, ohne sich unglaubwürdig zu machen. Und auch die CDU durfte sich nicht allzusehr auf die Bundespolitik konzentrieren, ohne sich der Gefahr auszusetzen, die FDP als ihren zukünftigen Koalitionspartner im Land zu verprellen.

Übersicht: Bedingungen für die Dominanz landes-/bundespolitischer
Schwerpunkte in Landtagswahlkämpfen

Wahrscheinlichkeit der Dominanz von

Landespolitik   Bundespolitik

Stabile Mehrheitsverhält-   Labile Mehrheitsverhältnisse
nisse im Bundestag   im Bundestag

Keine Gefährdung der Mehr-   Gefährdung der Mehrheitsver-
heitsverhältnisse im Bundes-   hältnisse im Bundesrat
rat

Fehlen intensiver parteipo-   Starke parteipolitische Pola-
litischer Auseinandersetzun-   risierung
gen auf Bundesebene

Differenzen zwischen Landes-   Übereinstimmung zwischen Lan-
und Bundesorganisation einer   des- und Bundesorganisation
Partei   einer Partei

Landesorganisation einer   Bundesorganisation einer Par-
Partei erzielt höhere Sympa-   tei erreicht größere Zustim-
thiewerte   mung

Geringe Anzahl Wahlberech-   Große Anzahl Wahlberechtigter
tigter

Große zeitliche Distanz zur   Große zeitliche Nähe zur Bun-
Bundestagswahl   destagswahl

Unterschiedliche Koalitions-   Gleiche Koalitionsregierungen
regierungen in Bund und Land   in Bund und Land

Die hier genannten Bedingungen, die einen unter landespolitischen
Vorzeichen geführten, im Gegensatz zu einem mit bundespolitischen
Argumenten bestrittenen Landtagswahlkampf wahrscheinlich machen,
sind selten für sich allein genommen ausschlaggebend. Je mehr der

hiergenannten Bedingungen erfüllt sind, desto eher steigt die
Wahrscheinlichkeit, daß die Landespolitik im Wahlkampf dominiert
und je weniger davon auftreten, desto eher wird die Bundespolitik
im Landtagswahlkampf herausgestellt werden. Wann allerdings der
Punkt erreicht ist, wo bundespolitische Problemstellungen die
Landtagswahlkämpfe überlagern, läßt sich nicht formal bestimmen.
Hierfür sind vielmehr die je besonderen Gegebenheiten einer Landtagswahl ausschlaggebend, die u. a. auch durch eine spezifische
Kombination der genannten Bedingungen charakterisiert sind sowie
durch politikstrategische Überlegungen der Parteien, auf die hier
bisher nur nebenbei eingegangen worden ist. Sie zu beachten ist
aber deshalb bedeutsam, weil damit nicht nur die unterschiedlichen
Motive erfaßt werden können, die die Parteien einen landes- oder
bundespolitisch orientierten Wahlkampf favorisieren lassen. Sie können auch deutlich machen, daß sich Parteien mit ihrem landespolitisch angelegten Wahlkampf nicht durchsetzen konnten und ihnen vom
politischen Gegner ein auf die Bundespolitik bezogener Landtagswahlkampf aufgenötigt wurde. Bei der Landtagswahl in Nordrhein-
Westfalen (Mai 1980) versuchte die oppositionelle CDU deshalb, landespolitische Probleme in den Vordergrund ihres Wahlkampfes zu
rücken, um aktuelle Schwierigkeiten der regierenden Koalition aus-
zunutzen und zugleich den Testwahlcharakter dieser Wahl im Hinblick auf die weithin als umstritten empfundene Kanzlerkandidatur
von Franz Josef Strauß zu neutralisieren. Doch konnte sie sich damit gegen den von der SPD auf bundespolitische Themenstellungen
konzentrierten Wahlkampf nicht durchsetzen. (37) Ob sich also eine
Partei mit ihrer Wahlkampfstrategie behaupten kann, hängt im wesentlichen davon ab, ob sie im Einklang mit den "objektiven" Bedingungen steht, die für eine Dominanz landes- bzw. bundespolitischer Aspekte im Wahlkampf sorgen. Der auf die Landespolitik ge-
richteten christdemokratischen Wahlkampfstrategie in Nordrhein-
Westfalen stand vor allem die Tatsache entgegen, daß diese Landtagswahl nur wenige Monate vor der Bundestagswahl stattfand und daß
mit ihr ca. ein Drittel aller bundesdeutschen Wahlberechtigten zur
Stimmabgabe aufgerufen waren. Nicht allein das Wollen der Parteien
ist also entscheidend, sondern ebenso die Bedingungen, die sie dafür jeweils mobilisieren können.

6. Zur Dominanz der Bundespolitik im rheinland-pfälzischen Landtags-
   wahlkampf

Überträgt man die in der Übersicht zusammengestellten Bedingungen,
die für eine Dominanz der Landes- bzw. der Bundespolitik in Landtagswahlkämpfen verantwortlich sind, auf die Wahl in Rheinland-Pfalz, so
zeigt sich, daß eine Kombination aus landes- und bundespolitischen
Faktoren diese Landtagswahl beeinflußt hat, wobei aber die Bedingungen, die zur bundespolitischen Ausrichtung dieser Wahl beigetragen

haben, eindeutig überwogen. Im wesentlichen sind dafür folgende
Gründe zu nennen:
1. Die wichtigste Ursache war die Tatsache, daß Landtags- und Bundestagswahl auf den gleichen Zeitpunkt gefallen sind. (38)
2. Zur bundespolitischen Dominanz trugen aber auch die mit dem
   Koalitionswechsel der FDP einhergehenden labilen Mehrheitsverhältnisse im Bundestag bei. Zwar konnte sich die neue christ-
   lich-liberale Regierung formal auf eine breite Mehrheit stützen, doch war innerhalb der FDP-Bundestagsfraktion nicht eindeutig klar, bis zu welchem Grad eine dem Regierungswechsel
   skeptisch gegenüberstehende Minderheit die Politik der neuen
   Bundesregierung mittragen würde.
3. Für das Vorherrschen bundespolitischer Erwägungen sprach bei
   dieser Landtagswahl aber auch die breite politische Übereinstimmung zwischen den Landes- und den Bundesorganisationen der
   Parteien. Keine der Landtagsparteien sah sich aus welchen Gründen auch immer genötigt, sich von ihrer Bundespartei im Landtagswahlkampf abzuheben.
4. Die bundespolitische Überlagerung dieser Landtagswahl ergab sich
   aber auch daraus, daß die im Bund regierende Koalitionsregierung
   aus CDU/CSU und FDP im Land insofern eine Entsprechung fand, als
   CDU und FDP ihre Bereitschaft erklärt hatten, bei einem entsprechenden Wahlergebnis ein Regierungsbündnis einzugehen.
5. Die Vorrangigkeit des Bundestagswahlkampfes gegenüber dem Landtagswahlkampf wurde zudem durch das rheinland-pfälzische Wahl-
   recht begünstigt, das im Gegensatz zum Bundeswahlgesetz keine
   Direktkandidaten, sondern nur jeweils für die vier Wahlkreise
   zu benennende Listenkandidaten kennt. Das Fehlen solcher Direktkandidaten. die sich für einen Landtagswahlkreis unmittelbar verantwortlich fühlen, gibt dem Direktkandidaten für den Bundestag
   die Möglichkeit, den Wahlkampf seiner Partei stärker den eigenen
   (bundespolitischen) Interessen zu unterwerfen.

Insgesamt gesehen sprach also bei der Landtagswahl in Rheinland-
Pfalz fast alles für eine Dominanz bundespolitischer Themen gegenüber der Landespolitik. Obwohl das keineswegs nur negativ einzu-
schätzen ist, so muß doch gefragt werden, ob nicht in diesem speziellen Fall durch die gleichzeitige Stimmabgabe für Land und Bund die
Landespolitik zu sehr in den Hintergrund gedrängt worden ist. Gewiß
ist die notwendige 'Entzerrung' der Wahltermine noch keine Garantie
dafür, daß die Landesebene im Landtagswahlkampf stärker zur Geltung
kommt. Sie ist gleichwohl eine unverzichtbare Voraussetzung dafür,
daß die Landespolitik sowohl in der Wahlkampfstrategie der Parteien
als auch im Bewußtsein der Bürger eine größere Chance hat.

Anmerkungen

Der hier vorgelegte Beitrag ist in Teilen das Zwischenergebnis einer
Untersuchung über Legitimationsstrategien der Parteien zwischen Landtagswahlen und Bundespolitik von 1979 bis 1983.

1) Vgl. dazu Infas-Report Wahlen. Rheinland-Pfalz 1983. Landtagswahl am
   6. März 1983, Analysen und Dokumente, Bonn-Bad Godesberg 1983 sowie
   Peter Haungs/Eckhard Jesse, Die rheinland-pfälzische Landtagswahl
   vom 6. März 1983. Erste Doppelwahl in der Geschichte der Bundesrepublik, in: Zeitschrift für Parlamentsfragen, 1983, S. 517

2) Eine beliebte Methode ist dabei, die Wahlergebnisse mehrerer Landtagswahlen auf die Stimmenverteilung im Bund hochzurechnen, wobei
   allerdings in der Regel auf die Unzulänglichkeit solcher Verfahren
   hingewiesen wird.

3) Vgl. dazu insbesondere Georg Fabritius, Wechselwirkungen zwischen
   Landtagswahlen und Bundespolitik, Meisenheim 1978 und Klaus G.
   Troitzsch. Die Landtagswahlen im Jahre 1978. Keine Vorentscheidung
   für 1980, in: Zeitschrift für Parlamentsfragen, 1979, S. 101 ff

4) Fabritius, ebenda; vgl. auch ders., Sind Landtagswahlen Bundestagswahlen?, in: Aus Politik und Zeitgeschichte, B 21/1979, S. 23ff

5) Fabritius (Anm. 3), S. 162

6) Ebenda, S. 95

7) Ebenda, S. 107. In seiner neuesten Veröffentlichung zu dieser Thematik hebt Fabritius vor allem die innerhalb bestimmter Grenzen bestehende "Gleichschaltung" zwischen Landtagswahlen und Bundespolitik
   hervor, die er auf 1. die bestehende Politikverflechtung zwischen
   Bund und Ländern, 2. die Art der Probleme, die häufig gleichzeitig
   zum Aufgabengebiet von Bund und Ländern gehören, 3. das Verhalten
   der Parteien, die Landes- und Bundespolitik nahtlos ineinanderüber-
   gehenlassen sowie 4. die Einstellungen der Wähler, die nicht deutlich zwischen Landes- und Bundespolitik unterscheiden, zurückführt.
   Vgl. Georg Fabritius, Landtagswahlen und Bundespolitik. Warum Landtagswahlen ohne bundespolitische Einflüsse und Auswirkungen undenk-
   bar sind, in: Landeszentrale für politische Bildung Baden-Württemberg (Hrsg.), Westeuropas Parteiensysteme im Wandel, Redaktion Hans-
   Georg Wehling, Stuttgart/Berlin/Köln/Mainz 1983, S. 113ff

8) Heino Kaack/Klaus G. Troitzsch, Jungwählerverhalten in Hamburg, in:
   Aus Politik und Zeitgeschichte, B 50/1970, S. 14

9) Fabritius (Anm. 3), S. 159

10) Vgl. Infas-Report, (Anm. 1), S. 50 f

11) Vgl. hierzu Reiner Dinkel. Der Zusammenhang zwischen Bundes- und
    Landtagswahlergebnissen, in: Max Kaase (Hrsg.): Wahlsoziologie heu-
    te, Analysen aus Anlaß der Bundestagswahl 1976, Opladen 1977 (= Po-

litische Vierteljahresschrift, Heft 2/3 1977, S. 348ff; ders.,
Zur Gesetzmäßigkeit der Trendverschiebungen zwischen Landtags- und
Bundestagswahlen, in: Zeitschrift für Parlamentsfragen, 1981,
S. 135 ff. Im Gegensatz dazu vgl. Klaus G. Troitzsch, Grenzen der
Stabilität des etablierten Parteiensystems. Wahlen, Wählerverhalten
und politische Einstellungen, in: Heino Kaack/Reinhold Roth (Hrsg.),
Handbuch des deutschen Parteiensystems, Bd. 1; Parteistrukturen
und Legitimation des Parteiensystems, Opladen 1980, S. 230

12) So Werner Wolf, Der Wahlkampf. Theorie und Praxis, Köln 1980, S. 70

13) Ralf-Rainer Lavies, Nichtwählen als Kategorie des Wahlverhaltens.
Empirische Untersuchung zur Wahlenthaltung in historischer, politischer, statistischer Sicht, Düsseldorf 1973, S. 22 ff

14) Ursula Feist/Klaus Liepelt, Die nordrhein-westfälische Landtagswahl
vom 11. Mai 1980, in: Zeitschrift für Parlamentsfragen, 1980,
S. 240 ff

15) Grundsätzlich zur Politikverflechtung zwischen Bund und Ländern
vgl. Fritz W. Scharpf/Bernd Reissert/F. Schnabel (Hrsg.): Politikverflechtung. Theorie und Empirie des kooperativen Föderalismus in der
Bundesrepublik, Kronberg 1976; Joachim J. Hesse (Hrsg.), Politikverflechtung im förderativen Staat, Baden-Baden 1978

16) Vgl. z. B. Gunter Kisker, Kooperation im Bundesstaat, Tübingen 1971,
S. 290

17) Manfred Schmidt, CDU und SPD an der Regierung. Ein Vergleich ihrer
Politik in den Ländern, Frankfurt/New York 1980, S. 27; zur (politischen) Frage "sachlicher Unitarisierung" vgl. aus verfassungsrecht-
licher Sicht Konrad Hesse, Grundzüge des Verfassungsrechts der Bundesrepublik Deutschland, Karlsruhe 1977, (10., erg. Aufl.),
S. 90 ff

18) Schmidt, ebenda, S. 31

19) Vgl. dazu generell Heino Kaack, Geschichte und Struktur des deutschen Parteiensystems, Opladen 1971

20) Werner Kaltefleiter, Wähler und Parteien in den Landtagswahlen 1961-
1965, in: Zeitschrift für Politik, 1965, S. 90

21) Wolf (Anm. 12), S. 79

22) Vgl. dazu Werner Kaltefleiter, Die Bedeutung der föderativen Ordnung für das Parteisystem der Bundesrepublik Deutschland, in: Jürgen Jekewitz/Michael Melzer/Wolfgang Zeh (Hrsg.), Politik als geleb-
te Verfassung. Aktuelle Probleme des modernen Verfassungsstaates.
Festschrift für Friedrich Schäfer, Opladen 1980, S. 210 ff

23) Ebenda, S. 210

24) Vgl. Infas-Report (Anm. 1), S. 59

25) Vgl. Fabritius (Anm. 4), S. 27

26) Karl Rohe, Konfession, Klasse und lokale Gesellschaft als Bestim-
mungsfaktoren des Wahlverhaltens. Überlegungen und Problematisierun-
gen am Beispiel des historischen Ruhrgebietes, in: Lothar Albertin/
Werner Link (Hrsg.), Politische Parteien auf dem Weg zur parlamentarischen Demokratie in Deutschland, Düsseldorf 1981, S. 126

27) Fabritius (Anm. 3), S. 165

28) Vgl. dazu Reinhold Roth, Die Bremer Bürgerschaftswahl vom
7. Oktober 1979, in: Zeitschrift für Parlamentsfragen, 1980,
S. 196 ff

29) Vgl. dazu Hans-Peter Biege/Hans Joachim Mann/Hans Joachim Wehling,
Die baden-württembergische Landtagswahl vom 16. März 1980, in: Zeitschrift für Parlamentsfragen, 1980, S. 211 ff

30) Vgl. dazu Adolf Kimmel, Die saarländische Landtagswahl vom
27. April 1980, in: Zeitschrift für Parlamentsfragen, 1980,
S. 222 ff

31) Fabritius, S. 158 f

32) Vgl. Heino Kaack, Landtagswahlen und Bundespolitik, Daten und Vorgeschichte der Wahlentscheidung 1972, in: Dieter Just/Lothar Romain
(Hrsg.), Auf der Suche nach dem mündigen Wähler. Die Wahlentscheidung 1972 und ihre Konsequenzen, Bonn 1974 (= Schriftenreihe der
Bundeszentrale für politische Bildung, Band 101), S. 17ff

33) Vgl. dazu Friedrich Karl Fromme, Gesetzgebung im Widerstreit. Wer
beherrscht den Bundesrat? Die Kontroverse 1969-1976, Stuttgart
1976; Gerhard Lehmbruch, Parteienwettbewerb im Bundesstaat, Stutt-
gart/Berlin/Köln/Mainz 1976

34) Vgl. Kaack (Anm. 32), S. 17ff

35) Vgl. dazu Biege et al. (Anm. 30), S. 213

36) Vgl. hierzu die in den Anmerkungen 28-30 angegebene Literatur

37) Vgl. dazu Feist/Liepelt (Anm. 14), S. 240

38) So auch Haungs/Jesse (Anm. 1), S. 527

4. WAHLERGEBNIS UND WÄHLERVERHALTEN IN RHEINLAND-PFALZ

4.1 Politischer Nutzen, wissenschaftliche Reichweite und Datengrundlage der Wählerverhaltensforschung
(Andreas Engel)

1. Politischer Nutzen und wissenschaftliche Reichweite von Wahlprognosen und Wahlergebnisanalysen

    1.1 Demoskopie als Wahlkampfinstrument

    1.2 Zum Prognosewert demoskopischer Ergebnisse

2. Daten und Methoden der Wahlergebnisanalyse

    2.1 Wahl- und Sozialstrukturdaten der statistischen Ämter

    2.2 Umfragedaten von Wahlforschungsinstituten

1. Politischer Nutzen und wissenschaftliche Reichweite von Wahlprognosen und Wahlergebnisanalysen

1.1 Demoskopie als Wahlkampfinstrument

Welche Partei wird die Wahl gewinnen? Welche Gewinne und Verluste werden die einzelnen Parteien verbuchen? Wie hoch ist der Anteil von Stammwählern? Wie werden sich die Wechselwähler entscheiden? Könnte eine Partei mehr Stimmen erreichen, wenn sie ein anderes Programm bzw. andere Kandidaten aufbieten würde?

Diese und ähnliche Fragen im Vorfeld von Wahlen sichern der Wahlforschung wie wohl kaum einer anderen Disziplin der empirischen Sozialforschung große öffentliche Aufmerksamkeit, zumal dieselben Fragen auch noch nach den Wahlen eine geraume Zeit das Interesse aufrechterhalten können. (1)

Für Parteien und Politiker gehören Wahlprognosen heute zu einem festen Bestandteil der Wahlkampfführung. Umfragen bieten anscheinend "unverzichtbare Entscheidungshilfen für die Festlegung der Wahlkampfstrategie", (2) indem sie eine wissenschaftlich fundierte Einschätzung der Wahlchancen ermöglichen. Gleichzeitig werden die Verbreitung und entsprechende Kommentierung demoskopischer Ergebnisse als Instrument zur Einflußnahme auf die öffentliche Meinung und damit zur Verbesserung der Wahlchancen benutzt, wie eine Untersuchung über die argumentative Verwendung von Umfragen in Bundestagswahlkämpfen nachweist. (3) Politiker verwenden demnach Umfragen in immer wiederkehrenden Argumentationsmustern - Simon nennt sie "Instrumentalisierungsmuster" - zum Versuch der Beeinflussung der Wahlentscheidung. Zu den wichtigsten Varianten der Umfrageinstrumentalisierung gehören etwa die Ankündigung eines knappen Wahlausgangs, durch die Parteianhänger und Unentschlossene mobilisiert werden sollen. Ein anderer Argumentationszusammenhang versucht, durch den Hinweis auf die prognostizierten Stimmenanteile (meist der kleineren Parteien) den Wähler (bei Bundestagswahlen) zum Stimmensplitting zu motivieren bzw. zu demotivieren. Die Bekanntgabe hoher Sympathiewerte für Spitzenkandidaten oder eines positiven Prognosetrends für die Wähleranteile einer Partei zielt etwa darauf, einen Mitläufereffekt hervorzurufen oder aber mit dem Hinweis auf die Existenzgefährdung einer Partei einen Mitleidseffekt auszulösen. (4)

1.2 Zum Prognosewert demoskopischer Ergebnisse

Die Gefahr der Manipulation der Wähler durch die Veröffentlichung
von Umfragen vor dem Wahltag entsteht aber hauptsächlich erst durch
den vornehmlich in den Medien vermittelten Eindruck, "daß die Wahlforschung mit ausgefeilten Techniken das Verhalten von Wählern bis
in die letzten Winkel der Motivation durchleuchten und damit jedes
Wahlergebnis erklären könne." (5) Diese in der Öffentlichkeit weit
verbreitete Vorstellung über die Möglichkeiten der Wahlforschung
ist grundlegend falsch. Der Wählerwille kann durch eine auch noch
so wissenschaftliche Analyse nicht objektiv, sondern immer nur mit
beträchtlichen Einschränkungen, Unsicherheiten und Fehlermöglichkeiten festgestellt werden. Neben statistisch-methodischen Gründen (6) ist dafür vor allem die Tatsache verantwortlich, daß der
Prozeß der politischen Willensbildung für zeitnahe Untersuchungen
viel zu fließend ist. Demoskopische Umfragen können dagegen nur
Momentaufnahmen des Meinungsbildes erfassen, die in der Regel zum
Zeitpunkt ihrer Veröffentlichung veraltet sind. Das hat unter anderem aber auch die Konsequenz, daß die politischen Auftraggeber von
Wählerumfragen gleichfalls von einer nicht kalkulierbaren Unsicherheit über die Aktualität von Umfragen ausgehen müssen oder aber
faktisch ebenfalls einer Fehlinformation aufliegen.

Das Wahlverhalten ist also "Teil eines offenen politischen Prozesses, der für alle Beteiligten nicht voll kalkulierbar und damit dem
Gesetz wechselweitiger Manipulation ausgesetzt ist." (7) Es wäre
deshalb zu einfach, die Problematik der Beeinflussung durch die Bekanntgabe der aktuellen Parteipräferenzen mit gesetzlichen Regelun-
gen zum Veröffentlichungsverbot aus der Welt schaffen zu wollen,
wie es auch seitens einiger Politiker immer wieder im Wahlkampf gefordert wird. (8) Denn andererseits ist die Vorstellung, "dem Wähler müßten Informationen vorenthalten werden, die ihn in seiner Entscheidung beeinflussen könnten, ... mit dem Leitbild vom mündigen
Bürger schwer in Einklang zu bringen." (9)

Letztendlich kann der Gefahr des Mißbrauchs von Wahlforschungsergeb-
nissen wohl am besten durch ein geschärfteres Problembewußtsein beim
Adressaten möglicher Beeinflussungsversuche - also dem Wähler - be-
gegnet werden. Dies schließt insbesondere ein besseres Verständnis
der Erkenntnis- und Vorhersagegrenzen der Wahlforschung ein, die
aber bei der überwiegenden Mehrzahl von Umfrageveröffentlichungen
und -kommentierungen völlig unproblematisiert bleiben. Politiker
und Journalisten beschränken sich größtenteils darauf, unkritisch
die Antwortquoten zu der sogenannten Sonntagsfrage zu verkünden
("Welche Partei würden Sie wählen, wenn am nächsten Sonntag Wahlen
wären?"), und das auch nur, wenn sie ihrer Einschätzung nach in das
öffentliche Meinungsbild passen.

Deshalb sollte hinsichtlich der Verbreitung von Vorwahlanalysen realistischerweise vor allem zweierlei gefordert werden:
1. "Demoskopische Informationen über die jeweilige Parteistärke sollten möglichst vollständig veröffentlicht, möglichst exakt dargeboten und möglichst breit gestreut werden. ... Je offener die Diskussion über die Umfrageforschung, um so größer die Chance für eine Steigerung der Qualität." (10)
2. Es muß eine bessere Aufklärung über das durchaus vorhandene Wissen um den Prozeß der individuellen Wahlentscheidung geben. Denn je genauer bekannt ist, wie "kompliziert" der Prozeß einer individuellen Wahlentscheidung ist und wie viele Faktoren möglicherweise darauf einwirken, desto eher kann einseitigen, verkürzten Behauptungen vorgebeugt werden.

Der nachfolgende Beitrag zur Interpretation der Wahlergebnisse von Rheinland-Pfalz setzt sich daher zum Ziel, neben der präzisen Beschreibung der Wahlergebnisse und der Darstellung deutlicher wahlstatistischer Zusammenhänge einige wichtige wissenschaftliche Methoden der Wahlanalyse und zentralen Erklärungsmodelle für die Wahlentscheidung - einschließlich der Grenzen ihrer Erklärungsleistungen - vorzustellen. Soweit es das Datenmaterial erlaubt, wird auch eine Anwendung der Erklärungen auf die rheinland-pfälzischen Wahlergebnisse angestrebt.

2. Daten und Methoden der Wahlergebnisanalyse

Zunächst wird ein Überblick über die verschiedenen Daten gegeben, die von der Wahlforschung zu Untersuchungszwecken herangezogen werden können. Dabei ergibt sich bei der Gruppierung der Datenbestände nach Datentypen - in Daten, die über einzelne Wähler zur Verfügung stehen (Individualdaten), und Daten, die für Wählergruppen angeboten werden (Aggregatdaten) - zugleich eine Zuordnung nach den Hauptanbietern von Informationen über Wahlen. Das sind entweder die statistischen Ämter von Bund, Ländern und Landkreisen oder kommerzielle bzw. akademische Wahlforschungsinstitute.

2.1 Wahl- und Sozialstrukturdaten der statistischen Ämter

In der Bundesrepublik wird die amtliche Wahl- und Sozialstatistik im großen und ganzen vom Statistischen Bundesamt in Wiesbaden, den Statistischen Landesämtern und den Kreiswahlämtern geführt. In Rheinland-Pfalz ist in erster Linie das Statistische Landesamt in Bad Ems dafür zuständig. Diese staatlichen Institutionen stellen der Wahlforschung vor allem drei wichtige Datengruppen zur Verfügung:

158

1. die amtlichen Wahlergebnisse in den Wahlbezirken, Gemeinden, Städten und Landkreisen sowie schließlich die Landes- und Bundesergebnisse,
2. die Daten zur Sozialstruktur der Gemeinden, die natürlich auch zu größeren Gebietseinheiten zusammengefaßt werden können,
3. die repräsentative Wahlstatistik.

a) Das amtliche Wahlergebnis

Nach Schließung der Wahllokale werden von den Wahlvorständen in den Wahlbezirken - 1983 gab es in Rheinland-Pfalz 4.118 Wahlbezirke - die Stimmen ausgezählt. Gleichzeitig werden von den Briefwahlvorständen bei den Kreisverwaltungen und den kreisfreien Städten die dort eingegangenen Wahlbriefe geöffnet und das Briefwahlergebnis ermittelt. So kann meist noch am späten Wahlabend der Bundes- bzw. Landeswahlleiter, das sind jeweils die Präsidenten der Statistischen Ämter, das vorläufige amtliche Wahlergebnis verkünden. Das endgültige Ergebnis der Wahl zum Zehnten Landtag von Rheinland-Pfalz konnte nach Überprüfungen durch die Kreiswahlausschüsse und den Landeswahlausschuß bereits am 31. März 1983, das zur Wahl des Zehnten Deutschen Bundestags am 4. Mai 1983 veröffentlicht werden. (11) Für den Zeitraum von 1946 bis 1983 liegen damit alleine für das Bundesland Rheinland-Pfalz Wahlergebnisse von 10 Bundes- und 10 Landtagswahlen vor. Diese Statistik umfaßt die Anzahl der insgesamt Wahlberechtigten und ab 1965, als zum ersten Mal per Brief gewählt werden konnte, getrennt nach Urnen- und Briefwählern, die Gesamtzahl der Wähler, der gültigen und ungültigen Stimmen und der Stimmen, die auf die kandidierenden Parteien entfallen sind. Mit Recht kann daher festgestellt werden, daß Wahlergebnisse "reichhaltiger und exakter" als andere Daten anfallen und es keine andere Statistik gibt, "die so häufig als Vollerhebung durchgeführt, mit solcher Akribie überprüft, so fein regional aufgeschlüsselt, so rasch veröffentlicht wird die Wahlstatistik".(12)

b) Sozial- und Wohnstrukturdaten aus den Volkszählungen

Neben dem Wahlergebnis enthält die amtliche Statistik die in den Volkszählungen (und teilweise auch durch Fortschreibung amtlicher Register) erhobenen Daten zur Sozial- und Wohnstruktur der Gemeinden, Städte und Landkreise. Dabei handelt es sich - wie auch beim Wahlergebnis - um Summendaten für räumlich abgegrenzte Gebietseinheiten (in diesem Fall für die Gemeindeebene "aufwärts"), weshalb auch von Aggregatdaten gesprochen wird. Mit diesem Begriff wird zum Ausdruck gebracht, daß diese Zahlen Aufschluß über die Verteilung von Individualmerkmalen in einer Gebietseinheit geben, von denen aber nicht mehr auf die Individuen zurückgeschlossen werden kann, bei denen die Angaben ursprünglich erhoben worden sind. (13) Daraus folgt für die Analyse der Wahlergebnisse, daß unter Heranziehung der amtlichen Sozialstatistik keine wissenschaftlich abgesicherten Aussagen über das individuelle Wahlverhalten getroffen werden können. Der Informationsgehalt von Aggregatdaten kann also seriöserweise nur dazu benutzt werden, der Frage nachzugehen, welche Zusammenhänge etwa zwischen der Sozialstruktur der Wohngebiete und dem Wahlergebnis der Parteien bestehen.

Ein entscheidender Nachteil der derzeit verfügbaren Sozialstrukturdaten für Gemeinden besteht darin, daß sie in der Volkszählung von 1970 erhoben wurden und damit mit den tatsächlichen Verhältnissen wohl kaum mehr übereinstimmen. Genau genommen ist die letzte Behauptung eigentlich schon nicht mehr zulässig, weil auch keine genauen Anhaltspunkte über das Ausmaß der regional unterschiedlichen Veränderungen vorliegen.

c) Die repräsentative Wahlstatistik

Nach den gleichlautenden Bestimmungen der Bundes- und Landtagswahlgesetze sind auch "Statistiken über Geschlechts- und Altersgliederung der Wahlberechtigten und Wähler unter Berücksichtigung der Stimmabgabe für die einzelnen Wahlvorschläge zu erstellen." (BWahlG Paragraph 51 Abs. 2; LWahlG (Rheinland-Pfalz) Paragraph 48 Abs. 2) Zur Durchführung seines gesetzlichen Auftrags wählte deshalb das Statistische Landesamt in Rheinland-Pfalz für die Wahlen in 1983 nach einem Zufallsverfahren 69 Wahlbezirke aus, in denen "anhand der Wählerverzeichnisse die Wahlbeteiligung der Männer und Frauen nach zehn Altersgruppen" ermittelt wurde. "Damit wurden etwa zwei Prozent aller Wahlberechtigten erfaßt." (14) Die Stimmabgabe der Wähler für die kandidierenden Parteien wurde in einer erweiterten Stichprobe auf der Basis von 170 Wahlbezirken - ebenfalls getrennt nach Alter und Geschlecht - festgestellt. Das entspricht ungefähr 5 Prozent aller Wähler. "In diesen 170 Wahlbezirken wurden am Wahltag an die männlichen und weiblichen Wähler entsprechend ihrer Zugehörigkeit zu einer der fünf festgelegten Altersgruppen Stimmzettel mit aufgedruckten Unterscheidungsmerkmalen ausgegeben. Die Auswertung dieser Stimmzettel erfolgte im Statistischen Landesamt auf maschinellem Weg." (15) Da mit den Erhebungen der Repräsentativstatistik natürlich nicht das Wahlgeheimnis verletzt werden darf, fallen die Briefwähler aus diesen Berechnungen heraus, was mittlerweile immerhin einem Anteil von fast 10 % aller Wähler entspricht. Damit wird die ursprünglich intendierte Genauigkeit der Erhebung praktisch wieder beträchtlich reduziert.

Im Vergleich zu Aggregat- und Individualdaten nehmen die Informationen der repräsentativen Wahlstatistik eine Zwischenposition ein. Ihr

Informationsgehalt ist gegenüber den reinen Aggregatdaten des Alters, Geschlechts und der Wahlentscheidung einerseits größer, weil auch Verknüpfungen auf Individualebene erfaßt sind. Andererseits liegen nur Berechnungen auf Landesebene vor, so daß gegenüber Aggregatdaten die regionale Differenzierung verlorengeht.

Die Hauptbedeutung der repräsentativen Wahlstatistik liegt zweifellos in der altersabhängigen Erhebung der Wahlbeteiligung und Parteipräferenzen. Dagegen spielt die Unterscheidung nach dem Geschlecht für das Wahlverhalten nahezu keine Rolle, zumal das Merkmal wenig erklärt. Solange keine zusätzlichen Variablen zum Familienstand, der Berufstätigkeit, dem Bildungsstand etc. als Einflußgrößen kontrolliert werden können, sollte dem natürlichen Geschlechtsunterschied vernünftigerweise keine Erklärungskraft für das Wahlverhalten zugesprochen werden.

Darüber hinaus ist die repräsentative Wahlstatistik die einzige zuverlässige Informationsquelle, um Aufschluß über die Art der ungültigen Stimmen oder bei Bundestagswahlen die Kombination von Erst- und Zweitstimmen zu gewinnen. "Trotzdem findet die Repräsentativstatistik in der breiten Öffentlichkeit praktisch überhaupt keine, in der Fachwissenschaft nur s tiefmütterliche Resonanz." (16)

2.2 Umfragedaten von Wahlforschungsinstituten .

Repräsentativumfragen können in der Bundesrepublik praktisch kaum noch von wissenschaftlichen Hochschulen in eigener Regie durchgeführt werden. Deswegen stammen die meisten hier veröffentlichten Umfrageergebnisse von kommerziellen bzw. halbkommerziellen Wahlforschungsinstituten. Die bekanntesten unter ihnen sind etwa Allensbach, INFAS, EMNID, Marplan etc. (17)

Einen gewissen Sonderstatus nimmt die Forschungsgruppe Wahlen e. V. (Mannheim) ein, die aus einem mit öffentlichen Mitteln unterstützten Forschungsprojekt an der Universität Mannheim hervorging und vor allem als Wahlforschungsinstitut für die Fernsehwahlberichterstattung im ZDF bekannt geworden ist. Nur diese Institute sind, teilweise auch aufgrund vielfältiger kommerzieller Aufträge als Meinungsforschungsinstitute, in der Lage, einen großen Interviewerstab und den nötigen organisatorischen Aufwand bereitzuhalten, um repräsentative Bevölkerungsbefragungen mit 1.000 bis 5.000 Befragten zu realisieren.

Dieser Umstand hat für die wissenschaftliche Wahlforschung zur Folge, daß neben vereinzelten Untersuchungen aus dem akademischen Bereich meist ausschließlich die Primärdaten der Forschungsgruppe Wahlen e. V. als Datenmaterial zur Verfügung stehen. Die Daten der

rein kommerziellen Institute bleiben in der Regel geheim, bzw.
werden für Nachuntersuchungen (Sekundäranalysen) nicht zugänglich
gemacht. (18) Sie bleiben damit für den jeweiligen Auftraggeber
unter einem dreifachen Interpretationsvorbehalt.

Zum einen bestimmen Auftraggeber und -nehmer das Erkenntnisziel und
die Methode, d. h. konkret die Fragestellung der Untersuchung. Da
diese i. d. R. vor allem an der Prognose aktueller Parteipräferenzen und an der Feststellung der Popularität verschiedener Spitzenpolitiker interessiert sind, bleiben in vielen Erhebungen wichtige
Aspekte der wissenschaftlichen Wahlanalyse unberücksichtigt. Des
weiteren entscheiden i. d. R. nur die Auftraggeber, welche Ergebnisse veröffentlicht werden. Schließlich können die von den jeweiligen Instituten aus dem Datenmaterial gezogenen Schlußfolgerungen
nicht von Dritten überprüft werden.

Entsprechend schwierig ist es für die wissenschaftliche Wahlforschung, als kritischer Kommentator aktueller Wahlergebnisse aufzu-
treten. Das skizzierte Gesamtbild trifft im wesentlichen auch für
die Rheinland-Pfalz-Wahlen von 1983 zu. Zu Redaktionsschluß war gerade das Umfragematerial der Forschungsgruppe Wahlen e. V. angekün-
digt, aber noch nicht verfügbar. Deshalb bleiben die hier verwendeten Informationen über das individuelle Wahlverhalten auf zwei Berichte der bereits erwähnten Forschungsgruppe und INFAS beschränkt,
die ihre Ergebnisse in der Form tabellarischer Aufbereitungen aus-
gewählter Variablen schon kurz nach den Wahlen zugänglich machten. (19) Aus diesen Wahlergebnisanalysen stehen vor allem Partei-
und Kandidatensympathieskalometer und einige Einstellungsfragen zum
politischen Themenhaushalt für weitere Interpretationen zur Verfügung. (Vgl. den nachfolgenden Beitrag, Kap. 2).

Anmerkungen

1) Vgl. Furmaniak, Karl/Peter Hoschka/Herrmann Schunck, Wahlforschung, Demoskopie und Politikberatung: Erwartungen, Möglichkeiten, Mißverständnisse - ein Erfahrungsbericht, in: Zeitschrift für Parlamentsfragen, Jg. 6 (1975), S. 566-579

2) Simon, Werner, Demoskopie und politische Legitimation im Wahlkampf. Zur Instrumentalisierung von Umfragen in den Bundestagswahlkämpfen 1979/1980 und 1982/1983, Koblenz 1983, S. 5

3) Vgl. ebenda

4) Für sämtliche Beispiele vgl. Simon (Anm. 2), S. 11ff

5) Furmaniak (Anm. 1), S. 566

6) Vgl. Küchler, Manfred, Was leistet die empirische Wahlsoziologie, in: PVS-Sonderheft 1977, S. 159 ff.

7) Kaack, Heino, Landtagswahlen und Bundespolitik. Daten und Vorgeschichte der Wahlentscheidung 1972, in: Just, Dieter/Lothar Romain, Auf der Suche nach dem mündigen Wähler. Die Wahlentscheidung 1972 und ihre Konsequenzen, Bonn 1974, S. 18

8) Vgl. Simon (Anm. 2), S. 20

9) Hartenstein, Wolfgang, Vom Nutzen und Schaden veröffentlichter Umfrageergebnisse, in: Transfer 2 (Hrsg.), Wahlforschung: Sonden im politischen Markt, Opladen 1976, S. 16

10) Ebenda, S. 16

11) Die Wahlergebnisse der kreisfreien Städte (und ausgewaniter kreisangehöriger Städte), Landkreise, Regierungsbezirke und das Gesamtergebnis werden für jede Wahl in einer gesonderten Ausgabe der Reihe "Statistische Berichte Rheinland-Pfalz" veröffentlicht (Einzelpreis der Berichte für die Wahlen 1983: 2,50 DM). Sie können beim Statistischen Landesamt Rheinland-Pfalz, Mainzer Str. 15-16, 5427 Bad Ems, bestellt werden.

12) Hartenstein, Wolfgang, Richtungen der Wahlforschung: Das Problem der besten Mischung, in: Transfer 2 (Hrsg.), Wahlforschung: Sondern im politischen Markt, Opladen 1976, S. 197

13) So läßt sich beispielsweise auch nicht mehr feststellen, wie viele katholische Selbständige mit Hauptschulabschluß in einer Gemeinde wohnen. Die Statistik sagt nur: In der Gemeinde x beträgt der Anteil der Selbständigen 8 %, der Katholiken 74 % und der Hauptschulabsolventen 47 %.

14) Endgültiges Ergebnis der Wahl zum Zehnten Landtag von Rheinland-Pfalz am 6. März 1983, in: Statistische Berichte Rheinland-Pfalz, B VII 2 - 1983, hrsg. v. Statistischen Landesamt Rheinland-Pfalz, Bad Ems 1983, S. 2

15) Ebenda

16) Jesse, Eckhard, Die Bundestagswahlen 1953 bis 1972 im Spiegel der repräsentativen Wahlstatistik. Zur Bedeutung eines Schlüsselinstruments der Wahlforschung, in: Zeitschrift für Parlamentsfragen, Jg. 6 (1975), S. 311

17) Einen Überblick über die wichtigsten, mit der Wahlforschung beschäftigten Meinungsforschungsinstitute und deren wirtschaftliche Umsätze verschafft Max Kaase (a.a.O., S. 454-460). Das öffentlich zugängliche Umfragematerial enthält der Datenbestandskatalog des Zentralarchivs für empirische Sozialforschung. Darin sind für Rheinland-Pfalz 3 Umfragen (von 1966, 1978 und 1979) nachgewiesen. (Vgl. Zentralarchiv für empirische Sozialforschung (Hrsg.), Umfragen aus der empirischen Sozialforschung 1945-1982. Datenbestandskatalog des Zentralarchivs für empirische Sozialforschung, Frankfurt/Main, New York 1983)

18) Kaase, Max, Politische Meinungsforschung in der Bundesrepublik Deutschland, in: PVS-Sonderheft 1977, S. 459

19) Forschungsgruppe Wahlen e. V.,Bundestagswahl 1983. Eine Analyse der Wahl zum 10. Deutschen Bundestag am 6. März 1983, Mannheim 1983; Forschungsgruppe Wahlen e. V., Wahl in Rheinland-Pfalz. Eine Analyse der Landtagswahl am 6. März 1983, Mannheim 1983; Institut für angewandte Sozialwissenschaft (Hrsg.), Politogramm. INFAS-Report Rheinland-Pfalz 1983. Landtagswahl am 6. März 1983. Analysen und Dokumente, Bonn-Bad Godesberg 1983

1. Die Ergebnisse der Bundestags- und Landtagswahl in Rheinland-Pfalz vom 6. März 1983

Am 6. März 1983 konnten zum ersten Mal in der Geschichte der Bundesrepublik Deutschland die Bürger eines Bundeslandes mit einem Gang ins Wahllokal ihre Stimmen zur Bundes- und Landtagswahl abgeben. Dieses Ereignis wirft nicht nur die für jede Wahl aktuellen Fragen nach den "Bestimmungsgründen der Wahlentscheidung" und den politischen Konsequenzen des Wahlergebnisses auf. Eine Doppelwahl zum Landtag und Bundestag fordert die Wahlforschung geradezu heraus, dem Problem nachzugehen, ob es überhaupt ein eigenständiges, von bundespolitischen Einflüssen weitgehend unabhängiges Wahlverhalten der Bürger gibt. Beide Aspekte sollen in der folgenden Interpretation der Wahlergebnisse von Rheinland-Pfalz, soweit es geht, berücksichtigt werden.

1.1 Das Ergebnis der Wahl zum 10. Deutschen Bundestag vom 6. März 1983

Zur Bundestagswahl hat der Wähler zwei voneinander unabhängige Stimmen: die Erststimme für die Wahl eines Wahlkreisbewerbers und die Zweitstimme zur Wahl der Landesliste einer Partei. In Rheinland-Pfalz reichten folgende sieben Parteien gültige Listenwahlvorschläge ein und erfüllten damit die Voraussetzung zur Teilnahme an der Bundestagswahl:
- die Christlich-Demokratische Union Deutschland (CDU)
- die Sozialdemokratische Partei Deutschlands (SPD)
- die Freie Demokratische Partei (F.D.P.)
- die Deutsche Kommunistische Partei (DKP)
- Die Grünen (Grüne)
- die Europäische Arbeiterpartei (EAP)
- die Nationaldemokratische Partei Deutschlands (NPD)
Auf diese Parteien entfielen die Stimmen in Rheinland-Pfalz wie in Tabelle 1 wiedergegeben.

Das Bundestagswahlergebnis von Rheinland-Pfalz weicht vom Bundesdurchschnitt kaum ab. CDU und SPD lagen 0,8 %- bzw. 0,2 %-Prozentpunkte über dem Durchschnitt, das F.D.P.-Resultat stimmte mit dem Bundesergebnis prozentual überein. Lediglich die Grünen schnitten etwas schlechter ab als im Bundesgebiet.

Bei einer Wahlbeteiligung von 90,4 % - seit Bestehen der Bundesrepublik der dritthöchsten nach 1972 und 1976 - erhielten die im Bundestag vertretenen Parteien 99,4 % aller Wählerstimmen. Dieses Resultat stützt die These von der starken Integrationsfähigkeit des bundesdeutschen Parteiensystems - also aller Parteien zusammengenom-

Tabelle 1: Das rheinland-pfälzische Landesergebnis der Bundestagswahl vom 6. März 1983

	Erststimmen		Zweitstimmen	
	Anzahl		Anzahl	
Wahlberechtigte	2 816 609	–	2 816 609	–
Wähler	2 546 266	90.4	2 546 266	90.4
Ungültige Stimmen	57 840	2.3	44 595	1.8
Gültige Stimmen	2 488 426	97.7	2 501 671	98.2
CDU	1 314 677	52.8	1 241 886	49.6
SPD	1 008 252	40.5	959 714	38.4
F.D.P.	80 594	3.2	174 658	7.0
DKP	5 539	0.2	3 993	0.2
Die Grünen	74 818	3.0	113 185	4.5
EAP	322	0.0	1 609	0.1
NPD	4 224	0.2	6 626	0.3

Quelle: Statistische Berichte Rheinland-Pfalz, hrsg. vom
Statistischen Landesamt Rheinland-Pfalz, B VII 1 -
1983, 4. Mai 1983: 3

men -, die durch den Einzug der Grünen ins Parlament nochmals gestei-
gert wurde. Splitterparteien haben praktisch keine Bedeutung. Die
Tatsache, daß die im Parlament vertretenen Parteien von ungefähr 90 %
der wahlberechtigten Bürger gewählt werden, sollte aber nicht vor-
schnell zu der Behauptung führen, die Wähler seien auch mit den Parteien zufrieden. Denn andererseits kann an den politischen Einstellungen der Bevölkerung durchaus auch ein gewisses Protestpotential
beobachtet werden, das zum Teil in den Wahlerfolgen der Grünen wiederum in einer Partei seinen Ausdruck findet.

Einen interessanten Aspekt des Wahlverhaltens beleuchtet auch das
Ergebnis der repräsentativen Wahlstatistik über die Parteipräferenzen in dèn verschiedenen Altersgruppen. (Vgl. Tab. 2) Danach ist die
Partei der Grünen eine Partei der Jungwähler. Über zwei Drittel
(69,2 %) aller Wähler der Grünen von Rheinland-Pfalz sind unter 35
Jahren alt. Dagegen liegen F.D.P. und CDU in den jüngeren Altersgruppen weit unter ihrem Durchschnitt. (1) Sie erhalten in der mittleren
Altersgruppe der 35- bis 45Jährigen ein Maximum an Zustimmung. Genau
in dieser Altersgruppe liegt wiederum das Minimum an SPD-Wählern.

Da das Bundestagswahlsystem die Möglichkeit zum Stimmensplitting eröffnet, stellt sich auch die Frage, in welchem Ausmaß und mit welchen Kombinationen Erst- und Zweitstimmen vergeben werden, um etwa
Aufschlüsse über die Koalitionspräferenzen der Wähler zu bekommen.

Tabelle 2: Die Stimmabgabe (Zweitstimmen) nach Altersgruppe bei
der Bundestagswahl 1983

Alter	CDU	SPD	F.D.P.	Grüne
18-25	42.9	38.6	5.9	12.2
25-35	45.3	39.2	6.5	8.4
35-45	52.3	35.6	8.5	3.2
45-60	51.2	38.9	7.5	1.9
ü60	53.2	39.2	6.0	1.0

Quelle: Statistische Berichte Repräsentative Wahlstatistik
Bundestagswahl 1983:7

So wurde beispielsweise für die Bundestagswahl 1983 die These ver-
treten, daß "viele der Union nahestehende Wähler" bereit waren, "der
FDP aus Koalitionsüberlegungen heraus ihre Zweitstimme zu geben." (2)
Anhand der repräsentativen Wahlstatistik läßt sich ein recht genaues
Bild der unterschiedlichen Erst- und Zweitstimmenabgabe entwerfen.
Aus ihr geht hervor, daß zunächst für die CDU und SPD ein sehr hoher
Prozentsatz der Wähler ein gleichgerichtetes Wahlverhalten zeigt:
95,8 % der CDU-Zweitstimmenwähler und 95,3 % der SPD-Zweitstimmenwäh-
ler gaben 1983 in Rheinland-Pfalz auch dem Direktkandidaten der gleichen Partei ihre Stimme. Dagegen gaben nur 37 % der F.D.P.- und 47 %
der Grünen-Zweitstimmenwähler auch die Erststimmen den jeweiligen Di-
rektbewerbern. Die nicht in Übereinstimmung mit den Zweitstimmen abgegebenen Erststimmen verteilten sich für die F.D.P. zu 57 % auf die
CDU, zu 9 % auf die SPD und zu 1 % auf die Grünen (bei 2 % ungültigen Stimmen). Von den Parteiwählern der Grünen profitierten zu 42 %
der SPD-Direktkandidat und zu 5 % der CDU-Kandidat.

Vergleicht man die Bundestagswahl 1983 mit der von 1980, so läßt sich
insbesondere am F.D.P.-Ergebnis nachweisen, wie deren Zweitstimmenwähler den Koalitionswechsel ihrer Partei im Erststimmenwahlverhalten nachvollzogen haben. Damals gaben von den F.D.P.-Zweitstimmenwäh-
lern durchschnittlich 34 % SPD- und nur 14 % CDU-Wahlkreiskandidaten
ihre Stimme. Bemerkenswert ist auch die 1983 insgesamt gestiegene
Bereitschaft zum Stimmensplitting bei F.D.P.-Zweitstimmenwählern.
Anstelle von 50 % 1980 gaben 1983 nur noch 37 % dem F.D.P.-Direkt-
kandidaten ihre Erststimme.

Diesen Beobachtungen in etwa entsprechend verlief die Entwicklung
bei den Grünen. Hier hielten 1980 noch 62 % der Zweitstimmenwähler
- freilich bei einer absolut kleineren Wählergruppe - die Treue zum
eigenen Wahlkreiskandidaten, 1983 fiel dieser Prozentsatz auf
47 %. (3) Wenn diese Zahlen als Anhaltspunkte für die Parteibindung

gedeutet werden, dann folgt daraus, daß trotz des Schrumpfens der
F.D.P.-Wählerschaft - also eines Verlustes an Randwählern - die
Bindung an die Partei über den Direktkandidaten zurückgegangen ist.
Für die Grünen ergeben sich zwar die gleichen Zahlenverhältnisse,
doch deren Wählerschaft steigerte sich von knapp 34.000 Zweitstimmen (1970) auf rund 113.000 (1983). Hier erweiterte sie sich also
um solche Wähler, die vormals andere Parteien oder noch gar nicht
gewählt hatten und von denen demzufolge ohnehin noch keine wieder-
holte Wahlentscheidung für die Grünen erwartet werden konnte. Bei
den Grünen kann der prozentuale Rückgang am Anteil der Erststimmen
(absolut hat sich die Anzahl der Erststimmen fast verdoppelt) also
mit einem Zuwachs an Randwählern erklärt werden.

In den 16 Bundestagswahlkreisen (vgl. die Wahlkreiskarte in Beitrag 1 von Sarcinelli in diesem Band) bewarben sich 70 Kandidaten:
CDU, SPD und F.D.P. nominierten in allen 16 Wahlkreisen Direktkandidaten, die Grünen stellten in 14, die NPD in 6 und die EAP in 2 Wahlkreisen eigene Bewerber auf.

Tabelle 3: Erststimmenwahlergebnisse bei der Bundestagswahl 1983
           in den Wahlkreisen von Rheinland-Pfalz

Wahlkreis	CDU	SPD	F.D.P.	DKP	Grüne	EAP	NPD
146:Neuwied	53.7*	40.4	2.9	0.2	2.9	-	-
147:Ahrweiler	62.8*	31.8	2.3	0.1	2.9	-	-
148:Koblenz	54.8*	38.8	2.9	0.2	3.3	-	-
149:Cochem	61.4*	30.1	5.1	0.2	3.3	-	-
150:Kreuznach	44.9	46.9*	4.2	0.2	3.5	-	0.3
151:Bitburg	69.9*	24.5	2.4	0.2	3.1	-	-
152:Trier	57.3*	36.5	2.3	0.2	3.7	-	-
153:Montabaur	52.9*	40.8	3.0	0.2	3.1	-	-
154:Mainz	49.0*	42.7	3.6	0.2	4.4	0.1	-
155:Worms	45.0	47.2*	3.8	0.3	3.3	-	0.5
156:Frankenthal	45.3	49.9*	3.9	0.4	-	-	0.5
157:Ludwigshafen	46.4	47.7*	2.2	0.3	3.3	0.1	-
158:Neust/Speyer	53.0*	39.9	3.1	0.3	3.7	-	-
159:Kaisersltrn	43.8	48.9*	2.7	0.3	3.8	-	0.5
160:Pirmasens	53.8*	39.5	3.0	0.2	2.1	-	0.5
161:Landau	55.7*	38.6	4.9	0.3	-	-	0.5

Quelle: Statistische Berichte Rheinland-Pfalz, Bundestagswahl
        1983: 4-6
        + = Wahlergebnis des Bewerbers, der das Mandat gewann.

Wie auch den Erststimmenwahlergebnissen in Tab. 3 zu entnehmen ist,
wurden 11 CDU-Abgeordnete und 5 SPD-Abgeordnete direkt ins Bundes-
parlament gewählt. 15 weitere zogen über die rheinland-pfälzischen
Landeslisten in den Bundestag ein (CDU: 5, SPD 7, F.D.P.: 2, Die
Grünen: 1). Zusammengenommen stellt die CDU damit 16 Abgeordnete,
12 die SPD, 2 ziehen für die Liberalen und einer für die Grünen ins
Bonner Parlament.

1.2 Das Ergebnis der Wahl zum 10. Landtag in Rheinland-Pfalz vom 6. März 1983

Zur Landtagswahl 1983 kandidierten 7 Parteien. Ihre Stimmenanteile
sind Tab. 4 zu entnehmen. Gegenüber 1979 bestand die größte Verände-
rung im Landtagswahlergebnis in der um 9 % erhöhten Wahlbeteiligung.
Bei einer absoluten Zunahme um fast 212.000 Wähler stieg der CDU-
Prozentanteil um 1,8 %; der SPD-Anteil fiel sogar um 2,7 %, obwohl
1983 über 70.000 zusätzliche Wähler der SPD ihre Stimme gaben. Die
F.D.P.-Anhängerschaft halbierte sich fast, die Grünen gewannen auf
Anhieb 4,5 %.

Tabelle 4: Das Ergebnis der Landtagswahl vom 6. März 1983 in
Rheinland-Pfalz

	Stimmen		
	Anzahl(1983)	%(1983)	%(1979)
Wahlberechtigte	2 811 713	-	-
Wähler	2 541 834	90.4	81.4
Ungültige Stimmen	26 441	1 0	1.2
Gültige Stimmen	2 515 393	99.0	98.8
CDU	1 306 090	51.9	50.1
SPD	995 795	39.6	42.3
F.D.P.	88 289	3.5	6.4
DKP	4 940	0.2	0.4
Die Grünen	113 809	4.5	-
EAP	-	-	-
NPD	3 656	0.1	0.7
ASG (*)	2 814	0.1	-

Quelle: Statistische Berichte Rheinland-Pfalz Landtagswahl 1983:3.
ASG = Aktion soziale Gemeinschaft.

170

Nach diesem Wahlergebnis sind zum ersten Mal in der Nachkriegsgeschichte nur noch zwei Parteien im Mainzer Landtag vertreten. Die CDU konnte ihre absolute Mehrheit von 51 auf 57 Sitze ausbauen. Das ist zugleich die höchste Mandatszahl, über die sie seit 1945 verfügte. Die SPD erhielt trotz prozentualer Stimmenverluste die gleiche Anzahl von Mandaten wie in der vorhergehenden Legislaturperiode. (Zur Veränderung der Mandatsverteilung vgl. den Beitrag 1 von Sarcinelli in diesem Band.) Den Freien Demokraten mißlang der Einzug in den rheinland-pfälzischen Landtag. Wie schon wenige Monate zuvor in Hessen (September 1982), Bayern (Oktober 1982) und Hamburg (Dezember 1982) scheiterten sie an der 5 %-Hürde. Die Grünen verfehlten zwar auch den notwendigen Wähleranteil, um im Parlament vertreten zu sein, sie konnten aber bei ihrer ersten Teilnahme an einer Landtagswahl in Rheinland-Pfalz immerhin 113.000 Wähler gewinnen.

Innerhalb von Rheinland-Pfalz weisen die Wahlergebnisse bekanntermaßen erhebliche regionale Unterschiede auf. Die unterschiedlichen Wähleranteile auf lokaler Ebene beschreiben zugleich die Wettbewerbssituation im Parteiensystem, die als eigenständiger Erklärungsfaktor für das Wahlverhalten untersucht werden kann. Da bei Landtagswahlen der Wähler nur eine Stimme zur Verfügung hat, um seine Parteipräferenz auszudrücken, ist bei gleich hoher Wahlbeteiligung - wie sie durch das Zusammenlegen der Wahltermine von 1983 hervorgerufen wurde - das Landtagswahlergebnis besser als das Bundestagswahlergebnis geeignet, die Wählerpotentiale der Parteien zu erfassen. Tabelle 5 ordnet deshalb die Landtagswahlergebnisse in den kreisfreien Städten und Landkreisen in aufsteigender Reihenfolge für CDU-Wähleranteile/Wahlberechtigte. (4)

- Parteihochburgen -

Traditionelle CDU-Hochburgen liegen demnach in der Eifel, im Westerwald und in der Südpfalz. Zum Stammgebiet der SPD gehören der geographisch mittlere Bereich des Landes - das Saar-Nahe-Bergland - und die kreisfreien Städte Ludwigshafen, Worms, Zweibrücken und Kaiserslautern. Das Übergewicht der CDU im gesamten Land entsteht erstens durch die größere Anzahl mehrheitlich CDU-wählender Landkreise und Städte und zweitens durch prozentual höhere Wähleranteile in CDU-Hochburgen gegenüber SPD-Anteilen in SPD-Hochburgen.

Ein Blick auf die letzten beiden Spalten von Tabelle 5 mit den Prozentangaben über die Anteile der beiden großen Religionsgemeinschaften an der Bevölkerung zeigt, daß die Unterschiede in den traditionellen, regionalen Parteiorientierungen weitgehend durch die Konfessionsstruktur bedingt sind. In überwiegend protestantischen Gebieten ist mit Ausnahme einiger südpfälzischer Landkreise die SPD immer stärker als die CDU; in überwiegend katholischen Gebieten dominiert ausnahmslos die CDU, wobei ihr Vorsprung in den katholischen Städten

Tabelle 5: Das Landtagswahlergebnis vom 6. März 1983 in den
kreisfreien Städten und Landkreisen von Rheinland-
Pfalz

	CDU %	SPD %	FDP %	Grüne %	Whlr %	P. %	K. %
LK Kusel	30.3	46.3	2.1	3.5	84.1	75	23
LK Donnersberg	33.1	40.8	3.7	3.5	82.8	74	23
KS Ludwigshafen	33.3	37.9	1.6	3.4	77.2	52	40
KS Kaiserslautern	33.4	37.0	2.2	4.1	78.2	61	33
KS Zweibrücken	33.4	38.3	3.4	3.3	80.0	69	28
KS Worms	33.6	38.7	2.3	3.3	78.6	59	33
LK Birkenfeld	35.2	38.1	3.4	2.7	80.9	72	26
LK Alzey-Worms	36.1	39.3	4.3	3.2	84.1	70	26
KS Frankenthal	36.4	35.5	2.1	3.5	78.5	55	38
KS Mainz	36.6	34.1	2.5	4.9	79.2	37	54
LK Bad Kreuznach	36.9	38.0	4.0	3.1	83.2	59	37
Rhein-Lahn-Kreis	37.4	38.4	2.5	3.1	82.2	64	32
KS Landau	37.5	31.4	3.3	4.7	78.4	50	47
KS Pirmasens	37.5	35.6	1.9	2.9	79.7	63	34
KS Koblenz	38.0	32.5	2.5	3.6	77.5	25	71
KS Speyer	38.2	33.4	2.2	4.1	79.3	45	50
KS Trier	39.1	31.3	1.9	3.9	77.1	11	87
LK Bad Dürkheim	39.1	34.4	3.4	3.5	81.9	60	36
LK Kaiserslautern	39.6	37.0	2.5	3.4	84.3	56	41
LK Mainz-Bingen	40.5	34.0	3.7	3.9	83.3	45	51
KS Neustadt/W.	40.8	31.0	2.6	3.7	79.7	53	43
LK Ludwigshafen	41.3	34.8	2.4	3.4	83.2	47	48
LK Germersheim	44.3	29.3	4.1	3.6	82.9	33	63
LK Rhein-Hunsrück	44.4	29.8	5.1	3.4	83.7	38	59
LK Altenkirchen	44.7	31.6	3.3	2.9	83.5	43	54
LK Neuwied	44.8	31.6	2.4	3.0	82.8	35	62
LK Mayen-Koblenz	45.1	31.6	1.9	2.8	82.3	12	85
Westerwaldkreis	46.5	30.5	2.3	3.0	83.4	34	62
LK Südl.Weinstr.	46.6	28.1	4.1	3.7	84.3	39	57
LK Pirmasens	49.1	28.8	3.3	2.8	86.1	41	57
LK Trier-Saarburg	52.0	27.6	2.0	3.3	86.4	05	94
LK Bernkastel-Wi.	53.6	21.7	4.0	2.8	83.5	17	82
LK Bitburg-Prüm	54.6	22.0	2.3	2.8	83.1	04	95
LK Ahrweiler	56.4	20.5	2.3	3.1	83.3	12	85
LK Cochem-Zell	56.6	19.5	2.6	4.4	84.4	07	92
LK Daun	59.4	18.6	1.6	2.5	83.2	05	94

Quelle: Eigene Berechnungen der Prozentergebnisse mit Bezug auf
die Wahlberechtigten.

Zeichenerklärung LK = Landkreis
KS = Kreisfreie Stadt
Whlr = Wähler/Wahlberechtigte
P. = Anteil der Protestanten/Bevölkerung
K. = Anteil an Katholiken/Bevölkerung

(Speyer, Mainz, Koblenz, Trier) etwas geringer ausfällt als auf dem Land.

Die F:D.P. hatte nach dem Landtagswahlergebnis ihre Wählerschwerpunkte sowohl in SPD-Hochburgen (Donnersberg, Alzey-Worms) als auch in eher ausgeglichenen Gebieten (Birkenfeld, Mainz, Mainz-Bingen, Bad Kreuznach) und in CDU-Hochburgen (Rhein-Hunsrück-Kreis, Germersheim, Südliche Weinstraße, Eifel). Regional ist die F.D.P. vor allem im Hunsrück, Teilen der Eifel und in der Südpfalz präsent.

Das Wählerpotential der Grünen konzentriert sich mit Ausnahme des Landkreises Cochem-Zell hauptsächlich in den kreisfreien Städten.

- Wählerwanderungen -

Vermutungen und Berechnungen über Wählerwanderungen sind zwar sehr populär, aber auch nicht weniger umstritten. Ohne auf die ernstzunehmenden methodischen Einwände gegen die Wählerwanderungsbilanz im einzelnen einzugehen (5), seien hier als Beleg für diese Behauptung die Ergebnisse der INFAS-Wanderungsbilanzen zum Erstwählerverhalten für die Landtagswahl 1983 mit den Ergebnissen der repräsentativen Wahlstatistik zum Jungwählerverhalten verglichen. Zugegebenermaßen sind die Erstwähler nur eine Teilmenge der Jungwähler (18-25Jährige), zudem berücksichtigt die Repräsentativstatistik keine Briefwähler, doch INFAS führt selbst die Ergebnisse der repräsentativen Wahlstatistik von 1979 als Vergleich zur Wanderungsbilanz 1983 an (6). Deshalb sei es auch hier gestattet, die Ergebnisse der Wanderungsbilanz den Ergebnissen der Repräsentativstatistik gegenüberzustellen.

Tabelle 6: Vergleich der INFAS-Wanderungsbilanz mit der repräsentativen Wahlstatistik

	Erstwähler INFAS-Wanderungs-bilanz 1983	Jungwähler Repräsentative Wahlstatistik 1983	Jungwähler Repräsentative Wahlstatistik 1979
CDU	40.5 %	44.8 %	42.7 %
SPD	44.5 %	39.7 %	49.5 %
F.D.P.	3.0 %	2.4 %	6.4 %
Andere	12.0 %	13.0 %	1.1 %
(nur Grüne)		12.8 %	

Quelle: INFAS-Report 1983:30; Repräsentative Wahlstatistik Rheinland-Pfalz Landtagswahl 1983:6

Diese Gegenüberstellung erhebt schon wegen der nur bedingten Vergleichbarkeit der Zahlen nicht den Anspruch, den Ansatz der Wählerwanderungsbilanz grundsätzlich in Zweifel zu ziehen. Die im Fall von CDU und SPD deutlich abweichenden Resultate bestätigen jedoch die andernorts begründete Feststellung, daß bei diesem Verfahren "die Fehlermöglichkeiten ... zur Schätzung von Wählerwanderungen eine Größenordnung aufweisen können, die die Ergebnisse nicht einmal als Orientierungsgrößen brauchbar erscheinen lassen." (7) Deshalb wird hier auf die Darstellung der Ergebnisse der INFAS-Wanderungsbilanz verzichtet. (8) Statt dessen lassen sich einige Veränderungstendenzen gegenüber 1979 aufzeigen. Dazu werden sowohl in Tabelle 8 prozentuale Ergebnisabweichungen zwischen den Landtagswahlen 1983 und 1979 aufgeführt als auch in Tabelle 7 Korrelationskoeffizienten dargeboten.

Tabelle 7: Korrelationskoeffizienten zwischen Parteistimmenanteilen 1983 und den Stimmenveränderungen zwischen 1983 und 1979

Stimmendifferenzen 1983-1979	Wahlergebnisse 1983			
	CDU	SPD	F.D.P.	Grüne
CDU 1983-1979	****	****	-0.13	-0.27
SPD 1983-1979	-0.55	0.48	****	****
F.D.P. 1983-1979	0.56	-0.52	-0.31	-0.32

Quelle: Eigene Berechnungen.
++++ = Nicht signifikante Koeffizienten.

Größtenteils besteht kein direkter Zusammenhang zwischen der Ausgangsposition von 1979 und dem Wahlergebnis von 1983, so auch zwischen dem CDU-Wahlergebnis und den CDU-Veränderungen zu 1979. Wie aus Tabelle 8 zu entnehmen ist, hat die CDU sowohl in für sie schwächeren Gebieten als auch in den wählerstarken Regionen gleichermaßen Zugewinne erzielen können. Die SPD verlor gegenüber 1979 vor allem in CDU-Hochburgen bzw. konnte in diesen Gebieten die relativ geringsten Zugewinne erzielen (ein negativer Koeffizient von - 0,55 zwischen CDU-Anteil 1983 und SPD-Differenzen zu 1979). Ein positiver Zusammenhang besteht entsprechend zwischen dem SPD-Wähleranteil und den SPD-Veränderungen zu 1979 (+ 0,48). In ihren Hochburgen lagen die Gewinne der SPD etwas höher als in ihren schwachen Gebieten. Nach diesen Ergebnissen kehrt sich der für die Bundestagswahl 1980 beobachtete Trend zum Hochburgenabbau bei CDU und SPD also wieder

Tabelle 8: Prozentuale Stimmenveränderungen zwischen den Landtagswahlen 1983-1979 in den kreisfreien Städten und Landkreisen von Rheinland-Pfalz

	CDU 1983 %	Whlr 83-79 %	Brwh 83-79 %	CDU 83-79 %	SPD 83-79 %	FDP 83-79 %
LK Kusel	30.3	6.6	1.9	4.0	2.0	-2.2
LK Donnersberg	33.1	5.4	1.3	4.5	0.5	-2.1
KS Ludwigshafen	33.3	7.0	4.0	5.5	1.0	-2.2
KS Kaiserslautern	33.4	7.8	2.2	4.2	2.6	-2.5
KS Zweibrücken	33.4	8.8	3.0	4.5	2.7	-1.3
KS Worms	33.6	8.4	1.6	5.6	2.4	-2.0
LK Birkenfeld	35.2	6.1	0.5	6.1	-0.2	-2.1
LK Alzey-Worms	36.1	4.8	1.6	4.6	0.5	-2.2
KS Frankenthal	36.4	5.6	2.9	4.5	0.9	-2.3
KS Mainz	36.6	6.4	3.0	4.3	0.6	-2.8
LK Bad Kreuznach	36.9	5.9	1.7	4.1	1.7	-2.4
Rhein-Lahn-Kreis	37.4	5.3	1.7	5.4	-0.3	-2.5
KS Landau	37.5	7.9	2.4	4.7	1.1	-2.2
KS Pirmasens	37.5	9.6	1.3	5.3	3.1	-1.0
KS Koblenz	38.0	8.2	1.8	4.9	2.0	-2.1
KS Speyer	38.2	6.7	2.6	3.7	1.7	-1.9
KS Trier	39.1	10.2	1.5	5.0	3.3	-1.7
LK Bad Dürkheim	39.1	5.2	2.8	3.6	0.3	-1.6
LK Kaiserslautern	39.6	5.3	1.5	4.3	0.3	-2.1
LK Mainz-Bingen	40.5	5.3	2.0	4.6	0.3	-2.9
KS Neustadt/W.	40.8	5.1	2.5	3.5	0.8	-2.4
LK Ludwigshafen	41.3	3.4	2.8	3.6	-0.6	-2.2
LK Germersheim	44.3	4.9	2.5	4.3	-0.4	-2.0
Rhein-Hunsrück-Kr.	44.4	4.2	1.6	3.5	0.6	-3.1
LK Altenkirchen	44.7	5.8	1.9	4.9	0.6	-2.3
LK Neuwied	44.8	7.4	1.9	6.0	0.9	-2.2
LK Mayen-Koblenz	45.1	6.9	1.6	5.6	0.3	-1.5
Westerwaldkreis	46.5	6.2	1.9	5.5	0.0	-1.9
LK Südl.Weinstr.	46.6	4.6	2.4	4.2	-0.6	-1.9
LK Pirmasens	49.1	5.3	1.6	4.1	0.3	-1.0
LK Trier-Saarburg	52.0	5.9	1.1	5.4	-1.0	-1.3
LK Bernkastel-Wi.	53.6	6.8	2.1	5.7	-0.1	-1.3
LK Bitburg-Prüm	54.6	6.9	1.5	6.2	0.0	-1.7
LK Ahrweiler	56.4	6.9	2.9	5.6	-0.1	-1.5
LK Cochem-Zell	56.6	4.7	2.4	2.2	-1.0	-0.5
LK Daun	59.4	5.4	2.7	4.5	0.3	-1.5

Quelle: Eigene Berechnungen der Prozentergebnisse mit Bezug auf
die Wahlberechtigten.

Zeichenerklärung: LK = Landkreis
KS = Kreisfreie Stadt
Whlr = Wähler/Wahlberechtigte
BrWh = Briefwähler/Wahlberechtigte

um. (10) (Vgl. Statistisches Landesamt Rheinland-Pfalz (Hrsg.), 1981: 16). In diesem Wahljahr erwiesen sich die Hochburgen beider Parteien als Wahlgebiete mit sicherem Zugewinn.

Die F.D.P. profitierte von der CDU (+ 0,56). Ihre Verluste fielen in CDU-starken Gebieten am geringsten aus. Sie verlor gegenüber 1979 vor allem in Gebieten, in denen die SPD mit hohen Wähleranteilen vertreten ist (- 0,52) und sie selbst noch 1979 gute Ergebnisse erzielt hatte (- 0,31). Vergleichszahlen für die Grünen fehlen, weil sie 1979 nicht kandidiert haben.

1.3 Wahlberechtigte und Wahlbeteiligung der Bundes- und Landtagswahlen 1983 in Rheinland-Pfalz

1983 waren etwa 2.8 Mio. Rheinland-Pfälzer wahlberechtigt. Zur Bundestagswahl waren dies etwa 57.000 Bürger mehr als 1980, für die Landtagswahl sogar fast 100.000 Stimmberechtigte über der Zahl von 1979, obwohl die Gesamtzahl der Bevölkerung im Zeitraum von 1979 bis 1983 leicht sank. Der Anstieg der Wahlberechtigten muß also auf Umschichtungen in der Altersstruktur der Gesamtbevölkerung zurückzuführen sein.

Von den rund 2.8 Mio. Stimmberechtigten waren etwa 1.490 Mio. Frauen und 1.321 Mio. Männer. Das entspricht einem prozentualen Verhältnis von 53:47. Die Unausgeglichenheit kommt vor allem dadurch zustande, daß in den Altersklassen der über 60jährigen der Frauenanteil den der Männer deutlich übersteigt. In den jüngeren Jahrgängen gibt es dagegen eine geringfügig höhere Anzahl von Männern in der Wahlbürgerschaft (vgl. Tabelle 9, Spalten 2 und 3).

Über die verschiedenen Größenordnungen der Altersgruppen gibt die 5. Spalte in Tabelle 9 Auskunft. Für die Kriegs- und unmittelbare Nachkriegsgeneration (Altersklassen 30-40 Jahre) weist sie einen vergleichsweise geringen Anteil an der Gesamtwahlbürgerschaft aus. 13,8 % der Stimmberechtigten waren Jungwähler (unter 25 Jahren).

Die Wahlbeteiligung der Bundes- und Landtagswahl lag gleich hoch bei 90,4 %. Für die Bundestagswahl war sie damit gegenüber 1980 geringfügig höher (1980: 89,9 %), für die Landtagswahl erreichte sie dagegen eine - verglichen mit 1979 außergewöhnliche, angesichts der gleichzeitigen Bundestagswahl natürlich nicht außergewöhnliche - Zunahme um 9 %-Prozentpunkte. (Zur Wahlbeteiligung bei allen rheinland-pfälzischen Landtagswahlen vgl. den Beitrag 1 von Sarcinelli in diesem Band.)

Neben Aussagen zur Altersstruktur der Nichtwähler kann die Repräsentative Wahlstatistik auch genauere Auskunft darüber geben, ob der

Tabelle 9: Die Altersstruktur der Wahlberechtigten zur Landtagswahl 1983 in Rheinland-Pfalz

Altersgruppe	Wahlberechtigte				
Jahre	Anzahl abs. in 1000	Männer %	Frauen %	Häufigkeiten einfach %	kumul. %
18 - 21	146.0	51.3	48.7	5.2	5.2
21 - 25	240.5	52.3	47.7	8.6	13.8
25 - 30	259.8	52.2	47.8	9.2	23.0
30 - 35	240.8	51.3	48.7	8.6	31.6
35 - 40	189.4	49.6	50.4	6.7	38.3
40 - 45	262.9	50.4	49.6	9.4	47.7
45 - 50	275.1	50.8	49.2	9.7	57.4
50 - 60	447.2	47.8	52.2	15.9	73.3
60 - 70	338.3	40.2	59.8	12.0	85.3
über 70	411.7	35.3	64.7	14.6	100.0

Quelle: Eigene Berechnungen nach den Grundzahlen der Stat. Berichte Repräsentative Wahlstatistik Landtagswahl 1983:4
- die absoluten Wahlberechtigtenzahlen der verschiedenen
Altersgruppen basieren auf Hochrechnungen des Statistischen
Landesamtes.

große Unterschied in den Landtagswahlbeteiligungen zwischen 1979 und
1983 etwa auf unterschiedliche Teilnahmebereitschaften in verschiedenen Altersgruppen zurückgeht.

Schaubild 1 (s. nächste Seite) enthält die Nichtwähleranteile nach
Alter und Geschlecht.

Bei den Jungwählern besteht ein augenfälliges Maximum in der Stimmenthaltung (etwa 17 %), auf konstant niedriger Quote liegen die Altersgruppen zwischen 40 und 60 Jahren (um 6 %), einen Anstieg verzeichnen wieder die über 70jährigen (im Mittel um 12 %). Für diesen
Befund bieten sich verschiedene Erklärungsursachen an, denen wegen
fehlender Daten für Rheinland-Pfalz nicht mit Belegen zum Nicht-
Wahlverhalten nachgegangen werden kann. Es können daher nur wahr-
scheinliche Gründe dafür angegeben werden.

Zunächst erscheint aber weniger die Höhe der Stimmenthaltungen bzw.
Wahlverweigerungen erklärungsbedürftig zu sein als die generell hohe Wahlbeteiligung bei Bundestagswahlen (und mit Einschränkungen
auch bei Landtagswahlen). Eine dazu weit verbreitete Begründung besagt, daß in der Bundesrepublik die Stimmabgabe in weit stärkerem

Schaubild 1: Die Nichtwähler zur Landtagswahl von Rheinland-
Pfalz nach Alter und Geschlecht

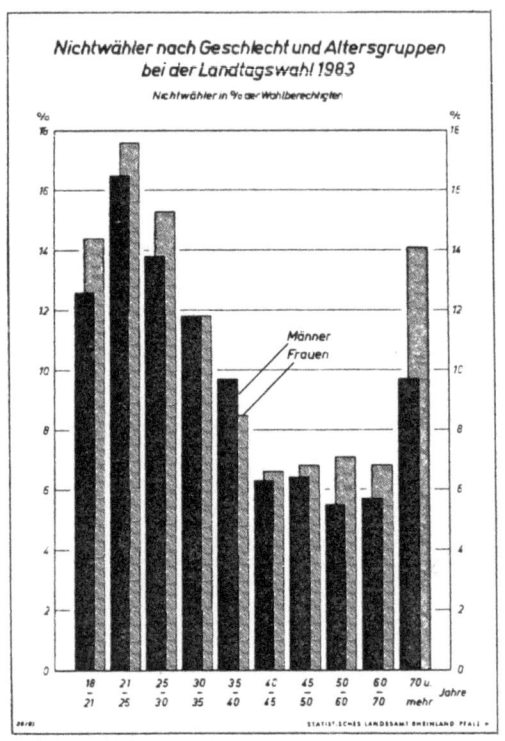

Quelle: Statistische Berichte Repräsentative Wahlstatistik
Landtagswahl 1983:4

Maße als "staatsbürgerliche Pflicht" empfunden wird als etwa in den
Vereinigten Staaten, Großbritannien oder Frankreich. Dem Ziel der bewußten politischen Einflußnahme komme hierzulande untergeordnete Bedeutung als Motiv für die Beteiligung an der Wahl zu. (11) Das würde,
auf die Nichtwähler in den verschiedenen Altersgruppen übertragen,
bedeuten, daß Jungwähler die Wahlnorm (noch nicht) so stark verinner-
licht hätten wie vor allem die mittleren Jahrgänge. Es könnte aber
auch bedeuten, daß die politische Kultur in den 70er Jahren sich so
verändert hat, daß im Gegensatz zur Vorkriegs- und unmittelbaren
Nachkriegsgeneration die jüngere Generation mit der Wahlentscheidung
eher eine bewußte politische Entscheidungssituation verbindet und

gegebenenfalls nicht zur Wahl geht, wenn sie sich nichts davon verspricht. Es könnte jedenfalls eintreffen, daß für die jetzt 18- bis 30jährigen auch in Zukunft ein besonderes staatsbürgerliches Pflichtgefühl als Wahlmotiv eine vergleichsweise untergeordnete Rolle spielen wird.

Neben dem fehlenden staatsbürgerlichen Pflichtgefühl werden vor allem folgende vier Gründe für hohe Nichtwählerquoten genannt (12) (Vgl. auch Kaltefleiter/Nißen 1980: 157-165):
1. Die Verhinderung am Wahltag - etwa wegen Krankheit oder unvorhergesehener Abwesenheit vom Wahlort -, die aber als "unpolitischer" Grund weniger interessiert.
2. Die generelle Wahlverweigerung als bewußter Ausdruck politischen Protests.
3. Nichtwahl als Durchgangsstadium beim Parteiwechsel.
4. Desinteresse bzw. das Gefühl politischer Einflußlosigkeit.

Aus der Beobachtung, daß nur 31 % der von ihm untersuchten Nichtwähler die Wahlbeteiligung grundsätzlich ablehnen, schließt Günther Radtke, daß Nicht-Wahlbeteiligung auch ein "Durchgangsstadium zur Teilnahme an Wahlen" sein kann (13), etwa beim Wechsel von einer Partei zur anderen.

Nicht zu vergessen sind diejenigen, die ihre Nichtteilnahme als Ausdruck einer bewußten Protesthaltung gegenüber Parteien und Kandidaten oder allgemein gegenüber dem politischen System sehen. Schließlich hält es nach Umfrageergebnissen - allerdings aus den 60er Jahren - ein hoher Prozentsatz der Nichtwähler für sinnlos, sich überhaupt mit Politik zu beschäftigen, was zum Großteil auf das Gefühl zurückgeführt wird, das politische Geschehen doch nicht beeinflussen zu können. (14) Auf die Frage zurückkommend, ob die Zusammenlegung der beiden Wahltermine die Beteiligungsbereitschaft bestimmter Altersgruppen beeinflußte, wird in Tabelle 10 ein Vergleich zu 1979 gezogen. Aus ihm geht eindeutig hervor, daß die Zusammenlegung viel mehr jüngere Wähler an die Wahlurnen geführt hat, als bei "einfachen" Landtagswahlen zu erwarten gewesen wäre.

Das bedeutet letztendlich, daß bei den jungen Bürgern bis 35 Jahren das Interesse an der Landespolitik viel geringer ist als bei den älteren Generationen.

2. Fragestellungen und Erklärungsansätze zur Analyse des Wahlverhaltens

Das Untersuchungsinteresse der Wahlforschung richtet sich zunächst auf die Erklärung des individuellen Wahlverhaltens. Zu diesem Problem sind eine große Anzahl von Hypothesen formuliert worden. Faßt

Tabelle 10: Vergleich der Wahlbeteiligungen zu den Landtagswahlen
1979 und 1983 in Rheinland-Pfalz nach fünf Altersgruppen

Altersgruppe	Landtagswahlbeteiligung		
	1979 in %	1983 in %	Diff. in %
18 - 25	67.9	84.3	+ 16.4
25 - 35	74.4	86.8	+ 12.4
35 - 45	83.6	92.5	+ 8.9
45 - 60	85.9	93.6	+ 7.7
über 60	83.6	90.4	+ 6.8

Quelle: Nach Statistische Berichte Repräsentative Wahlstatistik
Landtagswahl 1983:6

man die zueinander passenden Aussagen unter dem Gesichtspunkt zusammen, welche Ursachen für das Wahlverhalten als entscheidend angenom-
men werden, so wird in der Wahlforschung häufig von Modellen des
Wahlverhaltens gesprochen.

Nach Falter (15) lassen sich die Grundmodelle danach unterscheiden, ob
Persönlichkeits- oder Umweltfaktoren als Hauptursachen der Wahlentscheidung angesehen werden. Die entsprechenden Modelle benennt er
"psychologischer" bzw. "soziologischer Ansatz". Ihre Grundidee läßt
sich aber vielleicht besser mit den Begriffen "Modell des individuellen Wahlverhaltens" bzw. "Modell des Gruppenwahlverhaltens" ausdrücken. Denn die eine Erklärungsmöglichkeit stützt sich auf die Annahme, daß ausschließlich individuelle Einstellungen, "vor allem die
Identifizierung mit einer bestimmten Partei, die Bewertung politischer Streitfragen und die Orientierung gegenüber den zur Wahl stehenden Kandidaten(,) ... den Wähler mit unterschiedlicher Intensität
in divergierende politische Lager drängen." (16) Der andere Ansatz
stellt die von sozialen Gruppenbeziehungen ausgehenden Einflußme-
chanismen in den Vordergrund. "Die Zugehörigkeit zu sozialen Grup-
pierungen mit erkennbaren Wahlnormen, die Kommunikation mit Meinungs-
führern und das politische Klima der nächsten Umgebung sind diesem
Ansatz zufolge die entscheidenden Bedingungsfaktoren des Wahlverhaltens. Gleiche Gruppenzugehörigkeit führt, wenigstens tendenziell,
zu gleichem Wahlverhalten." (17) Beide Standardmodelle werden in den
folgenden Kapiteln beschrieben.

180

2.1 Ein Modell des individuellen Wahlverhaltens

Einen Versuch, die verschiedenen Annahmen über die individuellen
Beeinflussungsfaktoren des Wahlverhaltens zusammenzufassen, haben
Klingemann und Klingemann/Taylor (18) unternommen, an denen sich
diese knappe Übersicht orientiert.

Klingemann unterscheidet drei verschiedene Faktoren, die das individuelle Wahlverhalten beeinflussen:
1. den sozialstrukturellen Hintergrund des Individuums,
2. die langfristig verfestigte Parteisympathie des Wählers,
3. kurzfristige, politische Überlegungen des Wählers.

Schaubild 2: Ein Modell des individuellen Wahlverhaltens

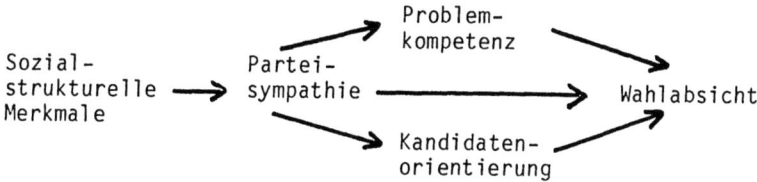

Langfristig stabile -   kurzfristige Einflußfaktoren

Quelle: nach Klingemann 1976: 227

Nach dem Modellentwurf von Klingemann (vgl. Schaubild 2) wirken diese drei Faktoren in der Weise auf die Wahlentscheidung ein, daß die
Einbindung des Bürgers in soziale Gruppen (sozialstruktureller Hintergrund) zunächst eine "gefühlsmäßige Hinwendung des Bürgers zu einer Partei" verursacht - die Parteisympathie. (19) Klingemann/Taylor
legen sich nicht fest, welche sozialstrukturell vermittelten Erfahrungen die Parteibindung hervorrufen. Als Erklärungsmöglichkeiten
kommen dafür die Vermittlung politischer Präferenzen im Elternhaus
oder der Schule, aber auch später noch die politische Beeinflussung
durch die Zugehörigkeit zu verschiedenen anderen sozialen Gruppen
(Nachbarschaft, Berufskollegen, Interessengruppen, Religionsgemeinschaften etc.) in Frage. Außerdem läßt sich der soziale Status bzw.
die persönliche Identifikation mit einer bestimmten Gesellschafts-
schicht als Ursache für eine bestimmte Parteineigung annehmen. Im
einzelnen wird auf dieses Problem noch im Zusammenhang mit der Be-

deutung der sozialen Umwelt für das Wahlverhalten im nachfolgenden Kapitel 4.2. über das Modell des kollektiven Wahlverhaltens eingegangen. Entscheidend für das Erklärungsmodell der individuellen Wahlentscheidung ist jedenfalls die Annahme, daß in ihm kein direkter Einfluß der sozialstrukturellen Merkmale des Individuums auf die Wahlentscheidung gesehen wird, sondern dieser über die Entwicklung einer bestimmten persönlichen Parteineigung vermittelt ist.

Meß- und damit nachweisbar ist die Parteisympathie durch Umfragen, in denen sie mit dem sogenannten Partei- oder Sympathieskalometer - einer Standardfrage in deutschen Wahlumfragen - erhoben wird. "Bei dieser Frage werden die Befragten aufgefordert, mit Hilfe einer Skala auszudrücken, für wie sympathisch oder unsympathisch sie eine bestimmte politische Partei halten." (20) Ein Auszug aus der Wahlstudie der Forschungsgruppe Wahlen e. V. veranschaulicht, in welcher Form die Parteisympathie der Befragten festgestellt werden kann. Die Interviewten wurden gefragt: "Und was halten Sie - so ganz allgemein - von den politischen Parteien? Sagen Sie es bitte anhand dieser Skala. + 5 heißt, daß Sie sehr viel von der Partei halten, - 5 heißt, daß Sie überhaupt nichts von ihr halten. Mit den Werten dazwischen können Sie Ihre Meinung abgestuft sagen. Was halten Sie von der SPD, von der CDU, der CSU, der FDP und den Grünen?" Dann wurde ihnen eine Liste überreicht, in die sie ihre Wertung eintragen konnten.

Liste 1: Parteisympathieskalometer

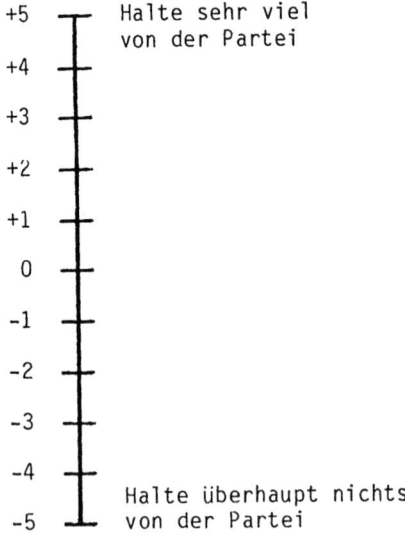

182

Leider sind in den Wahlberichten der Forschungsgruppe nur an einer Stelle Hinweise auf Auswertungsergebnisse zu dieser Frage - und das auch nur als Mittelwerte aller Befragten einer repräsentativen Auswahl für das Bundesgebiet - wiedergegeben, so daß für diesen noch anscheinend wichtigen Entcheidungsgrund für die Wahl keine Vergleiche zwischen den Parteisympathien der Wähler in Rheinland-Pfalz und dem Bundesgebiet durchgeführt werden können. Die Befragten des Bundesgebiets stuften die CDU im Mittel bei + 1,5, die SPD bei + 0,8 und die CSU bei + 0,5 ein; die Liberalen lagen unmittelbar vor der Wahl bei - 0,4 und die Grünen bei - 1,7. Welche Konsequenzen diese Sympathiewerte für das Wahlverhalten hatten, bleibt wegen fehlender Veröffentlichungen im dunkeln.

Erwähnenswert in diesem Zusammenhang ist jedoch die Feststellung, daß einige Tage vor der Wahl noch 17 % der Befragten angaben, in ihrer Wahlentscheidung noch unsicher zu sein. "Diese Unsicherheit war ... etwa doppelt so hoch wie zum gleichen Zeitpunkt vor der Wahl 1980. Sie war am größten bei den Wählern der FDP, wo fast 40 % nicht sicher waren, ob sie sich letztlich für die Liberalen entscheiden würden. Sie war auch sehr hoch bei den Wählern der Grünen und der SPD (18 %). Sie war relativ gering bei den Wählern der Union (12 %), jedoch im Verhältnis zu 1980 auch hier etwa doppelt so hoch." (21) Daraus kann der Schluß gezogen werden, daß 1983 langfristige Parteibindungen gegenüber kurzfristigen, aktuellen Überlegungen eine geringere Rolle gespielt haben als 1980.

Die gleiche Behauptung wird auch durch die Antworten auf die Frage nach der Stärke der Parteibindung gestützt. "Während damals (1980, A. E.) noch etwa 60 % der Anhänger der beiden großen Parteien starke Bindungen und etwa 25 % mäßige Parteibindungen gezeigt hatten, gaben jetzt nur noch etwa 40 % der SPD-Anhänger und etwa 45 % der Unionsanhänger starke Parteibindungen an. ... Nur noch 10 % der FDP-Wähler zeigten starke und etwa ein Viertel mäßige Bindungen an die Partei. 1980 hatten noch etwa (je, A. E.) ein Viertel der FDP-Wähler starke oder mäßige Bindungen an die Partei gezeigt." (22) Angaben zu den Parteibindungen der Grünen wurden nicht gemacht. Anscheinend hat aber der Regierungswechsel im Oktober vor der Wahl in allen Parteien bei einem nicht unbeträchtlichen Anteil der Wähler zu einer Lockerung der Bindung an ihre Partei geführt.

Während die Parteisympathie - ungeachtet der soeben festgestellten Veränderungen der Parteibindungen in der bundesdeutschen Wählerschaft - als ein langfristig relativ stabiler Einflußfaktor auf die Wahlabsicht gilt, werden Problemkompetenzeinschätzung und Kandidatenorientierung als kurzfristige Wirkungsgrößen angesehen, die gegebenenfalls erklären, warum Wähler in einer bestimmten Wahl ihre Stimme abweichend von ihrer prinzipiellen Parteipräferenz abgegeben haben.

Die Problemkompetenzeinschätzung ist Teil der Vorstellungen, die Bürger über die Fähigkeiten der Parteien haben, in bestimmten politischen Sachbereichen eine gute Politik zu machen. Aus der Sicht des Wählers wird dabei eine doppelte Entscheidung unterstellt: 1) der Wähler bildet sich ein Urteil über die Bedeutung der politischen Probleme, und 2) der Wähler entscheidet, welche Partei wohl mit den wichtigsten Problemen am besten fertig werden könnte.

Für die Bedeutungseinschätzung der wesentlichsten politischen Sachfragen liegen von INFAS für die Wahl 1983 detaillierte Erhebungen vor, die auch Vergleiche in der Prioritäteneinschätzung zwischen den Bevölkerungen von Rheinland-Pfalz und dem Bundesgebiet zulassen. Auf die Frage: "Hier auf dieser Karte stehen einige politische Aufgabenbereiche. Welche drei davon halten Sie persönlich für die wichtigsten?" gaben die Befragten die in Tabelle 11 erfaßten Antworten.

Tabelle 11: Politische Prioritäten in Rheinland-Pfalz und im Bundesgebiet 1978/79 und 1982/83

Politische Sachfragen	Rheinland-Pfalz 1979	Rheinland-Pfalz 1983	Bundesgebiet 1983
Soziale Sicherheit, Sozialpolitik	56 %	53 %	57 %
Wirtschaftspolitik	51 %	50 %	57 %
Friedenspolitik	--	39 %	43 %
Innere Sicherheit	48 %	20 %	23 %
Gesundheitswesen	25 %	17 %	15 %
Bildung, Schule	31 %	13 %	16 %
Umweltschutz	22 %	11 %	23 %
Energiepolitik	--	11 %	15 %
Äußere Sicherheit	10 %	4 %	12 %
Mitbestimmung	9 %	4 %	5 %
Ostpolitik	7 %	3 %	6 %
Verkehrswesen	9 %	9 %	3 %
Städtebau, Wohnungswesen	2 %	3 %	3 %
Europapolitik	15 %	2 %	9 %

Quelle: INFAS-Report 1983: 58. INFAS-Repräsentativerhebungen im Bundesgebiet (ohne West-Berlin). Juni 1978 bis Februar 1979 bzw. Oktober 1982 bis Februar 1983; daraus Sonderauswertungen für Rheinland-Pfalz, 1978/79, 971 Fälle, 1982/83, 341 Fälle. Die Angaben über die politischen Prioritäten im Bundesgebiet stammen aus einer Repräsentativerhebung vom Februar 1983 mit 1363 Fällen.

Betrachtet man zunächst nur die Abweichungen in den politischen
Prioritäten der rheinland-pfälzischen Bevölkerung zwischen 1979
und 1983, so bestätigt sich die im Zusammenhang mit der Zusammenlegung der Wahltermine erörterte These vom Bedeutungsverlust der Landespolitik. Die typisch landespolitischen Themenbereiche wie das
Gesundheitswesen und die Bildungspolitik stießen 1983 auf viel geringere öffentliche Resonanz als 1979. Mit allem Vorbehalt scheint
die politische Urteilsbildung der Wähler - zumindest was den Bezug
auf politische Sachfragen angeht - also nicht zwischen Bundes- und
Landespolitik zu differenzieren und im großen und ganzen von der
Bundespolitik bestimmt zu sein.

Eine Beurteilung der Kompetenz der Parteien in jeder dieser Einzelfragen liegt nicht vor. Dafür wurde für die Bundes- und Landesregierung und -opposition eine generelle Kompetenzeinstufung vorgenommen. Die Antworten auf die Frage: "Wie wird die Bundesregierung mit
den vor ihr liegenden Problemen fertig: gut, eher gut, eher schlecht,
schlecht?" sind in Tabelle 12 dargestellt.

Tabelle 12: Kompetenzeinschätzung der Bundesregierung vor den

Wahlen 1983

Kompetenzeinschätzung	im Bund		in Rheinland-Pfalz	
gut	15 %	} 50 %	13 %	} 46 %
eher gut	35 %		33 %	
eher schlecht	32 %	} 40 %	38 %	} 46 %
schlecht	8 %		8 %	
Keine Angabe	10 %		8 %	

Quelle: Nach INFAS-Report 1983:53

Nach Tabelle 12 stuften die rheinland-pfälzischen Bürger die Problemkompetenz der Bundesregierung schlechter ein als die Bundesbürger.
Auf den ersten Blick steht diese Beobachtung im Gegensatz zum Wahlergebnis, das für die Regierungsparteien ein - wenn auch gering -
überdurchschnittliches Ergebnis brachte. (Vgl. Tabelle 1 und Tabelle
4). Eine weiterführende Interpretation der Zahlen ist beim zugänglichen Datenmaterial nicht erlaubt. Vor allem kann die Kompetenzeinschätzung ja nicht nach den einzelnen Parteien dif-

ferenziert werden, weil INFAS auch hier wiederum nur die Mittelwerte für alle Befragten als Ergebnis ausdruckt. Wie schon bei der Sympathieeinstufung beschränkten sich die Wahlforschungsinstitute also darauf, allgemeine Kompetenzeinstufungen zu veröffentlichen, die nicht mit den Wahlergebnissen einzelner Parteien in Beziehung gesetzt werden können und deshalb für eine Erklärung der unterschiedlichen Parteiergebnisse in Land und Bund wenig hilfreich sind.

Die gleiche Feststellung trifft im Prinzip auch für die Erhebungen zur Kompetenzeinschätzung der SPD-Opposition zu. Auf die Frage: "Meinen Sie, daß die Opposition, wenn sie an der Regierung wäre, diese Aufgaben und Probleme besser bewältigen könnte, oder meinen Sie das nicht?" lauteten die Antworten:

Tabelle 13: Vertrauen in die SPD-Opposition in Bonn

Die SPD könnte die Probleme und Aufgaben der Bundesregierung ...	Bundesgebiet	Rheinland-Pfalz
besser lösen	22 %	26 %
nicht besser lösen	56 %	45 %
keine Angabe	22 %	29 %

Quelle: INFAS-Report 1983:54

Bei etwas höherer Unsicherheit der Befragten (29 %) lag dennoch die generelle Kompetenzeinschätzung für die Bonner SPD-Opposition in Rheinland-Pfalz klar erkennbar höher als im Bundesgebiet. Die bessere Einschätzung der politischen Fähigkeiten der SPD wirkte sich aber offenbar nicht entsprechend auf das Landesergebnis aus, das mit nur 0,2 % über dem Bundesdurchschnitt lag.

Die Kandidatenorientierung beschreibt beim Wähler eine kombinierte Sympathie- und Kompetenzeinschätzung für die zur Wahl stehenden Kandidaten - vor allem der Spitzenkandidaten -, die Parteien zur Wahl aufstellen. Diese Kandidateneinschätzung wird wie die Parteisympathie üblicherweise mit einem Skalometer für die Spitzenkandidaten gemessen.

Nach einer Umfrage der Forschungsgruppe Wahlen lagen die Sympathiewerte für die Spitzenkandidaten in den Monaten vor der Wahl bei den in Tabelle 14 ausgewiesenen Mittelwerten.

Tabelle 14: Beurteilung der Spitzenpolitiker
(Mittelwerte aller Befragten des Bundesgebiets)

	Nov. 82	Jan. 83	Feb. 83
Kohl	1.0	1.2	1.5
Vogel	1.4	1.4	0.8
Strauß	- 0.1	- 0.1	- 0.1
Genscher	- 0.8	- 0.7	- 0.5

Quelle: Forschungsgruppe Wahlen 1983: 29

Im November nach der Regierungsumbildung lag der Oppositionsführer
Hans-Jochen Vogel in der Sympathieeinschätzung noch vor dem Bundeskanzler; im Laufe des Wahlkampfs veränderte sich jedoch das öffentliche Meinungsbild über die beiden Kanzlerkandidaten bis kurz vor
der Wahl zugunsten Helmut Kohls. Eine leichte Verbesserung - wenn
auch im Minusbereich - konnte ebenfalls der Parteivorsitzende der
Liberalen, Hans Dietrich Genscher, verzeichnen, der ein Jahr zuvor,
im März 1982, noch einen Sympathiewert von + 1,6 hatte.

Daß auch Umfrageergebnisse hinsichtlich der Kandidatenbeurteilung
mitunter weit auseinanderliegen können, zeigt der Vergleich der Ergebnisse von INFAS und der Forschungsgruppe Wahlen in der Frage nach
dem gewünschten Bundeskanzler. Beide Repräsentativumfragen wurden Ende Februar 1983 durchgeführt.

Tabelle 15: Gewünschter Bundeskanzler

	INFAS	Forschungsgruppe Wahlen
Kohl	45 %	44 %
Vogel	42 %	37 %
Keine Angabe	13 %	19 %

Quelle: INFAS-Report 1983: 51; Forschungsgruppe Wahlen 1983: 31

So anschaulich gerade Sympathiewerte und Sympathiewertentwicklungen für Spitzenpolitiker auch sein mögen, im Grunde lassen sich aus der Kenntnis der Mittelwerte für alle Befragten keine genaueren Rückschlüsse auf die Wahlentscheidung für einzelne Parteien ziehen. Solange jedenfalls keine mathematisch anspruchsvolleren Schätzverfahren angewandt werden, die auch den Einfluß der Problemkompetenzeinstufung und der generellen Parteibindung auf das Wahlverhalten berücksichtigen, tragen diese einfachen, illustrativen Erläuterungen nicht zum besseren Verständnis der Wahlentscheidung bei.

Die letzte Feststellung trifft mit einer etwas anderen Akzentuierung auch auf die Untersuchungen über die Landesparteien und Landespolitiker zu. Nach den bekanntgewordenen Kandidatensympathie- und Sachkompetenzeinschätzungen hätte die SPD viel schlechter abschneiden müssen, als sich tatsächlich herausstellte.

Tabelle 16: Beurteilungen der rheinland-pfälzischen Kandidaten

Partei	Spitzenkandidaten(1)	Kandidaten(2)
CDU	52 %	52 %
SPD	28 %	31 %
F.D.P.	2 %	1 %
Grüne	-	-
Keine Angabe	18 %	16 %

Fragestellung:

1) "Welche Partei hat die besten Spitzenkandidaten bei Landtagswahlen?"
2) "Welche Partei hat hier in Rheinland-Pfalz bei Landtagswahlen die besten Kandidaten?"

Quelle: INFAS-Report 1983:51

Die Beurteilung von Bernhard Vogel als dem Spitzenkandidaten der CDU lag nach Tabelle 16 prozentual ungefähr in der Größenordnung, die dem Wahlergebnis seiner Partei bei den Landtagswahlen entsprach. Hugo Brandt konnte demnach aber nur etwa zwei Dirttel der SPD-Wähler für sich gewinnen.

Einen zweiprozentigen Sympathiewert für den F.D.P.-Kandidaten Hans-Günther Heinz noch zu interpretieren, verbietet sich aus statistischen Gründen. Bei einer Sonderauswertung von 265 Befragten (23) stützt sich diese Prozentangabe auf gerade 5 Personen, die eine entsprechende Angabe machten.

Auch hinsichtlich der politischen Problemlösungskompetenz geben die rheinland-pfälzischen Bürger der Landes-SPD - ganz im Gegensatz zur Bundes-Partei - ein schlechtes Zeugnis. Nur 16 % der Befragten glaubten, die SPD könne die Aufgaben und Probleme der Landespolitik besser bewältigen, 52 % verneinten, 32 % machten keine Angaben. (24) Wahlentscheidend war die Frage nach der politischen Sachkompetenz aber offenbar nicht, da sonst nicht knapp 40 % der Wähler der SPD ihre Stimme gegeben hätten.

Um die großen Abweichungen in den Beurteilungen der Bundes- und Landesparteien und -politiker vor dem Hintergrund relativ ähnlicher prozentualer Wahlergebnisse verständlich zu machen, sei deshalb zum Schluß noch einmal eine Tabelle präsentiert, die die Antworten auf die Frage enthält, ob bundes- oder landespolitische Aspekte bei der Landtagswahl eine größere Rolle gespielt haben.

Tabelle 17: Die Orientierung an der Landes- und Bundespolitik
bei den Landtagswahlen 1983

Die größere Rolle bei der Wahl spielt die ...	1979	1982/1983
Landespolitik	50 %	13 %
Bundespolitk	15 %	21 %
Beides gleich wichtig	35 %	53 %
Keine Angabe	-	13 %

Quelle: INFAS-Report 1983:60

Aus diesen sehr eindeutigen Resultaten ist abzulesen, wie stark die Landespolitik in ihrer Bedeutung für die Wahlentscheidung zurückgedrängt wurde. Deshalb sollte für zukünftige Wahlen in Erwägung gezogen werden, beide Wahlen, auch wenn sie zeitlich nahe beieinander liegen sollten, dennoch zu verschiedenen Terminen abzuhalten.

Würdigt man insgesamt die Brauchbarkeit des hier vorgestellten Erklärungsansatzes für das individuelle Wahlverhalten, so muß festgestellt werden, daß die Art und Weise seiner Anwendung in den Kurzberichten der beiden Wahlforschungsinstitute keine überzeugende Vorhersage oder Erklärung des Wahlergebnisses erlaubt.

Allgemein scheint aber das Modell der individuellen Wahlentscheidung durchaus plausibel den Prozeß der Meinungsbildung vor der Wahl nachzuvollziehen. Zudem können mit den zentralen Begriffen dieses Ansatzes geläufige Vorstellungen aus dem Alltagsverständnis über den

Wahlprozeß wie etwa die Begriffe des Stamm- und Wechselwählers genauer definiert und wissenschaftlich untersuchbar gemacht werden. Als Stammwähler können danach diejenigen Wähler bezeichnet werden, bei denen über einen längeren Zeitraum die Parteisympathie konstant und so stark ist, daß sie allein die Wahlabsicht zu erklären vermag. Diese Wähler sind schon aufgrund ihrer starken Parteibindung der Meinung, daß die von ihnen präferierten Parteien auch die attraktiveren Kandidaten und im Zweifelsfall auch immer die bessere Problemkompetenz haben. Bei einem Wechselwähler ist die gefühlsmäßige Parteibindung schwächer ausgeprägt und langfristig nicht konstant. Bei ihm spielen die aktuellen Eindrücke von den Kandidaten und der Problemlösungskompetenz eine größere Rolle bei der Entscheidung für eine Partei.

Darüber hinaus kann festgehalten werden, daß das Modell der individuellen Wahlentscheidung mit den Hinweisen auf die Kandidatenorientierung und Problemkompetenz zwei Kriterien nennt, die für ein weitgehend rational abwägendes Urteil bestimmend sein können. Daran, daß Wahlentscheidungen auch rationale Entscheidungen sind, sollte grundsätzlich nicht gezweifelt werden. Fraglich ist jedoch an dem erläuterten Erklärungsmodell die Behauptung, sozialstrukturelle Einflüsse könnten allenfalls als individuelle Sozialisationserfahrungen auf die Wahlentscheidung einwirken, so als wenn sie nur in der politischen Prägephase einmal entscheidend und später - nach Festigung einer Parteipräferenz - gänzlich bedeutungslos wären. Genauso plausibel ist jedenfalls auch die Annahme, daß die sozialstrukturellen Merkmale eines Individuums (Berufsgruppen- bzw. Konfessionszugehörigkeit, Vereins- und Verbandsmitgliedschaften etc.) Hinweise auf aktuelle Gruppeneinflüsse geben. Damit sind die Umweltfaktoren der Wahlentscheidung angesprochen, die in dem zweiten Ansatz zur Erklärung des Wahlverhaltens vorgestellt werden.

2.2 Ein Modell des Gruppenwahlverhaltens

Mit dem Modell der kollektiven Wahlentscheidung wird nicht das Wahlverhalten einzelner Bürger untersucht, sondern davon ausgegangen, daß das Wahlergebnis von Parteien ein Produkt sozialer Milieus ist.

Der Begriff "soziales" bzw. "politisches Milieu" dient in diesem Zusammenhang als Bezeichnung für soziale Einheiten (meist sind damit Gemeinden oder Wohngebiete gemeint), in denen durch das Zusammenwirken einer bestimmten Konfessionsstruktur, der schichten- und bildungsmäßigen Zusammensetzung der Bevölkerung, durch bestimmte regionale historische Traditionen oder spezifische kulturelle Orientierungen ein Zusammengehörigkeitsgefühl entsteht, das u. a. seinen politischen Ausdruck in der Verbundenheit mit einer bestimmten Partei

findet. Parteien können demnach auch als politische Repräsentanten
regionaler und lokaler Milieus als "überregionale Dachverbände
lokaler Kollektive" verstanden werden. (25) Aus der Perspektive
des Individuums betrachtet, ist damit stets die "Zugehörigkeit zu
einer Bezugsgruppe" gemeint, "die weder durch Verwandtschaft noch
durch Beitritt begründet wird. Das Wir-Gefühl dieser Gruppe ist
das Ergebnis sozialen Lernens durch ähnliche Erfahrungen und Le-
benslagen. Dabei entsteht eine im Wortumfeld Lebenskreis, Heimat,
Gemeinde angesiedelte Gruppenbezogenheit, die weder durch Interesse, noch durch Ideologie (allein, A. E.), allenfalls durch Dichte
der Kommunikation, vermittelt erscheint." (26)

Der Kerngedanke dieses Modells läßt sich also so zusammenfassen,
daß durch das Zusammenwirken verschiedener sozialer Gruppen in einer Gemeinde ein bestimmtes Meinungsklima erzeugt wird, das bestimmte Parteien bevorzugt. Das bedeutet nicht, daß in einer Gemeinde immer nur ein Milieu herausgebildet werden muß. Erst das Ne-
beneinanderbestehen verschiedener Milieus mit je eigenen Wahlnormen
kann das Wahlergebnis verschiedener Parteien erklären. Das Hauptziel der Untersuchung des Milieuwahlverhaltens besteht nun darin
herauszufinden, welche soziale Gruppenkomposition das Wahlergebnis
am besten voraussagt.

Der Unterschied des Gruppenansatzes zur Erklärung des individuellen
Wahlverhaltens läßt sich gegenüber dem oben beschriebenen Indivi-
dualmodell noch besser in der Gegenüberstellung je typischer Aussagen deutlich machen.

Die Individualhypothese lautet etwa: "Ein katholischer Landwirt
wählt mit hoher Wahrscheinlichkeit CDU." - In der Kollektivhypothe-
se würde behauptet: "In ländlichen Gemeinden mit hohem Katholiken-
anteil und einem überdurchschnittlichen Anteil von Landwirten liegt
das CDU-Wahlergebnis mit hoher Wahrscheinlichkeit über 55 %". Es
könnte nun entgegnet werden, daß beide Aussagen sich praktisch nicht
unterscheiden, doch das Gegenteil läßt sich leicht demonstrieren.

Denn die erste Hypothese macht allenfalls eine Aussage über das
Wahlverhalten einer bestimmten Personengruppe - der katholischen
Landwirte -, doch die zweite Hypothese geht weiter. Sie sagt etwas
über sämtliche Bewohner einer Gemeinde aus; denn sie behauptet, wenn
auch bislang unausgesprochen, daß in ländlichen katholischen Gemeinden mit hohem Anteil von Landwirten an den Erwerbstätigen auch die
dort lebenden Arbeiter, Angestellten und Beamten oder auch die ansässigen Protestanten überproportional CDU wählen. Insofern geht die
Theorie vom Gruppenwahlverhalten so weit, das Wahlergebnis vorhersa-
gen zu können, ohne genau zu wissen, wie die einzelnen Individuen
entschieden haben.

Welche tieferen Ursachen führen nun eigentlich dazu, daß die Methode der Vorhersage des Gruppenwahlverhaltens so gut funktioniert? Da-

zu wurden hauptsächlich zwei Theorien entwickelt, die Interaktionstheorie und die Interessentheorie. Die Interaktionstheorie nimmt
an, daß die Milieubildung damit erklärbar ist, daß die in bestimmten Wohngebieten lebenden Bewohner miteinander häufiger Umgang haben - interagieren - als mit Personen außerhalb dieses Gebietes.
Eine hohe Kontakthäufigkeit erzeugt nach dieser Theorie sozialen
Anpassungsdruck, so daß auch politische Einstellungen in diesen
Gruppen homogen und stabil sind. Das heißt, wenn sich erst einmal
eine bestimmte Parteineigung durchgesetzt hat, verändert sie sich
in diesen Gebieten nur noch langsam, wenn überhaupt.

Die Interessentheorie besagt, daß Angehörige gleicher sozial-ökono-
mischer Schichten auch gleiche Interessen und folglich gleiche politischen Einstellungen haben. Wenn diese Interessen - wie beispielsweise Arbeiterinteressen in Gewerkschaften - organisiert werden, entsteht durch die höhere Kontakthäufigkeit zwischen den Mitgliedern dieser Gruppe sogar noch ein Verstärkereffekt, der wiederum auf die Interaktionstheorie zurückverweist.

2.3 Ein Mehrebenen-Analysemodell des Wahlverhaltens

Die Gegenüberstellung der Modelle des individuellen und kollektiven
Wahlverhaltens hat schon anklingen lassen, daß es sich bei beiden
im Prinzip nur um verschiedene Wege handelt, die zu ein und demsel-
ben Ziel führen sollen, der Vorhersage des Wahlergebnisses der Gesamtbevölkerung. Sie schließen einander nicht aus. Sie widerspre-
chen sich auch nicht, sondern stellen im Grunde nur zwei verschiedene Aspekte des Wahlverhaltens dar. Deshalb kann bezüglich des Vergleichs der Erklärungsreichweiten beider Ansätze mit Klaus G.
Troitzsch festgehalten werden: "Beide haben ... ihre eigenständige
Berechtigung, beide für sich genügen aber nicht, um individuelles
Wahlverhalten befriedigend zu erklären, denn weder sind es Kontext-
merkmale allein, noch sind es Individualmerkmale allein, die die
individuelle Wahlentscheidung beeinflussen." (27) Ideal wäre deshalb, beide Erklärungswege aufeinander zu beziehen. Wie dies ausse-
hen könnte, versucht das Schaubild 3 zu zeigen, in dem die wichtigsten Variablengruppen und -beziehungen zusammengefaßt werden, die
bei einem annähernd umfassenden - individuellen und Gruppen-Fakto-
ren gleichermaßen berücksichtigenden - Erklärungsmodell beachtet
werden müßten.

Eine wissenschaftlich fundierte Untersuchung des Wahlverhaltens
müßte demnach auf drei Ebenen ansetzen:
1. Sie müßte die individuellen Parteisympathien, Kandidaten- und
   Problemkompetenzeinschätzungen einer repräsentativen Auswahl von
   Befragten erheben.

Schaubild 3: Ein mehrebenenanalytischer Ansatz des Wahlverhaltens

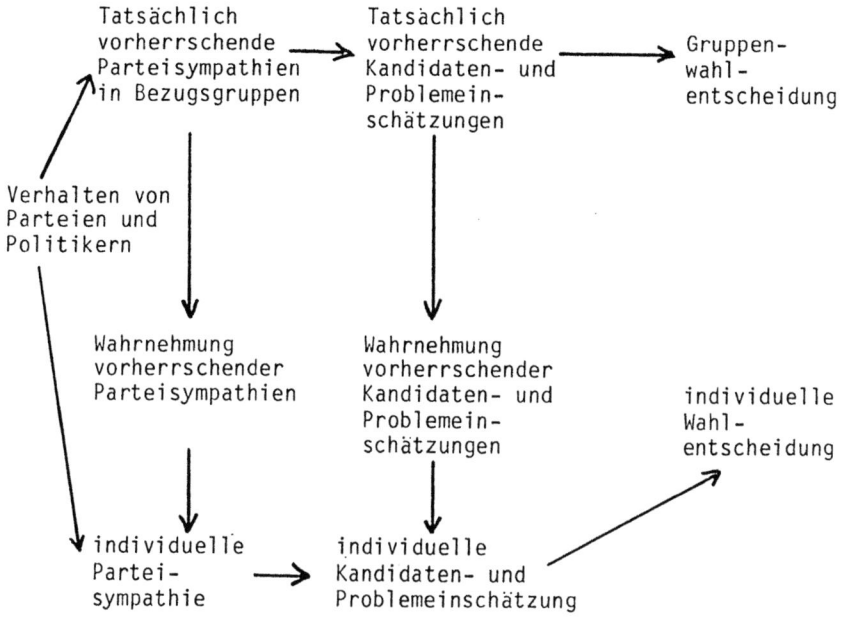

2. Sie müßte die für die politische Urteilsbildung entscheidenden Informations- und Kommunikationskanäle der Befragten ermitteln - einschließlich der Benutzung von Medien zur politischen Information -, um so die individuelle Wahrnehmung politischer Präferenzen in der Umwelt beschreiben zu können.
3. Sie müßte die tatsächlichen Verteilungen der Parteisympathien, Kandidaten- und Problemkompetenzbeurteilungen in den für die Befragten wichtigen Kontakt- und Informationsgruppen erfassen. In der Gegenüberstellung der vorherrschenden politischen Auffassungen in der Lebensumwelt des Befragten und seiner eigenen politischen Überzeugungen könnte dann der Einfluß der Umwelt auf das individuelle Verhalten abgeschätzt werden.

Erst die genaue Kenntnis dieser komplizierten Vermittlungsprozesse der politischen Willensbildung - von der Wahrnehmung des Politikerverhaltens über die Einwirkungen der politischen Umwelt zur eigenen Entscheidungsfindung - erlaubt ein wissenschaftlich begründetes Urteil über Ursachen und Motive der Wahlentscheidung.

Wie schwierig und kostenintensiv aber eine solch umfassende Untersuchung des Wählerverhaltens ist, zeigt schon der notwendige Aufwand an Datenerhebungen, den ein derart komplexes Modell des Wahlverhaltens erfordern würde. Im Grunde müßten alle vier vorne beschriebenen Datenarten in die Untersuchung einbezogen werden. (Vgl.
oben Kapitel 2.1 und 2.2) Zumindest müßten die Wahlergebnis- und
Sozialstrukturdaten der verschiedenen regionalen Ebenen (Wahlbe-
zirk, Wohnort, Gemeinde, Kreis, Land) als Merkmale der politischen
Umwelt analysiert und über Wählerumfragen ausführliche Erhebungen
zu politischen Kommunikationsgewohnheiten und politischen Einstellungen durchgeführt werden. Daraus wird deutlich, daß das letztge-
nannte Untersuchungsmodell - obwohl am erklärungskräftigsten -
schon wegen seines beträchtlichen Datenaufwands nicht herangezogen
wird.

3. Das Wahlverhalten in den Regionen und sozialen Gruppen von Rheinland-Pfalz

3.1 Methodische Vorbemerkungen zur Wahlanalyse mit sozialstruktu-
rellen Aggregatdaten

Die Analyse des sozialstrukturellen Profils der Parteien, ihrer At-
traktivität für und Unterstützung durch soziale Gruppen ist seit
jeher ein Hauptuntersuchungsfeld von Wahlanalysen. In diesem Kapitel wird am Beispiel der sozialstrukturellen Aggregatdatenanalyse
etwas ausführlicher, als es für das individuelle Wahlverhalten aufgrund der Datenlage möglich war, der Erklärungsstrategie des Modells der kollektiven Wahlentscheidung nachgegangen und für Rheinland-Pfalz untersucht, ob regional spezifische Sozialmilieus einen
eigenständigen Einfluß auf das Wahlverhalten ausüben.

Die von den Statistischen Landesämtern bereitgestellten Sozialstrukturdaten gehören zu den besonders leicht und oftmals neben den Wahlergebnissen einzig zugänglichen Informationen. Entsprechend häufig
liegen sie Wahlergebnisinterpretationen zugrunde. Jedoch ist ihre
Interpretation keinesfalls so unproblematisch, wie es ihre oftmali-
ge Verwendung vielleicht nahelegen könnte. Besonders groß ist die
Gefahr, aus rechnerisch exakten Ergebnissen unzulässige und falsche
Schlußfolgerungen zu ziehen, wenn ausschließlich Prozentwertvergleiche als Methode eingesetzt werden und damit Ursache-Wirkungszu-
sammenhänge begründet werden. Um diese Behauptung zu belegen, sei
ein Beispiel zur Landtagswahl von 1983 vorgestellt.

Im INFAS-Report zur rheinland-pfälzischen Landtagswahl findet sich
im Anhang eine Tabelle über den Zusammenhang zwischen dem Ausbil-

dungsstand der Bevölkerung und den Parteianteilen. (28) Auf der Basis der Landkreise und kreisfreien Städte werden die Durchschnittswerte (Prozentwerte) der Parteianteile für drei Klassen berechnet: die 9 Kreise und Städte mit dem niedrigsten Ausbildungsstand, die 18 Kreise und Städte mit mittlerem Ausbildungsniveau und die 9 Kreise und Städte mit dem höchsten Ausbildungsgrad der Bevölkerung (vgl. Tabelle 18).

Tabelle 18: Landtagswahlergebnisse in den kreisfreien Städten und Landkreisen von Rheinland-Pfalz nach dem Ausbildungsgrad der Bevölkerung

	CDU	SPD	F.D.P.	Grüne
niedriger Ausbildungsstand	54.4	37.3	3.7	4.1
mittlerer Ausbildungsstand	52.5	39.1	3.7	4.3
hoher Ausbildungsstand	47.6	43.4	3.0	5.5

Quelle: Auszug aus INFAS-Report 1983:D8.

Die Tabelle scheint eine eindeutige Interpretation nahezulegen: Die CDU habe in den Gebieten gut abgeschnitten, in denen das Bildungsniveau niedrig sei. Die F.D.P. habe in Gebieten mit hohem Ausbildungsstand die größten Verluste erlitten. SPD und Grüne hätten um so bessere Wahlchancen, je höher der Ausbildungsgrad der Bevölkerung sei.

Zwar ist nicht bekannt, mit welchen Gebietsmerkmalen INFAS den Ausbildungsstand der Bevölkerung gemessen hat, doch wird in etwa das gleiche Ergebnis erzielt, wenn als Indikator für den Ausbildungsstand der "Anteil der Grund- und Hauptschulabsolventen an der Gesamtbevölkerung" herangezogen wird. Im folgenden wird dieses Ergebnis mit einigen rechnerischen Verfeinerungen nachvollzogen, die die Genauigkeit erhöhen sollen.
1. Die durchschnittlichen Prozentanteile der Parteien für die verschiedenen Ausbildungsstandsklassen werden nicht einfach addiert und durch die Anzahl der Gebietseinheiten dividiert, wie es bei einer "normalen" Mittelwertberechnung üblich ist, sondern jede Gemeinde geht mit dem Gewicht ihrer Wahlberechtigtenanzahl in die Rechnung ein. Würde nicht gewichtet, dann hätten die Partei-

prozentanteile einer Gemeinde mit 1.000 Einwohnern für das Gesamtergebnis die gleiche Bedeutung wie die Prozentanteile in
einer Großstadt mit 100.000 Wahlberechtigten.
2. Die prozentualen Stimmenanteile der Parteien werden nicht auf
die Anzahl der abgegebenen gültigen Stimmen bezogen, wie es in
der amtlichen Wahlstatistik geschieht, sondern auf alle Wahlberechtigten. (Zur näheren Begründung vgl. Anmerkung 2).
3. Es werden im Unterschied zu INFAS nicht die 36 Landkreise und
kreisfreien Städte als Gebietseinheiten genommen, sondern die
213 selbständigen Gemeinden (kreisfreie Städte, verbandsfreie
Gemeinden und Verbandsgemeinden).

Tabelle 19: Landtagswahlergebnisse 1983 in den Gemeinden und
kreisfreien Städten von Rheinland-Pfalz nach dem
Ausbildungsgrad der Bevölkerung

	CDU	SPD	F.D.P.	Grüne
niedriger Aus- bildungsstand	39.5	32.7	2.5	3.7
mittlerer Aus- bildungsstand	45.1	31.1	3.0	3.2
hoher Aus- bildungsstand	39.8	36.1	3.4	3.0

Quelle: eigene Berechnungen

Ein erster Unsicherheitsfaktor bei Prozentwertvergleichen liegt also schon bei der Festlegung der Gebietsebene, für die Prozentzahlen
berechnet werden. Denn wie aus Tabelle 19 leicht zu entnehmen ist,
scheint nunmehr - auf der Ebene der Städte und Gemeinden berechnet - die CDU ihr bestes Ergebnis in Gebieten mit mittlerem Ausbildungsniveau zu erreichen und die SPD jedenfalls in Gebieten mit
niedrigem Ausbildungsstand mehr Stimmen zu erhalten als in solchen
mit mittlerem. Für die F.D.P. bleibt die Interpretation gleich, dafür muß sie bezüglich der Grünen ins Gegenteil verkehrt werden. Die
Grünen erhalten plötzlich nicht mehr in Gemeinden mit hohem, sondern mit niedrigem Ausbildungsgrad die meisten Stimmen.

Kontrolliert man zusätzlich die Bevölkerungsdichte bzw. die Gemein-
degröße als ein Merkmal, das den Zusammenhang zwischen Bildungsstand
und Parteienanteilen beeinflussen kann, dann lassen sich die Schlußfolgerungen aus Tabelle 18 überhaupt nicht mehr mit den Zahlen belegen.

Tabelle 20 enthält die Parteistimmenanteile bei den Landtagswahlen
1983 nach dem Ausbildungsstand und der Bevölkerungsdichte in den Ge-

meinden und Städten.

Tabelle 20: Das Landtagswahlergebnis in den Städten und Gemeinden nach Ausbildungsstand und Bevölkerungsdichte

Bevölk.-dichte	Ausbild.-stand	CDU	SPD	F.D.P.	Grüne
niedrig	niedrig	44.4	29.6	2.7	4.0
	mittel	44.6	32.0	2.9	3.0
	hoch	43.8	33.2	2.9	3.0
mittel	niedrig	45.9	27.5	3.3	3.6
	mittel	47.0	29.4	2.9	3.3
	hoch	38.2	37.7	3.5	3.0
hoch	niedrig	41.0	32.1	2.4	3.5
	mittel	43.3	32.6	3.1	3.1
	hoch	41.0	34.3	4.0	3.3

Quelle: Eigene Berechnungen

Der Versuch, mit einer Kreuztabelle den Einfluß der Bevölkerungsdichte auf den Zusammenhang zwischen Parteiergebnissen und Ausbildungsgrad der Bevölkerung auszuschalten, führt also dazu, daß keinerlei eindeutige Beziehungen mehr erkannt werden können.

Es gibt also auch noch eine zweite, häufig übersehene Fehlermöglich-
keit. Mit dem Prozentwertvergleich zweier Sozialstrukturmerkmale
wird unterstellt, daß es sich um einen direkten, von anderen Merkmalen unbeeinflußten Zusammenhang handelt. Aber setzen verschiedene
Berufe nicht auch verschiedene Ausbildungsgrade voraus? Könnte nicht
auch die hohe Korrelation des Bildungsstands mit Parteianteilen dadurch verursacht sein, daß ein Scheinzusammenhang beobachtet wurde,
der zustande kam, weil beispielsweise Berufsgruppen, die eine gleiche Parteineigung haben, auch einen ähnlichen formalen Bildungsabschluß erworben haben?

Aus diesem Grund muß bei der Betrachtung zweiseitiger Beziehungen
immer die zusätzliche Frage gestellt werden, ob nicht andere Ursachen das Ergebnis beeinflußt haben können. Deshalb ist es geboten,

Prozentwertvergleiche für zwei Variablen allenfalls zur Illustration zu benutzen, wenn mit anderen Methoden und guter Kontrolle möglicher Störvariablen ein sicherer Zusammenhang nachgewiesen worden ist. Methodische Alternativen zu Prozentwertvergleichen bestehen in sogenannten multivariablen Rechenverfahren. Mit ihnen können die Beziehungen zwischen mehreren Merkmalen auf Zusammenhänge untereinander untersucht werden. Diese Datenauswertungsstrategie soll auch bei der nachfolgenden Interpretation der rheinland-pfälzischen Wahlergebnisse von 1983 angewandt werden.

3.2 Die Sozialstruktur von Rheinland-Pfalz

Um die beschriebenen Fehlinterpretationen zu umgehen, wurde auf der Grundlage aller verfügbaren Sozialstrukturmerkmale (29) - mit Ausnahme der Konfessionsvariablen (30) - eine Faktoranalyse gerechnet, mit der die strukturellen Ähnlichkeiten von Städten und Gemeinden herausgefunden werden können. Grob vereinfacht faßt die Faktoranalyse Merkmale zusammen, die in den Untersuchungseinheiten immer wieder ähnliche Merkmalsausprägungen haben. So entsteht in der Zusammenfassung vieler Einzelmerkmale ein Faktor, der als die Kombination von gemeinsamen Eigenschaften interpretiert werden kann. Die Tabellen 21 bis 23 stellen als Ergebnis dieser Berechnungen die "Faktoren" mit den "Faktorladungen" ihrer einzelnen Variablen vor. "Faktorladungen" sind Zahlen, die im Wertebereich von -1 bis +1 liegen und angeben, wieviel jede Einzelvariable mit dem Faktor zu tun hat. Variablen mit hoch positiven und hoch negativen "Faktorladungen" geben den Faktoren ihre Bedeutung. Sie zeigen an, welche Merkmale häufig zusammen zu beobachten sind. So hat der erste Faktor (Tabelle 21) hohe Ladungen für die Variablen eines gehobenen formalen Bildungsabschlusses (Mittlere Reife, Abitur, Ingenieur- und Hochschulabschluß), für den Anteil der Bevölkerung, der seinen Lebensunterhalt aus den Bereichen Handel und Verkehr und dem Dienstleistungsbereich bezieht, und für den Anteil der Beamten und Angestellten an den Erwerbstätigen. Negative "Ladungen" erhält der Faktor von dem Anteil der Bevölkerung mit Grund- und Hauptschulabschluß, dem Arbeiteranteil und dem Bevölkerungsteil mit überwiegendem Lebensunterhalt aus dem Produzierenden Gewerbe.

Versucht man den Merkmalen mit ähnlichen Beziehungen zum ersten Faktor eine gemeinsame Bedeutung zu geben, so kombinieren die positiven Faktorladungen Wohngebietsmerkmale, die für "Mittelschichtgebiete" charakteristisch sind, während die Variablen mit negativem Vorzeichen dem Bild von "Arbeiterwohngebieten" entsprechen. Da neben dem Einkommen - das in der amtlichen Sozialstatistik aber nicht erhoben wird - vor allem ein hoher Bildungsabschluß und die Berufstätigkeit im Tertiären Bereich als Kriterien des sozialen Aufstiegs und Erfolgs gewertet werden ("weiße-Kragen-Berufe"), hat Klaus G.

Tabelle 21: Das Ladungsmuster des Faktors "Sozialer Erfolg"

Gebietsmerkmal	Ladungen auf den Faktor "Sozialer Erfolg"
LU:Dienstleistungsbereich	+ 0.86
Beamte und Angestellte	+ 0.84
Abiturabschluß/Bevölkerung	+ 0.84
Hochschulabschluß/Bevölkerung	+ 0.82
Mittlere Reife/Bevölkerung	+ 0.79
Ingenieur-Abschluß/Bevölkerung	+ 0.73
LU: Handel und Verkehr	+ 0.68
...	...
...	...
Berufsauspendler/Erwerbstätige	- 0.63
LU: Produzierendes Gewerbe	- 0.77
Arbeiter/Erwerbstätige	- 0.84
Grund- und Hauptschulabschluß/Bev	- 0.88

Quelle: Eigene Berechnungen einer Faktorenanalyse mit Varimaxro-
tation.

Troitzsch, der die Sozialstruktur Hamburgs mit dem gleichen Verfahren analysierte, in Anlehnung an den Amerikaner Robert C. Tryon für
den Faktor die Bezeichnung "Sozialer Erfolg" geprägt. (31) Sie soll
im folgenden auch hier verwandt werden.

Von den 213 rheinland-pfälzischen Gemeinden ordnet die Faktorenanalyse ins eine Extrem dieStädte Mainz, Koblenz, Ludwigshafen, Trier
und Kaiserslautern, ins andere hauptsächlich Gemeinden aus den
strukturschwachen Regionen des Landes, vor allem der Eifel.

Der zweite Faktor trennt Gebiete mit hohem Landwirtschaftsanteil,
Selbständigen und mithelfenden Familienangehörigen, von Gemeinden
mit hohem Arbeiter-, Angestellten- und Beamtenprozentsatz sowie mit
großen Bevölkerungsteilen, deren Lebensunterhalt überwiegend aus dem
Produzierenden Gewerbe stammt. In diesem Faktor manifestiert sich
demnach der "Gegensatz zwischen solchen Wirtschaftsbereichen, in denen ein hoher Anteil der Erwerbstätigen selbständig tätig ist ...,
und solchen, in denen die abhängige Tätigkeit überwiegt". Deswegen
wurde für diesen Faktor der Name "Soziale Unabhängigkeit" vergeben. (32)

Der dritte Faktor repräsentiert praktisch nur zwei Variablen, die
sich auf die Altersstruktur der Bevölkerung beziehen: den Anteil der
Bevölkerung, der aus "Rente" und sonstigen Einnahmen seinen Lebensunterhalt bestreitet, und den Anteil der Verwitweten. Da es sich

Tabelle 22: Das Ladungsmuster des Faktors "Soziale Unabhängigkeit"

Gebietsmerkmal	Ladungen auf den Faktor "Soziale Unabhängigkeit"
LU:Land- und Forstwirtschaft	+ 0.90
Mithelfende Familienangehörige/Erw.	+ 0.85
Selbständige/Erwerbstätige	+ 0.85
Landwirtschaftliche Gebäude	+ 0.84
...	...
...	...
Arbeiter/Erwerbstätige	- 0.38
LU:Produzierendes Gewerbe	- 0.42
Beamte und Angestellte/Erwerbstätige	- 0.43
Erwerbstätige Ausländer/Erwerbstätige	- 0.45
Mietwohnungen	- 0.50

Quelle: Eigene Berechnungen

hier um nur zwei Variablen mit Ladungen von + 0,99 und + 0,62 handelt, ist es nicht notwendig, eine eigene Tabelle aufzustellen.

Der letzte Faktor gruppiert die sozialstrukturellen Merkmale der Gemeinden nach dem Stadt-Land-Unterschied. (Vgl. Tabelle 23) Mit hochpositivem Wert bestimmt die Bevölkerungsdichte, die Anzahl der Bewohner über 18 Jahren, der Anteil an Gebäuden mit über drei Wohnungen, der Anteil der erwerbstätigen Ausländer sowie der Prozentsatz der Einpersonenhaushalte die Bedeutung des Faktors. Alle Merkmale zusammengenommen charakterisieren demnach den "Verstädterungsgrad" einer Gemeinde. Dagegen stehen im anderen Extrem Variablen, die den ländlichen Charakter einerGemeinde beschreiben: der Anteil der Berufs- und Ausbildungspendler, der Anteil der Selbständigen und der Grund- und Hauptschulabsolventen sowie der Prozentsatz derjenigen, die aus landwirtschaftlicher Erwerbstätigkeit ihren Unterhalt bestreiten.

Wiederum lassen sich Parallelen zur Hamburger Sozialstrukturanalyse ziehen. Ihr folgend kann der Begriff "Zentralität und Dichte" als Bezeichnung für den vierten Faktor gewählt werden. (33) Die Ähnlichkeit der Resultate aus der Hamburg-Studie mit denen von Rheinland-Pfalz läßt darauf schließen, daß trotz der Größen- und Gesamtstrukturunterschiede - Hamburg als Stadtstaat, Rheinland-Pfalz als Flächenland - Faktoranalysen offenbar ähnliche "Milieus" identifizieren. Dies bestärkt die Vermutung, daß es sich hier tatsächlich um typische

Tabelle 23: Das Ladungsmuster des Faktors "Zentralität und Dichte"

Gebietsmerkmal	Ladungen auf den 2. Faktor "Zentralität und Dichte"
Bevölkerungsdichte	+ 0.76
Wohnbevölkerung über 18 Jahren	+ 0.76
Gebäude mit 3 und mehr Wohnungen	+ 0.70
Erwerbstätige Ausländer	+ 0.70
Einpersonenhaushalte	+ 0.60
Mietwohnungen	+ 0.55
...	...
...	...
LU: Land- und Forstwirtschaft	- 0.15
Grund- und Hauptschulabschluß	- 0.22
Selbständige/Erwerbstätige	- 0.30
Ausbildungsauspendler	- 0.37
Berufsauspendler/Erwerbstätige	- 0.50
Auszubildende/Erwerbstätige	- 0.70

Quelle: Eigene Berechnungen

Gebietsstrukturen handelt, die im Sinne des zweiten Erklärungsansatzes zur Vorhersage von Wahlergebnissen herangezogen werden können.

3.3. Das Wahlverhalten in den "sozialen Milieus"

Nachdem mit einer Faktoranalyse alle rheinland-pfälzischen Städte und Gemeinden unter Berücksichtigung von insgesamt 29 Sozialstrukturmerkmalen nach vier Dimensionen beschrieben wurden (Sozialer Erfolg, Soziale Unabhängigkeit, Altersstruktur und Zentralität und Dichte), können nun darauf aufbauend Aussagen über das Wahlverhalten in den sozialstrukturell verschiedenen Bevölkerungsgruppen gemacht werden. Gegenüber einfacheren Erklärungen, die sich nur auf ein Merkmal stützen, um Gemeinden zu beschreiben, bestand der Vorteil der Faktoranalyse darin, die vorherrschenden Kombinationen für Sozialstrukturmerkmale zu ermitteln und damit der Realität angemessener die soziale Gruppenzusammensetzung in den rheinland-pfälzischen Gemeinden zu erfassen.

In Tabelle 24 sind nun nochmals statistische Kennziffern für die Stärke des Zusammenhangs zwischen Sozialstrukturvariablen und Parteianteilen bei den Landtagswahlen 1983 aufgeführt. In diesem Fall sind es die standardisierten, partiellen Beta-Koeffizienten einer Regressionsanalyse.

Tabelle 24: Der Zusammenhang zwischen Sozialstruktur und Wahlverhalten (Landtagswahl 1983)

Sozialstruktur-merkmale	Landtagswahlergebnis 1983			
	CDU	SPD	F.D.P.	Grüne
Konfession (Kath.)	0.77	-0.78	-0.64	-0.34
Sozialer Erfolg	-0.45	0.22	-0.37	0.46
Soziale Unabhängigkeit	****	-0.14	0.44	0.16
Alterstruktur	-0.11	0.12	-0.27	-0.24
Zentralität und Dichte	****	****	-0.21	-0.30
Determinationskoeff.	0.82	0.73	0.42	0.36

Quelle: Eigene Berechnungen; ++++ = Nicht signifikante Werte.

Die Ergebnisse lassen sich folgendermaßen interpretieren:
1. Im Vergleich der Variablen hat die Konfessionszugehörigkeit für CDU, SPD und F.D.P. die größte Erklärungskraft. Der Zusammenhang zwischen dem Katholiken-Anteil und dem Wahlergebnis der CDU bzw. SPD ist - wie schon in Kapitel 3 festgestellt - sehr eng und fast gleich stark (0,77 bzw. - 0,78). Es unterscheidet sich nur die Richtung der Beziehung. Hohe Katholiken-Anteile bedeuten hohe CDU- und niedrige SPD-Ergebnisse. Das F.D.P.-Wahlergebnis ist gegenüber dem der CDU und SPD zwar nicht ganz so stark, aber ebenfalls maßgeblich konfessionell beeinflußt. (Dabei muß allerdings berücksichtigt werden, daß das F.D.P.-Ergebnis insgesamt nur etwa zu 42 % gegenüber ungefähr 80 % bei der CDU und SPD erklärt werden kann.) Das Wahlergebnis der Grünen ist dagegen nur noch schwach konfessionell bedingt.
2. Hinsichtlich der Sozialstrukturfaktoren darf das Wahlergebnis von 1983 bei weitem nicht so eindeutig interpretiert werden, wie es nach den gängigen Interpretationsschema für Aggregatdatenanalysen zu erwarten wäre. Die Sozialstruktur der rheinland-pfälzischen Gemeinden hat mit Bezug auf das CDU-Wahlergebnis nur eine relativ schwache Erklärungskraft. Lediglich mit dem Faktor "Sozialer Erfolg" besteht ein negativer Zusammenhang. Das bedeutet, daß die CDU in Rheinland-Pfalz vor allem in Arbeitergebieten und in den strukturell benachteiligten Regionen des Landes eine günstige Ausgangsposition bei Wahlen hat. Das gleiche gilt abgeschwächt auch für die F.D.P. Grüne und SPD haben bessere Startchancen in den Städten, in denen sich Beamte, Angestellte und im Dienstlei-

stungsbereich Beschäftigte konzentrieren. Für die SPD ist dieser Zusammenhang aber schon nicht mehr besonders stark (0,22). Sie hat auch in den Gebieten einen leichten Vorteil (- 0,14), in denen besonders viele Arbeitstätige in abhängigen Beschäftigungsbereichen wohnen. Für das F.D.P.-Wahlergebnis besteht dagegen ein deutlich positiver Zusammenhang zum Anteil der Selbständigen und Landwirte. Für die Altersstruktur und den Zentralitätsfaktor erscheinen nur so kleine Werte für den Zusammenhang mit den Parteiergebnissen, daß nicht weiter darauf eingegangen werden muß.

Die Wählerschaften der rheinland-pfälzischen Parteien sind nach diesen Berechnungen nur vergleichsweise ungenau mit den Merkmalen der wirtschaftlichen Beschäftigungsverhältnisse und des Bildungsstands der Bevölkerung zu beschreiben. Die konfessionelle Zusammensetzung und möglicherweise eine mittlerweile gefestigte lokale Tradition der Parteien, wie sie bei der Beobachtung der regionalen Wählerschwerpunkte festgestellt wurde, erklären das Wahlergebnis am besten.

4. Ergebnisse der Wählerverhaltensanalyse 1983 für Rheinland-Pfalz

Mit einem Hinweis auf die Informationsquellen, die der hier vorgelegten Wahlergebnisanalyse zur Verfügung standen, und den daraus gewinnbaren Erkenntnissen über das Wahlverhalten ist als das wichtigste Ergebnis festzuhalten, daß mit dem Anspruch auf wissenschaftliche Genauigkeit das Wahlverhalten nicht annähernd sicher vorhergesagt oder vollständig erklärt werden kann. Dies gilt vor allem für die Versuche zur Vorhersage des individuellen Wahlverhaltens. Zwar existiert eine relativ ausgefeilte Theorie der individuellen Wahlentscheidung, die aufgrund des sozialstrukturellen Hintergrunds, der Parteisympathie, der Kandidateneinschätzung und der Beurteilung der politischen Sachkompetenz der Parteien den Prozeß der individuellen Wahlentscheidung sehr plausibel nachvollziehen läßt. Doch die praktische Anwendung und Handhabung dieses Erklärungsansatzes in den für die Wahlen von 1983 bereits zugänglichen Wahlanalysen lassen vor allem Auswertungen vermissen, die das Zusammenwirken der genannten Faktoren und ihren jeweiligen Einfluß auf das Wahlergebnis darstellen. Dementsprechend bleiben vor allem die Schlußfolgerungen aus den veröffentlichten Befragungsdaten teilweise oberflächlicher, als es wünschbar wäre:

- Der Regierungswechsel in Bonn hat - auf das Bundesgebiet bezogen - zu einer Lockerung der Parteibindungen geführt. In Rheinland-Pfalz wich das Wahlverhalten weder vom Bundesdurchschnitt noch im Vergleich zu 1980 vom durchschnittlichen Veränderungstrend ab.
- Die politische Sachkompetenz der Bundesregierung wurde vor der Wahl

1983 von den rheinland-pfälzischen Bürgern durchschnittlich etwas geringer eingeschätzt als im Bundesgebiet, die der SPD-Opposition im Bund etwas höher. Helmut Kohl lag nach den Mittelwerten der Sympathieskalometer deutlich vor Hans-Jochen Vogel. Welche Auswirkungen diese Einschätzungen auf das Wahlverhalten hatten, kann nicht gesagt werden.

- Nach dem Erststimmenwahlverhalten standen 1983 57 % der F.D.P.-Zweitstimmenwähler der CDU nahe, 9 % der SPD und 1 % den Grünen. 1980 hatten 34 % der F.D.P.-Zweitstimmenwähler den SPD-Kandidaten und nur 14 % den CDU-Bewerber gewählt.

- Die Wahlbeteiligung lag in der Altersgruppe der 18- bis 25jährigen bei der Bundes- und Landtagswahl mit 83,4 %, verglichen mit 90,4 % im Durchschnitt, am niedrigsten. Auf die Landtagswahl von 1979 bezogen, führte die Zusammenlegung der Wahltermine aber gerade in dieser Altersgruppe zu einem deutlichen Anstieg der Wahlbeteiligung um 16,4 %-Punkte.

- Durch das Zusammenlegen der Wahltermine von Bundes- und Landtagswahl wurden landespolitische Themen in der öffentlichen, politischen Meinungsbildung in den Hintergrund gedrängt. Die Landtagswahl 1983 war stark bundespolitisch beeinflußt. Nur 13 % der Wähler gaben 1983 an, die Landespolitik habe bei ihrer Landtagswahlentscheidung die Hauptrolle gespielt. 1979 waren es 50 % der Wähler.

Für den Ansatz des Gruppenwahlverhaltens bzw. der kollektiven Wahlentscheidung stehen zwar prinzipiell die notwendigen Daten zur Verfügung (wenn auch die Sozialstrukturdaten aus der Volkszählung 1970 mittlerweile sehr veraltet sind). Doch dieser Ansatz ist zur Interpretation weniger attraktiv, weil er das Wahlergebnis nicht unmittelbar mit dem individuellen Wahlverhalten in Beziehung setzt. Damit wird schwerer nachvollziehbar und nachweisbar, welche Gruppeneinflüsse für das konkrete Wahlergebnis am wichtigsten waren. Der Ansatz hat jedoch noch so lange eine eigenständige Funktion, wie das individuelle Wahlverhalten in einem Mehrebenenmodell nicht befriedigend erklärbar ist.

- In Rheinland-Pfalz besteht ein sehr enger Zusammenhang zwischen den Wählerpotentialen der CDU, der SPD sowie der F.D.P. und der Konfessionsstruktur der Bevölkerung. Etwas genauer betrachtet, profitiert nur die CDU von einem hohen Katholiken-Anteil; alle anderen Parteien erzielen in einer Gemeinde um so höhere Parteianteile, je weniger Katholiken dort wohnen. Für das Wählenpotential der Grünen trifft dieser Zusammenhang nur sehr abgeschwächt zu.

- Insgesamt lassen sich die Wählerschaften der rheinland-pfälzischen Parteien nur sehr unscharf nach den Merkmalen ihrer wirtschaftlichen Position und ihres Bildungsstands beschreiben.

Gleichwohl lassen sich tendenziell folgende Parallelitäten zwischen der Sozialstruktur der Gemeinden und den Wahlergebnissen der Parteien festhalten:

- Die CDU und F.D.P. haben in Rheinland-Pfalz vor allem in den
  strukturschwachen Regionen und in Arbeitergebieten eine günstige
  Ausgangsposition für Wahlen. SPD und Grüne gewinnen vor allem
  dort Wähler, wo sich Beamte, Angestellte und im Dienstleistungsbereich Beschäftigte konzentrieren. Allein für die F.D.P. läßt
  sich auch eine deutliche Beziehung zum Anteil der Selbständigen
  nachweisen.

Anmerkungen:

1. Im Rahmen dieses Beitrags wird aus folgenden Berichten des Statistischen Landesamtes zitiert: Statistisches Landesamt Rheinland-Pfalz
Hrsg. (1979), Die Wahl zum 9. Landtag in Rheinland-Pfalz am
18. März 1979, Bad Ems 1979 (= Statistik von Rheinland-Pfalz,
Bd. 284); Statistisches Landesamt Rheinland-Pfalz Hrsg. (1981), Die
Wahl zum Neunten Deutschen Bundestag in Rheinland-Pfalz am 5. Oktober 1980, Bad Ems 1979 (= Statistik von Rheinland-Pfalz, Bd. 290);
Endgültiges Ergebnis der Wahl zum Zehnten Landtag von Rheinland-Pfalz
am 6. März 1983, in: Statistische Berichte Rheinland-Pfalz, B VII 2 -
1983, hrsg. vom Statistischen Landesamt Rheinland-Pfalz, Bad Ems
1983, zitiert als: Statistische Berichte Landtagswahl 1983; Endgültiges Ergebnis der Wahl zum Zehnten Deutschen Bundestag am 6. März
1983, in: Statistische Berichte Rheinland-Pfalz, B VII 1 - 1983,
hrsg. vom Statistischen Landesamt Rheinland-Pfalz, Bad Ems 1983, zitiert als: Statistische Berichte Bundestagswahl 1983; Endgültiges
Ergebnis der Wahl zum Zehnten Landtag von Rheinland-Pfalz am 6. März
1983. Ergebnisse der repräsentativen Wahlstatistik, in: Statistische
Berichte Rheinland-Pfalz, B VII 2 B - 1983, hrsg. vom Statistischen
Landesamt Rheinland-Pfalz, Bad Ems 1983, zitiert als: Statistische
Berichte Repräsentative Wahlstatistik Landtagswahl 1983; Endgültiges
Ergebnis der Wahl zum Zehnten Deutschen Bundestag am 6. März 1983.
Ergebnisse der repräsentativen Wahlstatistik, in: Statistische Be-
richte Rheinland-Pfalz, B VII 1 R - 1983, hrsg. vom Statistischen
Landesamt Rheinland-Pfalz, Bad Ems 1983 zitiert als: Statistische Be-
richte Repräsentative Wahlstatistik 1983 Bundestagswahl (1983)

2. Forschungsgruppe Wahlen e. V., Bundestagswahl 1983. Eine Analyse der
Wahl zum 10. Deutschen Bundestag am 6. März 1983, Mannheim 1983
(= Berichte der Forschungsgruppe Wahlen e. V., Nr. 32), S. 2

3. Für sämtliche Angaben zum Stimmensplitting vgl. Statistische Berichte Rheinland-Pfalz, Repräsentative Wahlstatistik Bundestagswahl 1983,
s. Anm. 1, S. 11

4. Abweichend von der amtlichen Wahlstatistik werden im folgenden - wenn
nicht anders erwähnt - die Parteistimmenanteile nicht auf der Grundlage der gültigen abgegebenen Stimmen, sondern der Wahlberechtigten
berechnet. Damit kann die reale Unterstützung der Parteien durch die
Bevölkerung besser erfaßt werden. Anhand der Werte für die Stimmen-
anteile/Wahlberechtigten können zwar nicht mehr die politischen Konsequenzen genau abgelesen werden, weil die Prozentwerte nach dieser
Rechenmethode niedriger als im amtlichen Wahlergebnis ausfallen, sie
sind aber genauer, weil sie die Wahlbeteiligung als Einflußfaktor
für das Parteiergebnis berücksichtigen. Beispielsweise entsprechen
400 abgegebene Parteistimmen bei 1.000 Wahlberechtigten einem Prozentanteil von 40 %. Wenn die Wahlbeteiligung bei 800 abgegebenen gültigen Stimmen liegt, wird dieselbe Partei in der amtlichen Wahlstatistik mit 50 % ausgewiesen, liegt die Wahlbeteiligung bei 900 gültigen
Stimmen, hat sie laut amtlichem Wahlergebnis 45 %. Schließlich sind
sämtliche Sozialstrukturmerkmale der amtlichen Statistik auf der Basis der Gesamtbevölkerung berechnet. Es entsteht deshalb außerdem
schon im Vergleich von Prozentwerten der Sozialstruktur mit Partei-

prozentanteilen dadurch eine Ungenauigkeit, daß beide Zahlen auf verschiedene Grundgesamtheiten bezogen werden - die Gesamtbevölkerung und die Wahlberechtigten. Dieser Fehler würde vergrößert, wenn anstelle der Wahlberechtigten die noch kleinere Grundgesamtheit der gültig Wählenden mit der Bevölkerung verglichen würde.

5) Vgl. dazu Hoschka, Peter/Hermann Schunck, Schätzung von Wählerwanderungen. Puzzlespiel oder gesicherte Ergebnisse?, in: PVS 16 (1975), S. 491-527; Hoschka, Peter/Hermann Schunck, Das Puzzlespiel der Wählerwanderungen: noch immer ungelöst, in: ZParl 13 (1982), S. 113-115; Baur, Detlef, Wählerwanderungen und Wahlprognosen. Ein Vergleich zweier Erhebungsmethoden zur Ermittlung von Wanderungsbilanzen, in: ZfP 23 (1976), S. 281-294

6) Nebenbei bemerkt unterläuft INFAS beim Zitieren der repräsentativen Wahlstatistik von 1979 der Fehler, daß zum Vergleich mit dem Ergebnis der Wanderungsbilanz das Wahlverhalten der männlichen Jungwähler abgedruckt und behauptet wird, es sei das Wahlverhalten aller Jungwähler. - Vgl. Statistische Berichte Repräsentative Wahlstatistik Landtagswahl 1983, s. Anm. 1, S. 6 und Institut für angewandte Sozialwissenschaft, (Hrsg.), Politogramm. INFAS-Report Rheinland-Pfalz 1983. Landtagswahl am 6. März 1983. Analysen und Dokumente, Bonn-Bad Godesberg 1983, S. 30, im folgenden zitiert als: INFAS-Report 1983.

7) Hoschka, Peter/Hermann Schunck 1975, s. Anm. 5, S. 525

8) Für Interessenten vgl. INFAS-Report 1983, s. Anm. 7, S. 22-30

9) Korrelationskoeffizienten sind Maßzahlen, die die Stärke des statistischen Zusammenhangs zwischen zwei Variablen ausdrücken. Ihr Wertebereich liegt zwischen - 1 und + 1. Positive Korrelationskoeffizienten stehen für einen gleichgerichteten statistischen Zusammenhang, wie er in Tabelle 7 beispielsweise für das SPD-Wahlergebnis 1983 und die SPD-Stimmenveränderungen 1983-1979 angegeben wird (+ 0,48). Er bedeutet, daß die SPD in Gemeinden mit hohen Stimmenanteilen auch tendenziell die größten Zugewinne gegenüber 1979 erhielt. Ein negativer Koeffizient zeigt eine entgegengerichtete Beziehung an, wie er in Tabelle 7 in der Spalte für CDU-Anteile 1983 und der Zeile der SPD-Veränderungen steht. Das heißt, daß in CDU-Hochburgen die Stimmengewinne der SPD am niedrigsten bzw. die Stimmenverluste am größten waren. Werte um 0 stehen für einen nicht nachweisbaren statistischen Zusammenhang.

10) Vgl. Statistische Berichte Bundestagswahl 1980, s. Anm. 1, S. 16

11) Almond, Gabriel A./Sidney Verba, The Civic Culture. Political attitudes and democracy in 5 nations, Princeton 1963, S. 312

12) Vgl. auch Kaltefleiter, Werner/Peter Nißen, Empirische Wahlforschung. Eine Einführung in Theorie und Technik, Paderborn, München, Wien, Zürich 1980, S. 157-165

13) Radtke, Günther D., Stimmenthaltung bei politischen Wahlen in der Bundesrepublik Deutschland, Meisenheim am Glan 1972, S. 25 und S. 3o

14) Radtke, Günther D., s. Anm. 13, S. 18f

15) Falter, Jürgen W., Faktoren der Wahlentscheidung. Eine wahlsoziolo-
    gische Analyse am Beispiel der Saarländischen Landtagswahl 1970,
    Köln, Berlin, Bonn, München 1973, S. 19

16) Ebenda, S. 20

17) Ebenda, S. 20f

18) Klingemann, Hans Dieter, Issue-Orientierung, Issue-Kompetenz und
    Wahlverhalten aus kommunalpolitischer Perspektive, in: Konrad-
    Adenauer-Stiftung (Hrsg.), Kommunales Wahlverhalten, Bonn 1976,
    S. 199-240, (= Studien zur Kommunalpolitik, Schriftenreihe des In-
    stituts für Kommunalwissenschaften, Bd. 4); Klingemann, Hans Dieter/
    Charles Lewis Taylor, Affektive Parteiorientierung, Kanzlerkandidaten
    und Issues. Einstellungskomponenten der Wahlentscheidung bei Bundes-
    tagswahlen in Deutschland, in: PVS, Sonderheft 2/3 (1977), S. 301-
    347

19) Klingemann/Taylor, s. Anm. 18, S. 307

20) Ebenda, S. 307

21) Forschungsgruppe Wahlen, s. Anm. 2, S. 27

22) Forschungsgruppe Wahlen, s. Anm. 2, S. 28

23) Vgl. INFAS-Report 1983, s. Anm. 6, S. 51

24) Ebenda, S. 49

25) Naßmacher, Herbert (1979): Zerfall einer liberalen Subkultur - Kon-
    tinuität und Wandel des Parteiensystems in der Region Oldenburg -,
    in: Kühr, Herbert, (Hrsg.), Vom Milieu zur Volkspartei: Funktionen und
    Wandlungen der Parteien im kommunalen und regionalen Bereich, Meisen-
    heim am Glan 1979, S. 91

26) Ebenda, S. 52

27) Troitzsch, Klaus G., Sozialstruktur und Wählerverhalten. Möglichkei-
    ten und Grenzen ökologischer Wahlanalyse, dargestellt am Beispiel der
    Wahlen in Hamburg von 1949-1974, Meisenheim am Glan 1976, S. 16

28) INFAS-Report 1983, s. Anm. 6, S. D8

29) Die hier verwendeten Wahl- und Sozialstrukturdaten der kreisfreien
    Städte, verbandsfreien Gemeinden und Verbandsgemeinden von Rheinland-
    Pfalz entstammen der amtlichen Statistik und wurden vom Statistischen
    Landesamt Rheinland-Pfalz für diese Untersuchung maschinenverarbeitbar
    zur Verfügung gestellt. Allen Verantwortlichen sei für die zügige und
    sorgfältig dokumentierte Datenübermittlung gedankt. Das aufbereitete
    Material steht als maschinenlesbare Datei am Gemeinsamen Hochschul-
    rechenzentrum Koblenz (GHRKO) zur Verfügung. Dort wurden auch alle
    rechnergestützten Auswertungen mit Hilfe der verbreiteten Programm-

pakete OSIRIS III und SPSS vom Verfasser selbst vorgenommen. Bei Klaus G. Troitzsch bedanke ich mich besonders für seine jederzeit hilfreiche Unterstützung.

30) Die Anteile der Konfession werden deshalb nicht in die Faktoranalyse einbezogen, weil sie für sich allein das protestantische bzw. katholische Sozialmilieu beschreiben. Hinzu kommt, daß Rheinland-Pfalz in zwei konfessionell relativ homogene Regionen geteilt ist, die nach den anderen bevölkerungsstatistischen Merkmalen wie der Erwerbsstruktur und dem Ausbildungsgrad der Bevölkerung nicht sehr stark unterschieden sind.

31) Troitzsch, Klaus G., s. Anm. 27, S. 43

32) Ebenda, S. 40

33) Ebenda S. 31ff.

34) In Tabelle 24 sind die standardisierten, partiellen Beta-Koeffizienten einer Regressionsanalyse wiedergegeben. Diese Maßzahlen geben die sogenannte "reine" Stärke des Zusammenhangs zwischen den Sozialstrukturfaktoren und dem Parteiergebnis unter Ausschluß des Einflusses der anderen Variablen an. Sie können wie Prozentwerte interpretiert werden, so daß im Vergleich zweier Beta-Koeffizienten der größere einen entsprechend dem Verhältnis der Zahlen stärkeren Einfluß angibt. Positive Vorzeichen geben eine gleichgerichtete, negative eine entgegengerichtet Beziehung an.

5. WAHLEN UND WAHLKAMPF ALS PROBLEM DER POLITISCHEN (WILLENS-) BILDUNG

5.1 Wahlen und Demokratie: Der Wahlkampf als Testfall für die politische Bildung (1)
(Ulrich Sarcinelli)

1. Wahlen und Legitimation: funktionale Einordnung und Problemstellung

2. Wahlkampf und politische Bildung

3. Wahlkampfführung: Information oder Manipulation?

4. Die Sprache als Waffe: Schlagwörter und ihre Funktionen im Wahlkampf

5. Reizwortaustausch anstelle alternativer Problemlösungsansätze

6. Die Fiktion politisch-ideologischer Fundamentalalternativen

7. Das Kandidatenduell: Zur Personalisierung der politischen Willensbildung

8. Der Wahlkampf als Testfall für die politische Bildung?

Anmerkungen

1. Wahlen und Legitimation: funktionale Einordnung und Problemstellung

Wahlen und Wahlkämpfe gelten im Verfassungssystem des Grundgesetzes als Höhepunkte des demokratischen Prozesses. Sie sind das zentrale politische Ereignis, in dem die Ausübung der Staatsgewalt durch den Souverän, also das Volk, zum Ausdruck kommt und gehören somit zum "Kernbestand demokratischer Ordnung". (2) "Die Wahl ist der zentrale Prozeß demokratischer Regierungsweise, durch den sich die Demokratie von allen anderen politischen Systemen unterscheidet." (3) Im Rahmen dieser generellen verfassungstheoretischen Bedeutungszuweisung müssen vor allem die wichtigsten politischen Funktionen (4) hervorgehoben werden, die einer demokratischen Wahl idealtypisch zugedacht sind:

1. Präsentation politischer Alternativen: In konkurrierenden Regierungs-, Wahl- oder Arbeitsprogrammen entwickeln die Parteien alternative Konzepte, um ihre Problemlösungsfähigkeit in den verschiedenen Politikfeldern nachzuweisen und dem Bürger eine programmatische Alternative zu bieten.

2. Präsentation personeller Alternativen: Die Wahl soll dem Bürger eine 'Auswahl' zwischen alternativen personellen Offerten bieten. Angesichts einer steigenden Komplexität von politischen Sachfragen kommt gerade dieser Funktion eine besondere Bedeutung zu, weil für den Bürger die personale Dimension zu einem unverzichtbaren Wahrnehmungs- und Beurteilungskriterium für Politik geworden ist.

3. Artikulation und Integration politischer Interessen: In Wahlen werden nicht nur unterschiedliche Interessen artikuliert. Wahlen wirken auf die Vielfalt der im organisierten Pluralismus eines demokratischen Systems vorhandenen Interessen auch integrierend insofern, als diese Vielfalt in Entscheidungsalternativen über den einen oder anderen Problemlösungsvorschlag, den einen oder anderen Kandidaten, verdichtet wird.

4. Förderung politischer Partizipation: Wahlen sind nicht nur ein zentraler Akt politischer Teilhabe und -nahme für jeden Stimmbürger, dem gerade in der Bundesrepublik - wie die konstant hohe Wahlbeteiligung zeigt - ein hoher Eigenwert zukommt. Sie eröffnen auch zumindest einem Teil der aktiven Parteibasis die Chance der Mitwirkung bei Programmentscheidung und Personalselektion.

5. Kontrolle der Amtsträger und Basisbindung der Eliten: Zwar kennt die repräsentative Demokratie keine unmittelbare Rechenschaftspflicht nach Art des Imperativen Mandats. Jedoch überall dort, wo im Wahlverfahren Elemente der Persönlichkeitswahl berücksichtigt sind (z. B. Direktkandidaten; Reihenfolge der Listenplätze

bei Wahlkreis- oder Landeslisten) wird Handeln politischer Füh-
rungspersönlichkeiten sanktioniert oder gewichtet.

6. Demokratische Legitimation durch zeitlich begrenzte "Machtzuwei-
   sung": Durch Mehrheitsentscheid erfolgt schließlich im Wahlakt
   der zeitlich befristete Auftrag zur Machtausübung. Insofern ist
   die Wahl in jedem demokratischen System der wichtigste Akt der
   Herrschaftsbestellung auf Zeit.

Bei differenzierender Betrachtung ließen sich hier sicherlich noch
eine Reihe weiterer Funktionen nennen, die Wahlen zugeschrieben
werden. Die beschreibende Aufzählung von Idealtypen allein scheint
jedoch wenig geeignet, über die allgemein unbestrittene verfassungspolitische Bedeutung hinaus auch die Realität von Wahlen und vor
allem auch die Probleme im Zusammenhang mit moderner Wahlkampfführung zu beleuchten. Denn im Gegensatz zu den mehr oder weniger nor-
mativ begründeten Funktionen von Wahlen ist unverkennbar, daß die
Vermittlung von Politik gerade in Wahlkampfzeiten zunehmend nach
modernen Managementmethoden gesteuert wird. Wenn aber selbst von
Verantwortlichen des Wahlkampfmanagements der Anspruch erhoben wird,
moderne Wahlkampfführung sei auch "politische Kommunikation" (5),
dann ist - nicht zuletzt unter Berücksichtigung der genannten Funktionen - zu fragen:

- Gewährleisten die Wahlkämpfe in der Bundesrepublik tatsächlich
  weitgehende Transparenz des politischen Prozesses durch Offenle-
  gung von Motiven, Zwecken und mutmaßlichen Folgen der politischen
  Aktivitäten und Pläne, eine Transparenz, die eine demokratische
  Kontrolle und Mitgestaltung des Volkes erst ermöglicht? (6)

- Haben Wahlkämpfe tatsächlich ein Niveau, das der Demokratie in der
  Bundesrepublik innere Glaubwürdigkeit zu verschaffen vermag? (7)

- Sind die Wahlkämpfe in der politischen Realität so angelegt, daß
  die "aktive Konsensbildung" (8) der Bürger initiiert und ermöglicht wird?

Wer auf diese Fragen eine begründete Antwort zu geben versucht, kann
sich nicht mit staats- und verfassungstheoretischen Deduktionen zu-
friedengeben, sondern muß auch das konkrete Verhalten von Parteien
und politischen Akteuren zur Grundlage der Beurteilung machen. Natürlich kann im Rahmen eines kurzen Beitrags nicht eine umfassende empirische Analyse unternommen werden. Schon gar nicht wird es möglich
sein, detaillierte Aussagen zu der Frage zu machen, ob und in welcher Weise sich das Wahlkampfhandeln auf den verschiedenen Ebenen der
Politik (Bund, Länder, Gemeinden) unterscheidet. Wenn sich die im folgenden gewählten Beispiele ausschließlich auf Bundestagswahlkämpfe beziehen, dann verbindet sich damit allerdings die Überzeugung, daß auf
dieser Ebene die Vermittlung von Politik zwischen Parteien und Akteuren auf der einen und Bürgern auf der anderen Seite einen sehr hohen

Stand modernen Politikmanagements erreicht hat. Zwar ist zum Beispiel der Personalisierungsgrad der Politikvermittlung in Wahlkämpfen auf Landes- und vor allem auf kommunaler Ebene noch deutlich geringer. Hier finden jedoch - nicht zuletzt durch Angebote seitens der Bundesorganisationen der Parteien begünstigt - Angleichungen statt, so daß die zu untersuchenden Grundmuster moderner Wahlkampfführung durchaus exemplarischen Charakter haben dürften.

2. Wahlkampf und politische Bildung

Welche Verbindungen ergeben sich aber zwischen Wahlkampf und politischer Bildung? Sind Wahlkämpfe und politische Bildungsarbeit tatsächlich "zwei Seiten ein und derselben Sache"? (9) Eher scheint hier eine unüberbrückbare Kluft insofern zu bestehen, als es im einen Fall etwa um die 'Niederungen der Politik' und im anderen Fall mehr um die ideelle Seite von Politik geht. Eine solche antinomische Gegenüberstellung von normativem Anspruch und politischer Wirklichkeit ist nicht nur gefährlich, weil sie das Klischee von 'Politik als schmutzigem Geschäft' zu bestätigen scheint, sondern auch deshalb, weil sie den Blick auf notwendige Wechselbezüge zwischen Wahlkampf und politischer Bildung verstellt. Denn die folgenden Ausführungen gehen von der Grundüberlegung aus, daß politische Mündigkeit oder Unmündigkeit, Rationalität oder Irrationalität und wie immer die obersten Zielkategorien politischer Bildung begrifflich umschrieben werden, das Ergebnis zweier Lernprozesse ist: der politischen Erziehung, d. h. der zielorientierten, also auch unterrichtlich organisierten Bildungsarbeit auf der einen und der Erfahrung politischer Teilnahme im konkreten politischen Prozeß auf der anderen Seite. (10) Bezogen auf unseren Versuch, einen Zusammenhang zwischen Wahlen und Wahlkampf auf der einen und politischer Bildung auf der anderen Seite herzustellen, bedeutet dies, daß Wahlkämpfe konkretes politisches Erfahrungslernen initiieren, sei es durch bloße Beobachtung oder durch unmittelbare Teilnahme am Wahlkampfgeschehen.

Während jedoch in der organisierten politischen Bildungsarbeit intentionales Lernen klar im Vordergrund steht, liegt das Gewicht von Wahlkämpfen auf funktionalem Lernen. Intentional ist das Handeln von Wahlkampfakteuren zwar insofern, als es programmatisch, personell und organisatorisch geplant letztlich auf das Ziel gerichtet ist, Zustimmungsbereitschaft beim Bürger zu erreichen. Der beim Bürger während eines Wahlkampfes ablaufende Lernprozeß, d. h. die Wahrnehmung und Verarbeitung von Politik, kann jedoch nicht in gleicher Weise wie im Unterricht direkt gesteuert werden. Denn das politische Lernen im Wahlkampf findet - sieht man einmal vom Akt der Stimmabgabe selbst ab - nicht über die direkte Teilhabe am politischen Prozeß statt. Die politische Teilhabe ist vielmehr über mehrere Stufen 'gebrochen'. Die Komplexität politischer Sachverhalte wird in den politischen Offerten der Parteien reduziert und vereinfacht. Dabei finden die tatsächlichen oder vermeintlichen politischen Bedürfnisse, Einstellungen und Vorurteile der Bürger in spezifischer Weise Berücksichtigung. Funktional ist das solcherart ausgelöste Lernen deshalb, weil es dem Bürger Verhaltenssicherheit gibt, eine Verhaltenssicherheit allerdings, die mit dem Ziel Mündigkeit allerdings nicht unbedingt in Übereinstimmung steht.

Für die Glaubwürdigkeit sowohl des Handelns von Parteien und Politikern im Wahlkampf als auch der in der politischen Bildungsarbeit verfolgten Absichten dürfte es allerdings nicht unerheblich sein, inwieweit zwischen beiden Ebenen politischen Lernens sinnvolle Wechselbezüge hergestellt werden können; Wechselbezüge, die gleichwohl stets im Sinne eines Spannungsverhältnisses zu verstehen sind insofern, als die politische Bildung Kriterien dafür bereithält und entsprechende Fähigkeiten vermittelt, konkretes Wahlkampfhandeln im Hinblick auf die dem Bürger angebotenen oder verwehrten Chancen zur "aktiven Konsensbildung" transparent zu machen. Wenn also der Bürger im Wahlkampf mit einem politischen Umfeld konfrontiert wird, das wesentlich durch Konfrontation und Fundamentalpolarisierung sowie durch Personalisierung gekennzeichnet ist, dann liegt die Aufgabe der politischen Bildung gerade darin, über die subtilen und z. T. manipulativen Techniken und Instrumentarien der Vermittlung von Politik in modernen Wahlkämpfen aufzuklären. Da Wahlen im Selbstverständnis des demokratischen Systems nicht ein mehr oder weniger irrelevantes "Ritual" sind, sondern der zentrale Akt demokratischer Legitimation, sind Wahlkämpfe für die politische Bildung somit exemplarische Testfälle auf die von Parteien und Politikern ebenso wie in der Politikdidaktik immer wieder beschworene "Mündigkeit" des Bürgers. Mit anderen Worten: Gerade im Verlaufe von Wahlkämpfen müßte sich zeigen, ob dem Bürger tatsächlich die Handlungs- und Entscheidungskompetenz zugetraut wird, die ihm zukommt oder ob der Bürger doch eher als Teil einer reagierenden Masse gesehen wird, die man mit allerlei manipulativen Kommunikationstechniken konfrontiert, um deren Zustimmungsbereitschaft zu initiieren.

3. Wahlkampfführung: Information oder Manipulation?

Allerdings ist politische Willensbildung in modernen Massendemokratien nur als ein komplexer Prozeß vorstellbar, in dem die zur Auswahl gestellten Offerten der Parteien in der Regel nicht in direktem, kommunikativem Austausch von den politischen Führungsgruppen an das Wahlvolk herangetragen werden. Dieser Prozeß ist in vielfältiger Weise mediatisiert. Systemtheoretisch gesprochen: Das Prinzip der in Wahlen manifestierten Volkssouveränität unterliegt zahlreichen, die politische Problemkomplexität reduzierenden Verfahren. Die Entscheidungsfähigkeit des Volkes wird dadurch aufrechterhalten, daß die an sich nicht überschaubaren politischen Sachverhalte vereinfacht und damit für den sog. Normalbürger entscheidungsfähig gemacht werden. (11)

Sehen die Systemtheoretiker Komplexitätsreduktion als zwingende Notwendigkeit und als unverzichtbar in der Massenkommunikation, so werden diese politischen Willensbildungsleistungen in Wahlkämpfen aus normativ-kritischer Sicht völlig anders beurteilt. Wahlkämpfe zeichnen sich danach nicht so sehr dadurch aus, daß Politik für alle 'verstehbar' präsentiert wird. Die politische Willensbildung in Wahlkämpfen wird vielmehr weithin als manipulativ beurteilt. Die politischen Angebote seien sozialpsychologisch kalkuliert, an unbewußte Neigungen adressiert, um voraussehbare Reaktionen hervorzurufen und plebiszitäre Zustimmung zu sichern, ohne die politisch Verantwortlichen in irgendeiner Weise zu binden. (12) Im Wahlkampf geht es danach nicht um eine rationale Entscheidung über politische Alternativen. In ihm werden die generalisierenden Bedürfnisse nach persönlicher Sicherheit und Vertrautheit befriedigt.

Entgegen landläufiger Lehrbuchmeinung ist die politische Willensbildung in Wahlkämpfen nicht Teil politischen Entscheidungshandelns. Sie ist vor allem "Dramaturgie und Inszenierungskunst" (13), indem sie dem Wähler eine identifikationsfähige Symbolwelt vermittelt, eine Symbolwelt allerdings, mit welcher das politische Vertrauen der Bürger zwar gesichert wird, ein Vertrauen allerdings, das vom konkreten politischen Entscheidungsprozeß weitgehend abgekoppelt ist. Um diese, für den legitimatorischen Charakter der politischen Willensbildung zentrale These näher zu verdeutlichen, soll auf einige plakative Beispiele vor allem aus Bundestagswahlkämpfen zurückgegriffen werden.

4. Die Sprache als Waffe: Schlagwörter und ihre Funktionen im Wahlkampf

Geht man davon aus, daß politische Willensbildung im Wahlkampf wohl kaum geprägt sein dürfte durch die ausführliche Kenntnisnahme umfänglicher Wahlprogramme, sondern mehr durch den Gebrauch öffentlichkeitswirksamer Schlagwörter, Slogans und einprägsamer Redewendungen, so verdient politische Sprache das besondere Interesse, liefert sie doch dem politischen Akteur im Wahlkampf "die wichtigste Quelle seiner Wirksamkeit: Legitimität". (14) Dabei dürften einige Ergebnisse der Sprach- und Kommunikationswissenschaft zur Rolle und Bedeutung der Sprache in der Politik für Wahlkampfzeiten besondere Geltung beanspruchen:

1. Die Sprache des Wahlkampfes richtet sich an ein heterogenes Massenpublikum, ein "Jedermanns-Publikum", um dessen Zustimmung ge-

rungen wird.

2. In der politischen Willensbildung des Wahlkampfes geht es nicht
   um den Austausch von Argumenten an sich. Politische Kommunikation im Wahlkampf soll also nicht nur über Sachverhalte infor-
   mieren, sondern auch Sachverhalte bewerten. Argumente im Wahlkampf sind insofern Bestandteile parteilicher Rhetorik mit dem
   Ziel der Persuasion, also der überredenden Beeinflussung.

3. Erfolgreich sind Wahlkampfargumente vor allem dann, wenn sie auf
   Bildern und Texten aufbauen, die vielen vertraut sind, d. h.
   Wahlkampfführung antizipiert die sozialpsychologischen Bedürfnisse des politischen Adressaten und integriert sie in die sprach-
   lich-politischen Offerten.

Insgesamt bestehen in der Wissenschaft ebenso wie in der öffentlichen Meinung kaum Zweifel darüber, daß die politische Willensbildung in Wahlkämpfen weniger auf Überzeugung als auf Appellation und
Überredung angelegt ist. (15) Dabei geht es den Parteien weniger
oder zumindest nicht in erster Linie um das bessere Argument, um
die überzeugenderen Alternativen. Die Wahlkampfauseinandersetzungen
scheinen sich vielmehr in dem Maße von den politischen Inhalten weg-
zubewegen, je näher der Wahltermin rückt. Weniger die sachliche Alternative als vielmehr das Bemühen um die Okkupation politischer
Leitbegriffe und den politischen Gegner stigmatisierender Reizfor-
meln steht im Mittelpunkt des von der Öffentlichkeit wahrgenommenen
sprachstrategischen Schlagabtausches. Die politische Willensbildung
wird dabei wesentlich durch ritualisierte Abkürzungsformeln in Form
von Schlagwörtern, Slogans und griffigen Redewendungen stimuliert.
Sich im Kommunikationsgewirr des Wahlkampfes durch identifizierbare
und identifikationsfähige Signale, also packende Begriffsprägungen,
Gehör zu verschaffen, die eine eindeutige Freund-Feind-Unterschei-
dung erlauben, wird mittlerweile von Wahlkampfmanagern als hohe
"Kunst" verstanden. (16)

Im folgenden soll nun versucht werden, einige zentrale Strukturmerkmale der Schlagwortkontroverse in der politischen Willensbildung des
Wahlkampfes zu verdeutlichen. Der umgangssprachliche Terminus "Schlagwort" steht dabei als Oberbegriff für unterschiedliche Sprachsymbole,
auf die sich die politische Kontroverse konzentriert.

Ausgehend von den Grundfunktionen jeder politischen Willensbildung
wird zwischen drei zentralen Politikdimensionen unterschieden, auf
die die politische Kommunikation im allgemeinen und die Wahlkampfkommunikation im besonderen ausgerichtet ist:

1. Die Problem(lösungs-)dimension: Politische Willensbildung im Wahlkampf dient der Vermittlung von Problemen und Problemlösungsvorschlägen.

2. Die Wertdimension: Politische Willensbildung im Wahlkampf aktualisiert politische Grundorientierungen, Wertvorstellungen und Normen.

3. Die personale Dimension: Politische Willensbildung im Wahlkampf verdichtet die Vielfalt des politischen Geschehens mehr noch als außerhalb von Wahlen auf personale Merkmale.

Problemlösung, politische Grundorientierung und personale Verantwortlichkeit werden demnach als die wichtigsten Zielgrößen der politischen Willensbildung auch im Wahlkampf gesehen. In welcher Weise finden diese Grunddimensionen der Vermittlung von Politik in der konkreten Wahlkampfauseinandersetzung ihren Ausdruck? Wie werden diese politischen Willensbildungsfunktionen begrifflich "verdichtet"? Welche Intentionen werden dabei verfolgt, und welche möglichen Wirkungen lassen sich feststellen bzw. sind zu befürchten?

5. Reizwortaustausch anstelle alternativer Problemlösungsansätze

In der politischen Willensbildung im Wahlkampf werden nicht nur Themen aufgegriffen, die sozusagen schon vorhanden sind. Elementarer Bestandteil der Wahlkampfstrategie aller Parteien ist es auch, Themen zu planen, Ereignisse zu schaffen und Probleme unter Einbeziehung des journalistischen Vermittlungsprozesses (17) so darzustellen, daß sie für die eigene Position möglichst günstig erscheinen. Dies geschieht in der Regel nicht durch differenzierende Detailargumentation, sondern über Reizwörter, die eindeutig vermeintliche Verdienste oder Schuld zuweisen. Daß sich dabei die jeweiligen Regierungsparteien eher in einer defensiven Position befinden, weil sie Regierungshandeln, d. h. die konkreten Beschlüsse und Entscheidungen verteidigen müssen, die Opposition dagegen diese 'Leistungen' offensiv angreifen kann, versteht sich aus der Rollenverteilung im politischen System. Dazu einige Beispiele aus dem Bundestagswahlkampf 1980, in dem die politische Kommunikation in geradezu exemplarischer Weise plakativ ausgetragen wurde.

In diesem Wahlkampf gelang es den damaligen Oppositionsparteien CDU und CSU durch Begriffe wie "Rentenbetrug", "Staatsverschuldung", "Währungsschnitt" oder "Fahndungspanne" über weite Strecken des Wahlkampfes 1980 die Themen öffentlicher Diskussionen zu bestimmen. Entscheidend war dabei nicht, daß durch die damit ausgelösten Kontroversen die unterschiedlichen Problemlösungsansätze der Parteien in der Sozialpolitik, der Haushalts-, Finanz- und Wirtschaftspolitik sowie in der Bekämpfung des Terrorismus diskutiert wurden. Entscheidend war vielmehr, daß die genannten Sprachsymbole gleichsam als Signale für die klare Schuldzuweisung, für die negative Fixierung des politischen Gegners wirkten, hohen politischen Reizwert hatten und deshalb auch über längere Zeit auf publizistisches Interesse in den Medien stießen. Um dies jedoch über mehrere Wochen hinweg zu gewährleisten, bedurfte es des variantenreichen Wechsels der politischen Kontroversen in verschiedenen Wahlkampf-'Arenen': Als besonders geeigneter Resonanzboden erwies sich gerade in der genannten Bundestagswahl die Wahlkampfschiedsstelle, die eine Klärung 'in der Sache' nicht herbeiführen konnte, deren Anrufung aber die weitere Verbreitung der inkriminierten Vorwürfe sicherte. (18) Auch die Anrufung oder Aufforderung zur Anrufung eines Gerichts, mit der Politiker im Wahlkampf immer wieder argumentieren, kann nicht zu einer inhaltlichen Entscheidung führen. Verrechtlichung von Wahlkampfkontroversen sichert allenfalls dem 'Problemlösungs'-Streit erhöhte Prominenz.

Schließlich können auch mit solchen Signalbegriffen jenseits ihres tatsächlichen oder vermeintlichen Problemhintergrundes Stellvertreterkonflikte provoziert werden, wenn es etwa im Zusammenhang mit dem Staatsverschuldungsvorwurf längere Zeit darum ging, ob die katholische Kirche in einem Hirtenbrief zu dieser Frage Stellung nehmen dürfe oder ob die SPD tatsächlich, wie vor allem von CSU-Seite behauptet, das staatliche Kirchensteuereinzugsverfahren ändern wolle. Dies sind nur einige Beispiele, die zeigen sollen, daß themenbestimmende und öffentlichkeitswirksame Reizwörter durchaus nicht oder nicht nur die Kontroverse über politische Sachfragen gleichsam begrifflich "verdichten", sondern vielfach gerade die Sachkontroverse verhindern und den Konflikt auf 'Nebenkriegsschauplätze' verlagern.

6. Die Fiktion politisch-ideologischer Fundamentalalternativen

Ging es in der skizzierten "Staatsverschuldungs", "Rentenbetrugs"- oder "Fahndungspannen"-Kontroverse zumindest noch zum Teil um politisch-inhaltliche Fragen und divergierende Problemlösungsansätze, so wird in der politischen Willensbildung vor allem von Bundestagswahlkämpfen auch die politische Ordnung als Ganzes und die Sicherung bzw. Gefährdung ihrer tragenden Prinzipien zum Gegenstand der zwischenparteilichen Kontroverse gemacht. In Reden, Slogans und Plakaten immer wieder aufgegriffene politische Leitbegriffe wie Frieden, Freiheit, Sicherheit oder Demokratie sollen einmal den Eindruck vermitteln, daß es im Wahlkampf letztlich um die Erhaltung der Fundamente des demokratischen Systems gehe. Gleichzeitig wird mit der Thematisierung solcher weithin konsensualen Werte in der politischen Willensbildung vielfach ein Monopolanspruch verbunden. Während die eigene Partei als Hüterin der politischen Grundwerte dargestellt wird, gilt der politische Gegner als Gefahr für diese Prinzipien. Die Kontroverse darüber, ob die CDU/CSU zwar "friedenswillig", aber nicht "friedensfähig" sei oder auch darüber, ob zwischen "Freiheit" und "Sozialismus" ein Gegensatz bestehe, verdeutlicht exemplarisch, daß hier die Fiktion einer fundamentalen Alternative aufgebaut wird. In der Sprache des Wahlkampfstrategen: "Die großen Begriffe sollen eine emotionale Stimmung schaffen, in der die Wahlentscheidung als wichtige Weichenstellung gilt; sie sollen vorhandene ideologische Ströme in der Bevölkerung im Lauf des Wahlkampfes für die Stimmabgabe nutzbar machen." (19)

In der politischen Willensbildung des Wahlkampfes fördert der gehäufte Gebrauch solcher leerformelhafter Begriffe die Polarisierung der politischen Fronten, weil er politische Aussagen in den Bereich des Nicht-Falsifizierbaren abdrängt; denn die Verbindung einer politischen Sachaussage mit dem Anspruch, dadurch "Freiheit", "Frieden" oder "Demokratie" zu sichern, verleiht dem Appell ein "Pathos der Absolutheit" und einen hermetischen Charakter vor allem dann, wenn ein an sich konsensualer politischer Wertbegriff gleichsam als Parteisymbol vereinnahmt wird. (20) Dabei enthebt die Berufung auf so universell gültige Kategorien wie "Freiheit", "Demokratie" oder "Frieden" von der Begründung im Detail. Der Konflikt wird gleichsam 'theologisiert', als gehe es um "gut" oder "schlecht", "Lüge" oder "Wahrheit". Die Wahlentscheidung erscheint nicht als normaler Akt einer Herrschaftsbestellung auf Zeit durch den Bürger, sondern als eine fundamentale, in ihren Folgen mehr oder weniger irreversible Handlung.

7. Das Kandidatenduell: Zur Personalisierung der politischen Willensbildung

Mehr noch als die Vermittlung von Problemlösungsvorschlägen sind Personen in der politischen Willensbildung des Wahlkampfes 'argumentativer' Mittelpunkt. Offensichtlich kommt es gerade in Wahlzeiten nicht nur bzw. in nicht erster Linie darauf an, politische Effektivität in guten oder schlechten Auswirkungen einer bestimmten Politik unter Beweis zu stellen. Vielmehr scheint in bemerkenswerter Regelmäßigkeit die Kontroverse um politisch-inhaltliche Alternativen, soweit sie jenseits des Schlagwortaustauschs überhaupt stattfindet, vor allem in der Endphase des Wahlkampfes verdrängt zu werden durch den Streit um das bessere Image der Spitzenkandidaten. Statt klar unterscheidbarer Zielsetzungen werden Spitzenpolitiker "zum Programm". Die politische Kommunikation konzentriert sich dabei nicht unbedingt auf die Frage, welches Sachprogramm die Spitzenkandidaten vertreten. Vielmehr muß man den Eindruck gewinnen, es gehe vornehmlich um das "Duell zweier Images". (21) Seinen Niederschlag findet diese Entwicklung mittlerweile im Wahlverhalten. Denn bei Bundestagswahlen dominiert die Orientierung an Personen, insbesondere an den Kanzlerkandidaten, klar vor sachpolitischen Argumenten und Entscheidungen. (22)

Ziel der personalisierten Imagekontroverse der Parteien ist es dabei ganz offensichtlich, das Bild des eigenen Kandidaten als dem Modell des "Idealpolitikers" möglichst nahekommend zu vermitteln und andererseits den Kandidaten des politischen Gegners gleichsam als die negative Kontrastfigur und als die Personalisierung des politischen Unheils schlechthin darzustellen. (23) Persönliche Integrität, politische Glaubwürdigkeit, Kompetenz und vor allem Berechenbarkeit gelten als die wichtigsten Persönlichkeitsmerkmale, auf welche die personalisierte politische Willensbildung "verdichtet" wird. Durch Stigmatisierungen wie z. B. "Kraftwerk ohne Sicherung", "Mann der Skandale und Affären", "Gefahr für den inneren Frieden", "leitender Angestellter des Marxismus" wird deshalb der politische Gegner zu bekämpfen versucht.

Der personalisierte Wahlkampfkonflikt konzentriert sich nicht nur auf das, was im Angelsächsischen als "Packaging the candidate" (24) bezeichnet wird, also die Verpackung des Kandidaten mit positiven Imagemerkmalen, sondern mehr noch auf die negative Darstellung des Gegenkandidaten. Denn entgegen dem Grundsatz der Konsumwerbung, nach dem lediglich positiv für das eigene Produkt, nie aber negativ für Konkurrenzprodukte geworben werden darf, hat das, was Wahlkampfmanager als "Negativ-Campaigning" bezeichnen, in der politischen Willensbildung des Wahlkampfes stark an Bedeutung gewonnen, zumal sich "Negativprofile" beim Wähler besser einprägen als "Positivprofile" (25)

In der positiven Selbstdarstellung von Spitzenkandidaten verdient dagegen ein weiteres Grundmuster der Reduktion politischer Problemkomplexität und entpolitisierter Willensbildung Interesse, nämlich das Bemühen um die "Vermenschlichung" des Kandidaten. Durch Einbeziehung der Privatsphäre des Politikers - der Kandidat als Ehemann, Familienvater, Freizeitsportler oder einfach als 'Bürger von nebenan' - soll die Distanz zwischen dem 'Mann auf der Straße' und dem Spitzenpolitiker abgebaut werden. Hier werden, sei es in Form von Plakatierung, in Flugblättern oder entsprechenden Darstellungen im Fernsehen, politische Inhalte durch tatsächliche oder gestellte private Lebensumstände und Verhaltensweisen überlagert. In subtiler Weise sollen dadurch affektive Handlungsmotive beim Wähler mobilisiert, die in der politischen Willensbildung des Wahlkampfes zur Entscheidung gestellte Alternative letztlich auf die Auswahl zwischen sympathischen und unsympathischen Personen reduziert werden.

8. Der Wahlkampf als Testfall für die politische Bildung?

Versucht man, die skizzierten Probleme und Beispiele gleichsam 'auf den Begriff' zu bringen, dann fallen vor allem zwei übergreifende Strukturmerkmale der politischen Willensbildung in Wahlkampfzeiten

auf, Strukturmerkmale, die auch außerhalb eines Wahlkampfes in der
Vermittlung von Politik durch die Parteien festzustellen sind (26),
vor Wahlen gleichwohl eine besonders große Rolle spielen:

1. Die Komplexität politischer Probleme wird auf ein in der Regel
   d u a l i s t i s c h e s   G r u n d m u s t e r   reduziert,
   d. h. auf das Einfach-Gegensätzliche vereinfacht.

2. Die tatsächlichen oder vermeintlichen Erwartungen der Wähler
   werden   s o z i a l p s y c h o l o g i s c h   k a l k u -
   l i e r t   und in den politischen Willensbildungsprozeß integriert, so daß zwischen den Politikofferten und den Einstellungen und (Vor-)Urteilen der Adressaten möglichst hohe Konsonanz
   besteht.

Mit der dualistischen Ausrichtung der politischen Argumentation
soll nicht nur ein hoher Mobilisierungsgrad erreicht, sondern auch
der Eindruck vermittelt werden, daß der Wähler vor einer tatsächlichen, wenn nicht gar prinzipiellen, Entscheidungsalternative steht.
Durch Inanspruchnahme konsensualer Werte und Ziele wird der eigenen
Argumentation gleichsam die höhere Weihe der politischen Nichtan-
fechtbarkeit verliehen. Die Polarisierung der politischen Willensbildung auf das Einfach-Gegensätzliche, auf die Pro- und Contra-
Alternative steht jedoch im Widerspruch zu den in der Regel gra-
duellen Entscheidungsalternativen, die den politischen Prozeß in
der Demokratie der Bundesrepublik kennzeichnen.

Schließlich scheint die politische Willensbildung vor Wahlen über
weite Strecken eher gekennzeichnet von dem Bemühen, verbreitete politische Vorurteile zu antizipieren und zum Bestandteil der Wahl-
kampfargumentation zu machen, als durch die Absicht, den Wahlkampf
als exponierte Phase der politischen Bewußtseinsbildung und damit
auch als politischen Lernprozeß zu nutzen. Statt die kritische Beobachtung der politischen Wirklichkeit anzuregen, wird das Denken
in Stereotypen stimuliert.

Wenn jedoch die politische Willensbildung im Wahlkampf nur noch Reaktionen auf abstrakte Begriffe anstatt Reaktionen auf konkret
wahrgenommene Politik auslöst, dann verliert Wahlkampf seinen ei-
gentlichen legitimatorischen Sinn. (27) Dann reduziert sich die vom
Bürger wahrgenommene Politik auf den einem Ritual vergleichbaren
Kampf um politische Symbolik; eine Symbolik, die stellvertretend
für Handlungen steht und somit einen politischen Realitätsersatz
bietet (28), der den Blick auf die politische Wirklichkeit eher verstellt als erhellt.

Politische Bildung kann sich damit nicht abfinden. Für sie bleibt
der Wahlkampf ein Testfall für demokratische Politik, über deren Me-
chanismen und Strukturen sie stets aufzuklären hat.

Anmerkungen

1) Teile des Beitrags (insb. ab Kap. 3) sind in einer veränderten Fassung unter dem Titel "Politische (Willens-)Bildung im Wahlkampf" in der Zeitschrift "Materialien zur Politischen Bildung", Heft 1/1983, S. 58-64 erschienen.

2) Konrad Hesse, Grundzüge des Verfassungsrechts der Bundesrepublik Deutschland, Karlsruhe 1977 (10. Aufl.), S. 59; Hans Meyer, Wahlsysteme und Verfassungsordnung, Frankfurt 1973, S. 14; siehe dazu Art. 20, Abs. 2 des Grundgesetzes

3) Werner Kaltefleiter/Peter Nißen, Empirische Wahlforschung. Eine Einführung in Theorie und Technik, Paderborn u. a. 1980, S. 21

4) Vgl. dazu Reinhold Roth, Legitimation des politischen Systems durch Wahlen, in: Heino Kaack/Reinhold Roth (Hrsg.), Parteien-Jahrbuch 1976, Meisenheim 1979, insb. S. 551 ff; Gerd Meyer, Wahlen, in: Martin Greiffenhagen/Sylvia Greiffenhagen/Rainer Prätorius (Hrsg.), Handwörterbuch zur politischen Kultur in der Bundesrepublik Deutschland, Opladen 1981, S. 520; Werner Kaltefleiter/Peter Nißen, vgl. (Anm. 3), S. 21ff

5) Siehe dazu generell Peter Radunski, Wahlkämpfe. Moderne Wahlkampfführung als politische Kommunikation, München/Wien 1980

6) Vgl. Reinhold Zippelius, Allgemeine Staatslehre, München 1973, S. 89, vgl. auch Peter Häberle, Struktur und Funktion der Öffentlichkeit im demokratischen Staat, in: Politische Bildung, 3. Jg. 1970, H. 3, S. 3-33

7) Vgl. zu dieser Forderung: Werner Wolf, Der Wahlkampf. Theorie und Praxis, Köln 1980, S. 11

8) Werner Kaltefleiter/Peter Nißen, Empirische Wahlforschung, s. Anm. 3, S. 21

9) Hans-Georg Hellwerth u. a., Wahlkampf und politische Bildung, in: aus politik und zeitgeschichte B 9/77, S. 5

10) Vgl. ebenda, S. 4

11) Vgl. Niklas Luhmann, Legitimation durch Verfahren, Neuwied 1969, S. 156ff; siehe auch ders., Öffentliche Meinung, in: Politische Vierteljahresschrift, 11. Jg. 1970, S. 14ff

12) Vgl. Jürgen Habermas, Strukturwandel der Öffentlichkeit, Neuwied 1971 (5. Aufl.), S. 258; Wolf-Dieter Narr/Claus Offe (Hrsg.), Wohlfahrtsstaat und Massenloyalität, Köln 1976

13) Murray Edelman, Politik als Ritual. Die symbolische Funktion staatlicher Institutionen und politischen Handelns, Frankfurt/New York 1976, S. 60. Vgl. dazu umfassend: Ulrich Sarcinelli, Symbolische

Politik. Zur Bedeutung symbolischer Politik in der politischen Kommunikation der Bundesrepublik Deutschland. Eine Analyse unter Berücksichtigung des Bundestagswahlkampfes 1980, Habilitationsschrift Koblenz 1984

14) Martin Greiffenhagen, in: ders. (Hrsg.), Kampf um Wörter? Politische Begriffe und Meinungsstreit, München/Wien 1980, S. 9f; siehe dazu die umfassende Arbeit von Wolfgang Bergsdorf, Herrschaft und Sprache, Pfullingen 1983

15) Vgl. als bekannteste Publikation zu dieser Problematik: Walter Dieckmann, Sprache in der Politik. Einführung in die Pragmatik und Semantik der politischen Sprache, Heidelberg 1975 (2. Aufl.); s. auch Murray Edelman, Politik als Ritual, s. Anm. 13, S. 169ff

16) Vgl. z. B. Peter Radunski, Wahlkämpfe, s. Anm. 5; Werner Wolf, Der Wahlkampf, s. Anm. 7

17) Peter Radunski, Wahlkämpfe, s. Anm. 5, S. 12

18) Siehe zur Rolle der Wahlkampfschiedsstelle in der politischen Willensbildung des Wahlkampfes: Göttrick Wewer, Den Wahlkampf befrieden? Fairneßabkommen und politische Kultur, in: aus politik und zeitgeschichte, B 14-15/82; ders., Zur Problematik von Wahlkampfabkommen: Das Beispiel der Vereinbarungen vom 19. März 1980, in: Zeitschrift für Parlamentsfragen, H. 2/1980, S. 264-271

19) Werner Wolf, Der Wahlkampf, s. Anm. 7, S. 175

20) Vgl. Gerhard Lehmbruch, Strukturen ideologischer Konflikte bei Parteienwettbewerb, in: Politische Vierteljahresschrift, 10. Jg. 1969, H. 2/3, insb. S. 291f; Ernst Topitsch, Über Leerformeln, in: ders. (Hrsg.), Probleme der Wissenschaftstheorie. Festschrift für Victor Kraft, Wien 1960, S. 233f; Gert Degenkolbe, Über logische Struktur und gesellschaftliche Funktionen von Leerformeln, in: Kölner Zeitschrift für Soziologie und Sozialpsychologie, 17. Jg. 1965, H. 2, S. 329ff

21) Werner Wolf, Der Wahlkampf, s. Anm. 7, S. 195

22) Vgl. Helmut Norpoth, Kanzlerkandidaten. Wie sie vom Wähler bewertet werden und seine Wahlentscheidung beeinflussen, in: Max Kaase (Hrsg.), Wahlsoziologie heute, Politische Vierteljahresschrift 2/3 1977, S. 568; Ludolf Eltermann, Kanzler und Oppositionsführer in der Wählergunst, Stuttgart 1980

23) Zum Modell des "Idealkanzlers" vgl. Ludolf Eltermann, Zur Wahrnehmung von Kanzlerkandidaten, in: Wählerverhalten in der Bundesrepublik, hrsg. von Dieter Oberndörfer, Berlin 1978, S. 521ff

24) Vgl. Peter Radunski, Wahlkämpfe, s. Anm. 5, S. 19

25) Vgl. Karl-Josef Does, Politische Werte, politische Perspektiven und Parteiensystem, in: Wählerverhalten in der Bundesrepublik, a.a.O., S. 162ff; Peter Radunski, Wahlkampfstrategien '80 in den USA und der Bundesrepublik, in: aus politik und zeitgeschichte, B 18/81, S. 41f

26) Vgl. Ulrich Sarcinelli, Grundsatzpolitische Kontroversen als Versuche zwischenparteilicher Positionsfixierung, in: Heino Kaack/Reinhold Roth (Hrsg.), Handbuch des deutschen Parteiensystems, Bd. 2: Programmatik und politische Alternativen, Opladen 1980, S. 189-202; vgl. dazu auch Heino Kaack, Parteiensystem und Legitimation des politischen Systems, in: Heino Kaack/Ursula Kaack (Hrsg.), Parteien-Jahrbuch 1975, Meisenheim 1977, insb. S. 354ff

27) Vgl. Adam Schaff, Stereotypen und menschliches Handeln, Wien/München/Zürich 1980; siehe dazu im einzelnen Ulrich Sarcinelli, Symbolische Politik, s. Anm. 13, S. 318ff

28) Vgl. dazu generell Ulrich Sarcinelli, Symbolische Politik, s. Anm. 13, insb. S. 158ff; zur Bedeutung symbolischer Sinnwelten für die Legitimierung vgl. insb. auch Peter L. Berger/Thomas Luckmann, Die gesellschaftliche Konstruktion der Wirklichkeit. Eine Theorie der Wissenssoziologie, Frankfurt 1982, insb. S. 98ff

5.2 Anmerkungen zur didaktischen Dimension des Themas "Wahlen und Wahlkampf" in der politischen Bildungsarbeit
(Franz Josef Witsch-Rothmund)

- Zur Legitimation des Lernbereichs

Im Lehrplan für das Fach Sozialkunde in Rheinland-Pfalz stehen Wahlen als Teilthema des Themenbereichs "Die politische Grundordnung der Bundesrepublik Deutschland" im Mittelpunkt des didaktischen Interesses, weil ihnen eine besondere Bedeutung zukomme. (1)
Diese "besondere Rolle" von Wahlen beruht auf der zentralen Legitimationsfunktion, die ihnen nach dem Selbstverständnis des politischen Systems der Bundesrepublik zugeschrieben wird: "Sie sind das zentrale politische Ereignis, in dem die Ausübung der Staatsgewalt durch das Volk, einem der Veränderung entzogenen Verfassungsgrundsatz des Grundgesetzes, zum Ausdruck kommt." (2)
Folgt man dieser Bewertung, so stellen sich Wahlen und insbesondere Wahlkämpfe als ein Element des politischen Systems dar, in dem sich die politische Willensbildung des Volkes maßgeblich vollziehen soll. Mehr noch: "Hier konzentriert sich der Begriff des 'Bürgers' und der politischen Partizipation." (3)

- Zur politischen Bildungsfunktion von Wahlkämpfen

Dieser Zusammenhang begründet die These, daß Wahlen und Wahlkämpfe möglicherweise zuverlässige Maßstäbe für die Qualität der politischen Willensbildung und das politische Bildungs- bzw. Informationsniveau breiter Wählerschichten darstellen. Pointiert formuliert könnte man Wahlkämpfe als "exemplarische Testfälle" für die von Parteien und Politikern viel zitierte "Mündigkeit" des Bürgers auffassen. Damit soll allerdings keineswegs gesagt werden, daß Wahlkämpfe als "Höhepunkte des demokratischen Prozesses" (Sarcinelli) eine wesentliche Determinante politischer Bildungsprozesse wären. Vor allem der von Helwerth u. a. angenommene Kausalzusammenhang, politische Mündigkeit sei das Ergebnis zumindest zweier Lernprozesse: nämlich politischer Erziehung und politischer Teilnahme, die ihren sichtbaren Ausdruck in Formen und Inhalten von Wahlauseinandersetzungen fänden, wird - zumindest in dieser Nuancierung - ernsthaft in Frage gestellt. (4)

Eine politische Bildungsfunktion von Wahlkämpfen im Sinne von Bildungszielen wie "Mündigkeit" oder "Partizipation" ist allenfalls - so die hier vertretene These - im Rahmen intentionaler, geplanter Lernprozesse initiierbar, die zwischen den Bezugsgrößen von Wahlkampf-Handeln und politischer Bildungsarbeit eindeutig differenzieren. (5)

Freilich laufen im Kontext von Wahl(-kampf)auseinandersetzungen eine Fülle von Lernprozessen ab, die hier generell dem komplexen Bereich funktionaler politischer Sozialisation zugerechnet werden. Es steht außer Zweifel, daß die politischen Parteien versuchen, diese Prozesse intentional zu beeinflussen. Die zentrale Zieldimension im Sinne einer Stabilisierung bzw. einer Verhaltensänderung auf gewünschte Handlungsdispositionen hin, wird von den Parteien letztlich in der Zustimmungsbereitschaft des Wahlbürgers zu den jeweils präsentierten politischen und personellen Alternativen gesehen. Die Instrumente und Methoden, die eine Zielrealisierung unterstützen sollen, werden dabei selbstverständlich nicht nach ihrem politischen Bildungswert, sondern im Hinblick auf ihren politischen Überzeugungs- und Überredungseffekt entwickelt und eingesetzt. Es liegt auf der Hand, daß entsprechend ausgefeilte, zum Teil manipulative und auf Überredung angelegte Wahlkampfstrategien in einem deutlichen Spannungsverhältnis zu zentralen Zielkategorien politischer Bildungsarbeit stehen.

- Zum Bezugsfeld von Wahlkampfhandeln und politischer Bildungsarbeit

Im Bezugsfeld der Planer und Akteure von Wahlkämpfen erweist sich ein politischer Bildungsanspruch von daher eher als unvereinbar mit grundlegenden strategisch-taktischen Wahlkampferfordernissen (Stimmenmaximierung). Die werbemäßige Vermarktung und kommerziell organisierte Vermittlung von Politik sprechen eher für die These, daß ein professionelles Wahlkampfmanagement von einem sozialpsychologisch ausgerichteten und demoskopisch untermauerten Wählerbild ausgeht. Dementsprechend strukturieren vor allem solcherart kalkulierte, im wesentlichen manipulative Wahlkampfstrategien das Entscheidungshandeln der politischen Akteure im Wahlkampf. (6) Der mündige, rationale Wahlbürger wird hier allenfalls noch als Idealvorstellung politischer Bildungskonzeptionen zur Kenntnis genommen.

Aus diesem Blickwinkel stellen sich Wahlkämpfe in erster Linie als Funktion demoskopisch abgesicherter Wählerprofile dar und nicht als Rahmenbedingung für die Auslösung politischer Lernprozesse im Sinne eines von Mündigkeit und Rationalität geprägten Wählerbildes. Zwischen einem solchermaßen geprägten Wählerbild und dem aktuellen Erscheinungsbild von Wahlkämpfen in ihrer Ausprägung als professionelle Public-Relation-Kampagne scheint eine einflußreiche Wechselbeziehung zu bestehen. Diese Wechselbeziehung, in der Wahlkampf-Handeln eher als abhängige Variable erscheint, also vornehmlich auf einem sozialpsychologisch und demoskopisch abgesicherten Wählerbild sei-

tens der Parteien beruht, weist eindeutig in die Richtung einer unübersehbaren Unvereinbarkeit zwischen den Formen politischer Willensbildung im Rahmen von Wahlkämpfen und den programmatischen
Zielvorgaben politischer Bildung. (7) Im Gegensatz zu Helwerth u.a.
führt uns diese Bewertung von Wahlkämpfen zu der Auffassung, daß
Wahlkampf und politische Bildungsarbeit, politische Praxis und politische Erziehung eben nicht "zwei Seiten ein und derselben Sache"
sind. (8) Vielmehr ist eine zentrale Aufgabe politischer Bildungsarbeit darin zu sehen, die Verhaltensmuster von Wahlkampf-Handeln
mit ihren verfassungspolitischen Grundlagen zu konfrontieren, wo-
raus sich die Leitfrage ergibt: Erweisen sich die vorfindlichen
Wahlkampfformen als geeignet, die politische (Willens-)Bildung anzuregen und zu fördern?

Freilich muß eine kritisch orientierte politische Bildungsarbeit
dabei dem möglichen Verdacht der "Blauäugigkeit" entgegenwirken.
Insofern kann es nicht ihre Aufgabe sein, eine harmonisierende Kor-
rektur von Realitäten zu betreiben. Sie hat allerdings auf die
zweifelhafte Reklamierung der Anspruchsgrundlagen von Wahlkamf-Han-
deln, das ja immerhin staatlich finanziert wird, aufmerksam zu machen. Die unzulässige Herstellung eines direkten funktionalen Zusammenhanges zwischen Wahlkampf und politischer Bildungsarbeit bietet
jedenfalls für die unterrichtliche Behandlung des Themenbereichs
einen wichtigen Anhaltspunkt.

- Hinweise zur didaktischen Strukturierung des Themenbereichs

An dieser Stelle sollen keine unmittelbar unterrichtlich verwertba-
ren didaktischen Einheiten erstellt werden, sondern lediglich in
Form von Zielkategorien und Leitfragen eine Themenstrukturierung angeboten werden, die der Praktiker bei der Planung von Unterricht als
"Problemhorizont" berücksichtigen kann. Seiner konkreten Analyse der
jeweils gegebenen Lernbedingungen und -voraussetzungen muß ohnehin
überlassen bleiben, in welcher Weise und mit welchen Lerninhalten
Bildungsintentionen vor Ort umgesetzt werden können. (9) Grundsätzlich soll allerdings mit einem Wort von K. G. Fischer beachtet
werden, daß es dem politischen Unterricht um den "Normalbürger"
geht und nicht um den "Gesellschaftswissenschaftler" oder den künftigen "politischen Funktionär". (10)

Schließlich bleibt darauf hinzuweisen, daß der Themenkomplex Wahlen/
Wahlkampf optimal nur im Kontext von tatsächlich ablaufenden Wahlkämpfen, möglicherweise in Projektform, erarbeitet werden kann. (11)
Eine solche Erarbeitungsweise hat jedoch allenfalls in der Sekundarstufe II eine realistische Perspektive, während in der Sekundarstufe I entsprechenden Vorhaben von vornherein unzureichende organisatorische Voraussetzungen und ein zusammengestrichenes Deputat von

einer Wochenstunde Sozialkunde entgegenstehen. Hier wird es notwendig sein, die Behandlung des Themas Wahlen und Wahlkampf auf einige exemplarisch ausgerichtete Teilaspekte zu konzentrieren.

Wir gehen bei den im folgenden zu entwickelnden Zielkategorien und Leitfragen von der im Lehrplanentwurf zum Themenbereich "Politische Ordnung der Bundesrepublik Deutschland" formulierten allgemeinen Grundqualifikation aus, also der "Fähigkeit und Bereitschaft zu kritischer Loyalität gegenüber den Normen und Institutionen der freiheitlich demokratischen Grundordnung". (12)

Im Kern bedeutet dies, daß zunächst über eine Erarbeitung der wichtigsten Funktionen von Wahlen das repräsentative System als rationaler Legitimations- und Herrschaftstyp identifiziert werden soll. (13) Im Vergleich mit anderen Herrschaftstypen gehört diese Erarbeitung mit zu den zentralen kognitiven Lernleistungen. Im übrigen wird sich eine "kritische Identifikationsleistung" in erster Linie daran bemessen müssen, inwieweit sie die Aufmerksamkeitsrichtung auf die Differenzierung von idealtypischen, normativen Grundlagen politischer Prozesse und Verfahren einerseits und deren praktische Ausformung im politischen Alltagshandeln andererseits zu lenken vermag. Jedenfalls stellt bereits die Frage, ob Wahlen und Wahlkämpfe politisch-bildnerischen Wert beanspruchen können oder eben eine unter politischen Bildungsaspekten bedenkliche Tendenz aufweisen, die aber möglicherweise im Rahmen politischer Bildungsarbeit fruchtbar gemacht werden kann, eine folgenreiche Grundentscheidung dar.

Die folgende Übersicht soll eine Hilfe bei der Problemerschließung und didaktischen Strukturierung des Themenkomplexes Wahlen und Wahlkampf geben. Sie kann auch als Anregung für die Planung einer Lernsequenz verstanden werden. In jedem Fall bedarf sie aber noch der weiteren didaktischen und methodischen Ausdifferenzierung, bevor eine unterrichtspraktische Umsetzung möglich ist.
Der Themenkomplex Wahlen und Wahlkampf wird in drei "Themenbereiche" gegliedert. Jedem Themenbereich sind mehrere "Zielkategorien" zugeordnet, unter die "Leitfragen" gruppiert werden. Mit ihrer Hilfe sollen Anregungen für die thematische und methodische Erschließung der Themenbereiche gegeben werden, die eine (Lern-)Zielorientierung im Sinne der Zielkategorien und der vorangestellten Ausführungen erlaubt. (Mit den skizzierten Themenbereichen kann selbstverständlich keine Vollständigkeit im Sinne der in der Wissenschaft diskutierten Problemkomplexe zu Wahlen und Wahlkampf beansprucht werden. So fehlt etwa das Thema Wahlkampffinanzierung vollständig. Dennoch dürften die für die politische Bildungsarbeit wichtigsten Gegenstandsfelder erfaßt sein.)

Durch eine Kennzeichnung von "Leitbegriffen" innerhalb der "Leitfragen" sowie Querverweise, die sich ausschließlich auf die Beiträge des vorliegenden Bandes beziehen, soll eine didaktische Hilfe stellung bei der fachlichen Fundierung und inhaltlichen Exemplifikation gegeben werden. Die Querverweise, die einer Leitfrage oder auch mehreren Leitfragen zugeordnet sind, ermöglichen über die Angabe des(r) Verfasser(s), Kapitel- bzw. Teilkapitelangabe eine Auffindung der jeweiligen Problemaspekte.

Über die einzelnen Beiträge soll gleichzeitig ein Zugang zur Fachliteratur ermöglicht werden. Die im Anschluß an den Beitrag abgedruckte Auswahlbibliographie zu wichtigen Titeln der Wahl-/Wahlkampfforschung soll, ergänzt durch bibliographische Angaben zu Materialien, Stundenentwürfen und didaktischen Hilfen, diesen Zugang erleichtern.

Themenbereich 1   Wahlen und politisches System

Zielkategorie A:

Wahlen sollen als Kernbestand demokratischer Ordnung erkannt werden. Ausgehend vom politischen System der Bundesrepublik Deutschland sollen die wichtigsten Wahlfunktionen erarbeitet und als idealtypische Funktionselemente demokratischer Herrschaftsbestellung und -kontrolle bewertet werden können.

- Gibt das Grundgesetz (GG) für die Bundesrepublik Deutschland deutliche Hinweise auf die Funktion von Wahlen in unserem politischen System? Vergleichen Sie Art. 20 bzw. 38 GG.

  GG, Art. 20 und 38

- In welcher Hinsicht können Wahlen demnach als "Höhepunkte des demokratischen Prozesses" bezeichnet werden? Klären Sie den Zusammenhang zwischen Wahlen und dem Prinzip der Volkssouveränität.

  Sarcinelli, Beitrag 5.1, Kap. 1

- Welche Anhaltspunkte ergeben sich aus dem Zusammenhang für eine optimale Definition des Begriffs "Demokratie"? Bedenken Sie: Wenn man Wahlen zum Kernbestand demokratischer Ordnung rechnet, in dem sich die Ausübung der Staatsgewalt durch das Volk vollzieht, muß man sie zweifellos als einen Hauptindikator für demokratische Ordnung und den Prozeß legaler Herrschaftsbestellung bezeichnen.

  Ebenda

230

- In welchen Einzelfunktionen manifestiert
  sich diese generelle verfassungspolitische
  Bedeutungszuweisung von Wahlen? Versuchen
  Sie, Zusammenhänge herzustellen zu zentra-
  len Leistungsansprüchen an das politische
  System:
  . Präsentation politischer Alternativen
  . Präsentation personeller Alternativen
  . Artikulation und Integration politischer
    Interessen
  . Förderung politischer Partizipation
  . Kontrolle der Amtsträger und Basisbin-
    dung der Eliten
  . demokratische Legitimation durch zeit-
    lich begrenzte Machtzuweisung

  Sarcinelli,
  Beitrag 5.1, Kap. 1

- In welcher Weise leisten Wahlen einen Beitrag zur Gewährleistung der Ihnen maßgeblich zugewiesenen Funktionen? Diskutieren
  Sie diese Frage unter Berücksichtigung der
  Tatsache, daß die Bundesrepublik Deutschland nach ihrer Verfassungsordnung und
  politischen Praxis eine "ausschließlich
  repräsentative Demokratie" ist (Ellwein).

  Siehe Literaturhin-
  weise bei
  Simon, Beitrag 5.3,
  insb. Kap. 1 und 2

Klären Sie zunächst die unmittelbare Entscheidungskompetenz' von Wahlakten:
- Worauf nimmt der Wähler mit der Wahrnehmung seines Wahlrechts unmittelbaren Einfluß?
  Kann der Wahlbürger mit seiner Entscheidung die Besetzung politischer Schlüs-
  selämter oder die Behandlung und Lösung
  politischer Kernprobleme unmittelbar beeinflussen?

- Wie weit reicht die unmittelbare demokratische Kontrolle und Mitgestaltung des
  Volkes? Diskutieren Sie diese Frage u. a.
  auch unter Aspekten politischer Stabilität und Kontinuität.

- Überwiegen in unserem Verständnis und
  Vollzug des politischen Prozesses eher
  repräsentative oder direkte Einflußele-
  mente?

  Sarcinelli,
  Beitrag 1,
  Kap. 1.1 und 1.2

- Welche Schlußfolgerungen lassen sich im
  Hinblick auf die Einschätzung von Wahlen
  als Mittel politischer Partizipation ziehen?

- Problematisieren Sie die verschiedenen Wahlfunktionen und zeigen Sie Funktionsdefizite auf.	Sarcinelli, Beitrag S. 1, Kap. 1; Sarcinelli/Czerwick, Beitrag 3.1; Simon/Witsch-Rothmund, Beitrag 3.2

Zielkategorie B:

Die Grundsätze und Problemaspekte des Wahlsystems bzw. des Wahlrechts in der Bundesrepublik Deutschland sollen unter besonderer Berücksichtigung von Rheinland-Pfalz
erarbeitet und diskutiert werden. Dabei sollen u. a. die Auswirkungen verschiedener
Wahlsysteme auf die Repräsentations- und In-
tegrationsfunktionen von Wahlen erkannt werden.

- Auf welche zwei Grundformen lassen sich die verschiedenen Wahlsysteme zurückführen? Nennen Sie die beiden Grundformen und (er)klären Sie, welche grundlegenden Unterschiede zwischen Mehrheits- und Verhältniswahl bestehen.	Siehe Literaturhinweise bei Simon, Beitrag 7.1; Sarcinelli, Kap. 1, Beitrag 1, Kap. 1.2
- Läßt sich das Wahlsystem der Bundesrepublik Deutschland eindeutig einer der beiden Grundformen zuordnen? Versuchen Sie, die verschiedenen Elemente unseres Wahlsystems zu bestimmen und klären Sie die Frage, ob Elemente der Verhältniswahl oder der Mehrheitswahl dominieren.	Sarcinelli, Beitrag 1, Kap. 1.2
- Unser Wahlrecht kennt die Regelung einer Sperrklausel. Welche Regelung ist gemeint und welche Rechtfertigungsgründe lassen sich für eine solche Regelung benennen? Diskutieren Sie vor allem unter Aspekten der Interessenrepräsentation und -integration mögliche Auswirkungen der "5 %-Klausel".	
- Die Wahl vom 6.3.1983 geht als sogenannte "Doppelwahl" in die Geschichte der Bundesrepublik Deutschland ein. Erläutern Sie beide Wahlsysteme und präzisie-	Sarcinelli, Beitrag 1, Kap. 1, Czerwick, Beitrag 3.3;

ren Sie die Wahlentscheidungsmöglichkeiten
des Wählers.

Landesverfassung
Art. 80

- Lassen sich im Hinblick auf den persönlichen Bezug zwischen Wählern und Abgeordneten Unterschiede zwischen einer reinen Listenwahl und einer personalisierten Verhältniswahl denken? Erläutern Sie dies anhand der in Rheinland-Pfalz gegebenen Situation. Welches Wahlsystem garantiert dem
Kandidaten eine relativ größere Unabhängigkeit von der Partei?

Sarcinelli,
Beitrag 1, Kap. 1.2

Themenbereich 2

Wahlen und Politikvermittlung:
Intentionen, Instrumente und
Formen moderner Wahlkampfführung

Zielkategorie A:

Der Wahlkampf soll als spezifische Form des
Parteienwettbewerbs, in dem Parteien um
Machterwerb bzw. um Machterhalt miteinander
konkurrieren, erkannt und diskutiert werden. Neben den grundlegenden Zieldimensio-
nen "Machterhalt" bzw. "Machterwerb" -
"Stimmenmaximierung" sollen die strategische Ausgangslage von Parteien und die
daraus resultierenden Handlungsmöglichkei-
ten bzw. -begrenzungen als relevanter Be-
dingungsfaktor für die Wahlkampfplanung
und das Wahlkampfhandeln der Parteien erkannt werden.

- Welche Rolle spielen die politischen Parteien im Wahlkampf?

Art. 21 GG;
Parteiengesetz insb.
§ 1

- Gehen Sie von der Aufgabenbeschreibung
für die Parteien aus, wie sie im Grundgesetz sowie im Parteiengesetz festgehalten sind.

- Welche Zielvorhaben bestimmen darüberhin-
aus das Wahlkampfhandeln der Parteien?
Führen Sie den Zielkomplex "Stimmenmaximierung" ein.

- Auf welche Weise versuchen die Parteien, ihre erklärten Wahlziele zu erreichen? Was ist unter den Begriffen "Wahlkampfplanung", "Wahlkampfmanagement" zu verstehen? Inwieweit können sie durch Phänomene wie zentrale Steuerung der Wahlkampfführung/-planung, innerparteiliche Professionalisierung und Kommerzialisierung präzisiert werden?

  Sarcinelli/Czerwick, Beitrag 3.1, Kap. 1.1 und 1.2

- Inwiefern kann man Strategie als ein Element von Wahlkampfplanung bzw. -handeln betrachten? Führen Sie als Definitionsangebot von Wahlkampfstrategie die "Festlegung politischer Ziele unter Berücksichtigung der eigenen Möglichkeiten der situativen Gegebenheiten, des Potentials des Gegners und daraus abgeleiteter Maßnahmen zur Zielrealisierung" ein.

  Sarcinelli/Czerwick, Beitrag 3.1 Kap. 1.2 und 3

- Welche Faktoren bestimmen die wahlkampfstrategische Ausgangslage der Parteien im einzelnen? Versuchen Sie anhand der Situation in Rheinland-Pfalz vor dem 6. März 1983 die wesentlichen Unterschiede in der Ausgangslage der Parteien herauszuarbeiten. Beachten Sie die landesspezifische Rollenverteilung vor allem unter historischem Aspekt.

  Sarcinelli/Czerwick, Beitrag 3.1, Kap. 2

- Welche Auswirkungen hat die Rollenverteilung auf die Möglichkeiten der einzelnen Parteien zur Selbstdarstellung im Parteienwettbewerb? Diskutieren Sie unter dieser Fragestellung z. B., in welcher Weise der Vorteil eines dauerhaften Regierungsmandats die Chancen einer Partei beeinflussen könnte: Rekrutierung politischen Führungspersonals, Beeinflussung der öffentlichen Themenkonjunktur, Medienresonanz etc.

  Sarcinelli/Czerwick, Beitrag 3.1, Kap. 2

- Welche globalen Orientierungsmuster bestimmten das wahlstrategische Kalkül der Parteien in Rheinland-Pfalz vor dem 6. März. Versuchen Sie, anhand der Ausgangslage die Zielsetzung der Parteien zu skizzieren.

  Sarcinelli/Czerwick, Beitrag 3.1, Kap. 3 und 4

- Inwieweit bestand bei der Doppelwahl am 6.3.1983 in besonderem Maß die Gefahr einer Überformung der Landtagswahl durch bundespolitische Akzente? Bedenken Sie

234

u. a. Probleme des politischen Themenhaus-
halts. Welche generellen Aspekte stehen bei
Landtagswahlen gemeinhin aus bundespolitischer Sicht im Mittelpunkt des Interesses?
Beachten Sie die Stichworte "Testwahl", "In-   Czerwick,
dikatoren des aktuellen politischen Meinungs-   Beitrag 3.3, Kap. 1
klimas", Mehrheitsverhältnisse im Bundesrat".   und 6

<u>Zielkategorie B:</u>

Wahlkämpfe sollen als Instrument der politischen
Willensbildung auf der Grundlage der unter Zielkategorie A erworbenen Kenntnisse untersucht und
kritisch bewertet werden können. Im Sinne einer
kritischen Bewertung soll dabei generell der Frage nachgegangen werden, inwieweit der Prozeß der
politischen Willensbildung im Wahlkampf zunehmend auf eine dramaturgische, inszenierte Politikvermittlung der Parteien reduziert wird.

- Welches Bild vermitteln die Parteien im Wahl-   Sarcinelli,
  kampf von sich selbst, vom politischen Geg-   Beitrag 5.1, Kap. 4
  ner? Beziehen Sie in Ihre Überlegungen die   - 7
  Kategorien "Problem(lösungs-)kompetenz",
  "Wertorientierung" und "personelle Alternativen" ein. Setzen Sie diese Kategorien in
  Beziehung zu den Begriffen "positives Selbst-   Sarcinelli/Czerwick,
  bild" und "negatives Fremdbild".   Beitrag 3.1, 2.2,
                                                    Kap. 3 und

- Welche Rolle spielt die Personalisierung von   Sarcinelli,
  Politik? Welche Rückschlüsse läßt hier die   Beitrag 5.1, Kap. 7
  deutliche Ausrichtung von Wahlkampagnen auf
  die Spitzenkandidaten zu?

- Hat das Image von Spitzenkandidaten möglicherweise Auswirkungen auf die Wahlchancen
  einer Partei? Diskutieren Sie die These vom
  "Amtsbonus" des jeweils amtierenden Spitzen-   Engel,
  kandidaten. (Bekanntheitsgrad, Kompetenz,   Beitrag 4.2, Kap. 2.1
  Beliebtheit)   Sarcinelli/Czerwick,
                                                    Beitrag 3.1, Kap. 2.2

- Über welche Möglichkeiten der medienwirksa-   Sarcinelli/Czerwick,
  men Selbstdarstellung/Kandidatenpräsenta-   Beitrag 3.1, Kap. 2.1,
  tion verfügen die Parteien? Wie kann der   2.2
  "Amtsbonus" z. B. möglicherweise als Start-

vorteil genutzt werden? ("Reisediplomatie"/exklusive Darstellung von Kompetenz
etc.)

- Welche Auswirkungen hat möglicherweise die
  Geschlossenheit, mit der eine Partei Selbstdarstellung und vor allem die Präsentation
  ihrer Spitzenkandidaten inszeniert? Disku-   Sarcinelli/Czerwick,
  tieren Sie diese Fragestellung z. B. auf   Beitrag 3.1,
  dem Hintergrund verschiedener innerpartei-   Kap. 2.2
  licher Szenarien: (Geschlossenheit —
  Fraktionierung; Konsens — Konflikt)

- Die Parteien haben vielfältige Wahlkampf-   Simon/Witsch-Roth-
  formen entwickelt. Welche Hauptformen las-   mund, Beitrag 3.2,
  sen sich unterscheiden?   Kap. 3
                                                   Sarcinelli/Czerwick,
- Wie lassen sich die einzelnen Wahlkampffor-   Beitrag 3.1, Kap. 4.2
  men nach den Kriterien "Bürgernähe", "Par-   Simon/Witsch-Roth-
  tizipationschancen", "Informationswert" be-   mund, Beitrag 3.2,
  urteilen?   Kap. 6

- Was versteht man unter Parteiprogrammen und
  welche Funktionen erfüllen sie in der Parteiendemokratie im allgemeinen und inner-
  halb des Wahlkampfs im besonderen? Disku-   Czerwick,
  tieren Sie unter Berücksichtigung der Stich-   Beitrag 2.2, Kap. 5
  worte "Selbstverständnis", "zwischenpartei-
  liche Abgrenzung", "innerparteilicher Konsens".

- Was ist unter einem "Zielgruppenwahlkampf"
  zu verstehen? Inwiefern kann es für die Parteien sinnvoll sein, auf spezielle Interes-
  sen in Form von Zielgruppenaktionen einzu-   Sarcinelli/Czerwick,
  gehen? Welche Rolle spielen dabei z. B. per-   Beitrag 3.1, Kap. 4.2
  sonelle und sachspezifische Kompetenzprofile
  von Parteien?

- Welche Intentionen verfolgen Parteien mit
  der extensiven Verwendung politischer Reiz-
  und Schlagwörter? Welche Rolle spielen in   Sarcinelli,
  diesem Zusammenhang (sozial-)psychologische   Beitrag 5.1, Kap. 3-7
  Kalküle in der Wahlwerbung?

- In welchem Verhältnis stehen die in der
  Wahlwerbung verwendeten Slogans und Reiz-
  wörter zu programmatischen Aussagen der   Sarcinelli,
  Parteien? Vergleichen Sie programmatische   Beitrag 5.1, Kap. 4
  Aussagen der Parteien zu wichtigen Politik-   Simon, Beitrag 2.1

236

feldern. In welchen Politikfeldern bestehen grundlegende Differenzen zwischen den
Parteien?

- Drückt sich in der vereinfachenden, Differenzen zwischen den Parteien überzeichnen-
  den Wahlwerbung möglicherweise eine legiti-
  me Informationsstrategie der Parteien aus,   Sarcinelli,
  die vor allem dem Zwang zur Reduktion kom-   Beitrag 5.1, Kap. 3
  plexer politischer Zusammenhänge Rechnung
  trägt?

- Bietet der lokale Wahlkampf - im Gegensatz
  zum überregionalen Wahlkampf - Chancen zu
  einer direkten, bürgernahen Form der Poli-   Simon/Witsch-Roth-
  tikvermittlung? Untersuchen und bewerten   mund, Beitrag 3.2
  Sie die von den Parteien auf lokaler Ebene
  bevorzugten Wahlkampfformen unter dieser
  Fragestellung.

- Welche Rolle spielen die Medien im (lokalen) Wahlkampf? Untersuchen Sie Einflußmög-
  lichkeiten und Struktur der Pressebericht-   Simon/Witsch-Roth-
  erstattung anhand der Wahlkampfberichter-   mund,
  stattung in Koblenz-Stadt.   Beitrag 3.2, Kap. 4

Themenbereich 3   Wählerverhalten und Wahlergebnisanalyse

Zielkategorie A:

Wählerverhalten soll als komplexer Prozeß erkannt werden, dem unterschiedliche Motive zu-
grundeliegen können. Die zwei Grundmodelle zur
Erklärung von Wählerverhalten sollen dabei in
ihren Kernaussagen unterschieden werden.

- Welche verschiedenen Erklärungsansätze las-   Engel, Beitrag 4.2
  sen sich zur Analyse des Wählerverhaltens   Kap. 2.1 u. 2.2
  unterscheiden?

- Welche drei Hauptfaktoren beeinflussen nach   Engel, Beitrag 4.2
  dem Modell des "individuellen Wahlverhal-   Kap. 2.1
  tens" die Wahlentscheidung? Welche Rolle
  spielen die Begriffe "Parteisympathie",
  "Problemkompetenz" und "Kandidatenorientierung" in diesem Modell?

- Welcher Faktor ist nach dem Modell des   Engel, Beitrag 4.2
  "Gruppenwahlverhaltens" für das Wählerver-   Kap. 2.2
  halten entscheidend? Führen Sie den Begriff
  des "Sozialen Milieus" ein.

- Was ist unter einem Mehrebenen-Analysemo-   Engel, Beitrag 4.2
  dell des Wahlverhaltens zu verstehen?   Kap. 2.3

- Welche Verhaltenselemente in den beiden   Engel, Beitrag 4.2
  Grundmodellen entsprechen eher einem ra-   Kap. 2.1
  tionalen Entscheidungshandeln? Diskutie-
  ren Sie in diesem Zusammenhang die Begriffe "Problemkompetenz" und "Kandidatenorientierung".

Zielkategorie B:

Die Antizipation von Wählerverhalten soll als
ein wesentliches Element moderner Wahlkampfplanung erkannt und kritisch bewertet werden.
Dabei sollen kritische Einwände gegenüber dem
Prognosewert demoskopischer Ergebnisse formuliert werden können und die potentiell manipulative Verwendung von Umfrageergebnissen
erkannt werden.

- In welcher Form hat die Antizipation von
  Wählerverhalten Eingang in die Wahlkampfplanung gefunden? Diskutieren und problemati-
  sieren Sie die Demoskopie als ein Instru-   Engel, Beitrag 4.1
  ment der Wahlkampfplanung.   Kap. 1.1

- Inwiefern können Umfragen mittlerweile als
  unverzichtbare Entscheidungshilfe für die
  Festlegung einer Wahlkampfstrategie ange-   Engel, Beitrag 4.1
  sehen werden? Welchen Informationswert be-   Kap: 1.1 und 1.2;
  sitzen in diesem Zusammenhang umfragege-   Engel, Beitrag 4.2
  stützte Daten über vermutliche Stammwäh-   Kap. 2.1
  ler-/Wechselwähleranteile, Kandidatenima-
  ges, Kompetenzprofile einzelner Parteien/
  Parteiakteure?

- Welche kritischen Einwände können im Hinblick auf den Prognosewert und die partiell
  manipulative Verwendung demoskopischer Er-   Engel, Beitrag 4.1
  gebnisse angeführt werden? Berücksichtigen   Kap. 1.2
  Sie die These vom Wahlverhalten als "Teil

eines offenen politischen Prozesses, der
für alle Beteiligten nicht voll kalkulierbar ist" (Kaack).

Zielkategorie C:

Das Wahlergebnis soll in seinen politischen
Konsequenzen und groben statistischen Zu-
sammenhängen analysiert werden können.

- Welche politischen Konsequenzen lassen sich
  (z. B. für die Rollenverteilung/Regierungs-
  bildung) aus dem Ergebnis zur Wahl des 10.
  Landtags in Rheinland-Pfalz ableiten? Versuchen Sie eine Ergebnisanalyse. Erläutern
  Sie die Begriffe "Parteihochburgen" und
  "Wählerwanderung".

  Engel, Beitrag 4.2
  Kap. 1.2 sowie 3
  u. 4

- Welche statistisch signifikanten Zusammenhänge lassen sich aus dem Wahlergebnis ableiten? Beachten Sie u. a. den Zusammenhang
  Wahlverhalten und Religionsbindung.

  Engel, Beitrag 4.2
  Kap. 3 und 4

Anmerkungen

1) Vgl. den Lehrplanentwurf Sozialkunde, Klasse 7 bis 9/10 - Hauptschule, Realschule, Gymnasium-, Grünstadt 1978, S. 97

2) Ulrich Sarcinelli, Politische (Willens-)Bildung im Wahlkampf - Wahlkampf und politische Bildung in der Demokratie, in: Materialien zur politischen Bildung, Heft 1, 1983, S. 58, im Rekurs auf Art. 20,2 GG

3) Hanns Georg Helwerth/W. Niess/R. Sülzer/B. Wieselmann/M. Zeiß, Wahlkampf und politische Bildung, in: Aus Politik und Zeitgeschichte, Heft 9, 1977, S. 5

4) Vgl. Hanns Georg Helwerth, u. a., a.a.O., S. 4.
Helwerth u. a. kommen allerdings - in Übereinstimmung mit unseren Befunden - zu dem Ergebnis, daß Wahlkampf in der Bundesrepublik sich gegen viele Prinzipien politischer Bildungsarbeit richte. "Einer kritischen Meinungsbildung werden im Wahlkampf Barrieren aus Beeinflussungsstrategien entgegengesetzt, die sich wider den politisch denkenden und rational handelnden Bürger richten." (Vgl. ebenda, S. 21 bzw. S. 40) Genau dieser Zusammenhang disqualifiziert den Wahlkampf jedoch als eigenständigen Faktor politischer Bildung. Die über ihn ausgelösten politischen Sozialisationseffekte sind im Sinne politischer Bildung sicherlich eher kontraproduktiv.

5) Vgl. zur Differenzierung latenter und manifester politischer Sozialisation und den jeweiligen Qualifikationsaspekten Bernhard Claußen, Politische Sozialisation. Erkenntnisinteressen-Probleme-Aufgaben, in: Bernhard Claußen (Hrsg.), Politische Sozialisation in Theorie und Praxis, München 1980, S. 5

6) Vgl. Ulrich Sarcinelli, Symbolische Politik und Wahlkampf. Eine Analyse zur politischen Symbolik am Beispiel des Bundestagswahlkampfes 1980, Koblenz 1983, S. 8

7) Vgl. dazu das von Hanns Georg Helwerth u. a. stark betonte Erfordernis eines funktionalen Zusammenhanges zwischen politischer Willensbildung und politischer Bildung für die den Parteien angetragene Gewährleistung einer "ständigen lebendigen Verbindung zwischen dem Volk und den Staatsorganen", a.a.O., S. 5

8) Vgl. ebenda

9) Eine didaktisch differenzierte, mit Materialien ausreichend unterlegte Themenbearbeitung bieten Falk Esche u. a., Parteiendemokratie: Wahlen und Parteien in der Bundesrepublik Deutschland, Hamburg 1978

10) Vgl. Kurt Gerhard Fischer, Unterrichtsmodell für die Sekundarstufe I: Die Bundestagswahl 1976, in: Politische Didaktik, Heft 2, 1976, S. 53

11) Vgl. ebenda sowie Lehrplanentwurf Sozialkunde, a.a.O., S. 98

12) Vgl. Lehrplanentwurf Sozialkunde, ebenda

5.3 Auswahlbibliographie
(zusammengestellt und kommentiert von *Werner Simon*)

Eine Bibliographie zum komplexen Themenbereich "Wahlen" kann naturgemäß nur selektiven Charakter besitzen, gehört er doch zu den mit
am intensivsten betriebenen Zweigen sozialwissenschaftlicher Forschung. Unter dem besonderen Gesichtspunkt der Verwertbarkeit der
Literatur für die politische Bildung bemüht sich die folgende Literaturauswahl, gegliedert nach den zentralen Forschungsfeldern der
Wahlforschung, vor allem um einführende und grundlegende Gesamtdarstellungen. Darüber hinaus wird nur solche deutschsprachige und auf
die Verhältnisse in der Bundesrepublik bezogene Literatur berücksichtigt, deren problemlose Beschaffung über die einschlägigen Bib-
liotheken gewährleistet zu sein scheint. Einige grundlegende Studien älteren Datums finden zwar ebenfalls Erwähnung, doch konzentriert sich die Auswahl auf aktuellere Monographien und Zeitschrif-
tenaufsätze. Dies entspricht auch der Anlage der Auswahlbibliographie, die nicht den Anspruch systematischer Vollständigkeit erheben will, sondern dem in der politischen Bildung tätigen Personenkreis einen unmittelbaren Zugriff zu zentralen, aktuellen Abhandlungen an die Hand geben will. Anstelle einer Kommentierung jedes
einzelnen Titels findet der Leser zu Beginn eines jeden Teilberei-
ches eine kurze Übersicht über den Literaturstand und Hinweise auf
besonders empfehlenswerte Titel. Daneben findet sich in jeder Einführung zum politischen System der Bundesrepublik ein ausführliches
Kapitel zum Thema Wahlen, z. B. in:

BEYME, Klaus von: Das politische System der Bundesrepublik. Eine
          Einführung, 3. überarbeitete Auflage, München 1981
ELLWEIN, Thomas: Das Regierungssystem der Bundesrepublik Deutsch-
          land, 5. neubearbeitete Auflage, Opladen 1983
JESSE, Eckhard: Die Demokratie der Bundesrepublik Deutschland. Eine
          Einführung in das politische System, 6. durchgesehene
          Auflage, Berlin 1982
SONTHEIMER, Kurt/Hans H. RÖHRING: Handbuch des politischen Systems
          der Bundesrepublik Deutschland, 2. Auflage, München
          1978

1. Wahlsysteme und Wahlrecht

Zu diesem Bereich besteht mittlerweile ein umfangreiches Literatur-
angebot, obwohl Auseinandersetzungen über das Wahlsystem im politischen Problemhaushalt der Bundesrepublik derzeit kaum eine Rolle
spielen. Insbesondere in den fünfziger Jahren sowie zur Zeit der
"Großen Koalition" (1966-1969) wurden auf seiten der Parteien rege

Diskussionen über das Wahlsystem geführt (Mehrheitswahl anstelle des personalisierten Verhältniswahlrechts), was sich auch in starken publizistischen Aktivitäten zu diesem Thema bis Ende der sechziger Jahre niederschlug. Grundsätzlich können Abhandlungen zum Wahlsystem/Wahlrecht primär unter juristischer oder politikwissenschaftlicher Perspektive verfaßt werden. Unter dem erstgenannten Aspekt hat die Arbeit von SCHREIBER grundlegende Bedeutung, stellt sie doch gleichsam die offiziöse Auslegung des Bundeswahlrechts dar. Aus politikwissenschaftlicher Sicht empfehlen sich die Arbeiten von BREDTHAUER und HÜBNER sowie die wohl umfassendste, international vergleichende Darstellung der Wahlsysteme von NOHLEN. Eine primär historisch angelegte Gesamtdarstellung bis 1970 stellt das Werk von VOGEL, NOHLEN, SCHULTZE dar. Als Taschenbuchausgabe mit Ratgebercharakter in knapper, allgemein verständlicher Form über die geltenden wahlrechtlichen Bestimmungen präsentiert sich das Bändchen von WOYKE/STEFFENS.

BREDTHAUER, Rüdiger: Das Wahlsystem als Objekt von Politik und Wissenschaft. Die Wahlsystemdiskussion in der BRD 1967/68 als politische und wissenschaftliche Auseinandersetzung, Meisenheim 1973
HÜBNER, Emil: Wahlsysteme und ihre möglichen Wirkungen unter spezieller Berücksichtigung der Bundesrepublik Deutschland. 4. überarbeitete Auflage, München 1976
KAACK, Heino: Zwischen Verhältniswahl und Mehrheitswahl. Zur Diskussion der Wahlrechtsreform in der Bundesrepublik Deutschland. Opladen 1967
MEYER, Hans: Wahlsystem und Verfassungsordnung. Bedeutung und Grenzen wahlsystematischer Gestaltung nach dem Grundgesetz, Frankfurt am Main 1973
NOHLEN, Dieter: Wahlsysteme der Welt. Daten und Analysen. Ein Handbuch, München 1978
SCHREIBER, Wolfgang (Hrsg.): Handbuch des Wahlrechts zum Deutschen Bundestag, Köln 1976
SEIFERT, Karl-Heinz: Bundeswahlrecht. Wahlrechtsartikel des Grundgesetzes, Bundeswahlgesetz, Bundeswahlordnung und wahlrechtliche Nebengesetze, 3. völlig neubearbeitete Auflage, München 1976
VOGEL, Bernhard/Dieter NOHLEN/Rainer-Olaf SCHULTZE: Wahlen in Deutschland. Theorie-Geschichte-Dokumente 1848-1970, Berlin 1971
WOYKE, Wichard/Udo STEFFENS: Stichwort: Wahlen. Ein Ratgeber für Wähler, Wahlhelfer und Kandidaten, 3. Auflage, Opladen 1981

2 Wahlkampfstudien und Gesamtdarstellungen

Da es in der Wahl(kampf)forschung als mittlerweile unbestritten
gilt, daß Wahlkämpfe weniger Wählerbewegungen auslösen als vorhandene Trends bestätigen, galt das Forschungsinteresse stärker Wähler-
verhaltens- anstelle differenzierter Wahlkampfanalysen. So gibt es
kaum mehr Gesamtdarstellungen von Wahlkampfverläufen, sondern allenfalls Versuche, durch die Zusammenstellung von Einzelaspekten (z. B.
Studien zur Parteiorganisation im Wahlkampf, zur Rolle der lokalen
Presse, der Kandidatennominierung usw.) eine mehr oder weniger systematische Gesamtschau eines bestimmten Wahlkampfes zu liefern. Es
ist daher das besondere Verdienst des Beitrages von ROTH in dem von
KAACK/ROTH herausgegebenen Parteien-Jahrbuch 1976, das darüber hinaus noch weitere Beiträge zu Einzelproblemen des Wahlkampfes 1976
enthält, Wahlkampfanalyse als Gesamtanalyse des "permanenten politischen Prozesses" zu betreiben, d. h. historisch-systematisch den politischen Prozeß in der Wahlkampfphase insgesamt zu untersuchen.

In der älteren Wahlkampfforschung dagegen spielten Wahlkampfverlaufs-
darstellungen bezogen auf eine bestimmte Bundestagswahl mit stärker
beschreibendem denn erklärendem Charakter eine große Rolle. Als neuere, zeitgeschichtlich und systematisch ausgerichtete Darstellungen
einer Wahl (angeführt sind nur die Studien neuerer Wahlen seit Anfang der siebziger Jahre) gelten die Sammelbände von JUST/ROMAIN und
von KALTEFLEITER. Neben der Darstellung des politischen Umfeldes
(Parlamentskonstellation, innerparteiliche Diskussion, Wahlergebnis-
interpretation) insbesondere demoskopische Erhebungen sowie
Analysen von Presseerklärungen, Parteiunterlagen oder Politikerin-
terviews als Grundlage einer Beschreibung von Wahlkämpfen.

Eine erste, umfassendere Arbeit zur demokratie- und insbesondere kom-
munikationstheoretischen Verortung von Wahlkämpfen in der Bundesrepublik legt SARCINELLI am Beispiel der Bundestagswahl 1980 vor, wobei das komplexe Wahlkampfgeschehen in ein theoretisches Konzept
"symbolischer Politik" eingebracht ist.

Für die politische Bildungsarbeit fruchtbar sind vor allem auch "In-
sider"-Darstellungen, wie sie mit RADUNSKI und WOLF zwei Parteimana-
ger vorlegen, die als unmittelbar verantwortliche Personen mit Wahlkampfplanung und Wahlkampfführung beauftragt sind. Sie vermitteln
in gut verständlicher und für den am Ideal des mündigen Bürgers
orientierten Wähler ernüchternder Form detaillierte Einblicke in
die umfangreichen Organisations- und Strategieplanungen. Besonders
deutlich wird in beiden Publikationen die Betreibung von Wahlkämpfen
durch die Parteien als hochprofessionalisierte Managementaufgabe
unter Einbeziehung bewußt kalkulierter, psychologischer Effekte,
ähnlich der kommerzieller Werbestrategien.

Nicht aufgeführt in der Literaturauswahl sind die Analysen der Forschungsgruppe Wahlen bzw. des Infas-Instituts, die regelmäßig nach jeder Bundestags- oder Landtagswahl in der "Zeitschrift für Parlamentsfragen" (ZParl) oder anderen einschlägigen politikwissenschaftlichen Fachzeitschriften erscheinen.

BEYME, Klaus von: Wahlkampf und Parteio-ganisation. Eine Regional-
     studie zum Bundestagswahlkampf 1969, Tübingen 1974
HORN, Wolfgang/Herbert KÜHR: Kandidaten im Wahlkampf. Kandidaten-
     auslese, Wahlkampf und lokale Presse 1975 in Essen,
     Meisenheim 1978
JUST, Dieter/Lothar ROMAIN (Hrsg.): Auf der Suche nach dem mündigen
     Wähler. Die Wahlentscheidung von 1972 und ihre Konse-
     quenzen, Bonn 1974
KALTEFLEITER, Werner: Zwischen Konsens und Krise. Eine Analyse der
     Bundestagswahl 1972, Köln 1973
DERS.:   Vorspiel zum Wechsel. Eine Analyse zur Bundestagswahl
     1976, Berlin 1977
DERS.:   Eine kritische Wahl. Analysen zur Bundestagswahl 1983,
     in: Aus Politik und Zeitgeschichte, Heft 14/1983,
     S. 3-17
RADUNSKI, Peter: Wahlkämpfe. Moderne Wahlkampfführung als politi-
     sche Kommunikation. München-Wien 1980
ROTH, Reinhold: Die Bundestagswahl im Prozeß der machtpolitischen
     Auseinandersetzung - Wahlkampf und Wahlergebnisse 1976
     sowie: Legitimation des politischen Systems durch Wah-
     len, beide in: Heino KAACK/Reinhold ROTH (Hrsg.): Par-
     teien-Jahrbuch 1976, Dokumentation und Analyse der
     Entwicklung des Parteiensystems der Bundesrepublik
     Deutschland im Bundestagswahljahr 1976, Meisenheim am
     Glan 1979, S. 17-156 sowie S. 541-568
ROTH, Reinhold/Peter SEIBT (Hrsg.): Etablierte Parteien im Wahlkampf.
     Studien zur Bremer Bürgerschaftswahl 1976, Meisenheim
     am Glan 1979
SARCINELLI, Ulrich: Symbolische Politik. Zur Bedeutung symbolischer
     Politik in der politischen Kommunikation der Bundesre-
     publik Deutschland. Eine Analyse unter besonderer Be-
     rücksichtigung des Bundestagswahlkampfes 1980, Koblenz
     1984 (Habilitationsschrift)
WOLF, Werner: Der Wahlkampf. Theorie und Praxis, Köln 1980

3 Wahlsoziologie - Wählerverhaltensforschung

Die empirische Wahlsoziologie, also die wissenschaftliche Beschäftigung mit dem Wählerverhalten, ist die heute am intensivsten betrie-
bene Forschungsrichtung der Wahlforschung insgesamt. Entsprechend
umfangreich an entsprechenden Studien präsentiert sich der Litera-
turmarkt, der den verschiedenen, konkurrierenden Ansätzen gegenwär-

tiger Forschungsarbeit gerecht werden will. Als grundlegendes,
deutschsprachiges Buch (auf die umfangreiche englisch-sprachige Literatur zu diesem Thema wird an dieser Stelle nicht Bezug genommen)
zur Einführung in den inhaltlichen und methodischen Problemkreis
"Empirische Wahlforschung" ist das gleichnamige Werk von KALTEFLEI-
TER/NISSEN zu nennen, auf dessen umfangreiches und gegliedertes Li-
teraturverzeichnis besonders verwiesen sei. Eine weitere Studie,
bei der die Darstellung des Forschungsstandes der Wahlsoziologie im
Vordergrund steht, ist der von OBERNDÖRFER edierte Band, dessen
neun Einzelstudien verschiedene Wählerverhaltenssegmente untersuchen: Einfluß der Demoskopie auf Wahlverhalten, Orientierung an
Sachfragen als Kriterium von Wahlverhalten usw. Teilweise ähnliche
Themen finden sich in der Sammlung "transfer 2", die in erster Linie von Mitarbeitern des Bad Godesberger Infas-Instituts angefer-
tigt wurde und auch zur methodischen Diskussion der Wahlforschung
Stellung nimmt. Die differenzierteste Übersicht über den neuesten
Stand der wahlsoziologischen Forschung liefert KAASE in dem Band
der "Politischen Vierteljahresschrift" "Wahlsoziologie heute" sowie
der von KAASE/KLINGEMANN herausgegebene Band mit Analysen zur Bundestagswahl 1980. Im ersteren, der auch einen ausführlichen Litera-
turbericht enthält, äußern sich in 21 Einzelbeiträgen führende Wahl-
forscher zu inhaltlichen und methodischen Problemen des Forschungs-
gebietes und liefern eine Bestandsaufnahme. Als allerdings wenig
ergiebig für die Belange der politischen Bildungsarbeit erweist
sich die mitunter starke Ausrichtung einzelner Beiträge auf methodische und meßtechnische Fragestellungen, die sich bei der Analyse
von Wählerverhalten ergeben und die für die moderne Wahlforschung
nicht untypisch ist.

DIEDERICH, Nils: Empirische Wahlforschung. Konzeption und Methoden
        im internationalen Vergleich, Köln 1965
KAASE, Max (Hrsg.) Wahlsoziologie heute, Analysen aus Anlaß der Bun-
        destagswahl 1976, Sonderheft der politischen Vierteljah-
        resschrift, Heft 2/3 1977, Opladen 1977
KAASE, Max/Hans-Dieter KLINGEMANN: Wahlen und politisches System.
        Analysen aus Anlaß der Bundestagswahl 1980, Opladen 1983
KALTEFLEITER, Werner/Peter NISSEN: Empirische Wahlforschung. Eine
        Einführung in Theorie und Technik, Paderborn 1980
OBERNDÖRFER, Dieter (Hrsg.): Wählerverhalten in der Bundesrepublik
        Deutschland. Studien zu ausgewählten Problemen der Wahl-
        forschung aus Anlaß der Bundestagswahl 1976, Berlin 1978
PAPPI, Franz-Urban: Wahlverhalten und politische Kultur, Meisenheim
        am Glan 1970
SCHEUCH, Erwin K./Rudolf WILDENMANN (Hrsg.): Zur Soziologie der
        Wahl, Sonderheft 9 der Kölner Zeitschrift für Soziologie
        und Sozialpsychologie, Köln 1965
WAHLFORSCHUNG. Sonden im politischen Markt, in: "transfer 2", 2. er-
        weiterte Auflage, Opladen 1977

4 Materialien, Stundenentwürfe, didaktische Hilfen

Die folgende Zusammenstellung von didaktisch aufbereiteten Beiträgen soll vor allem dem in der (schulischen) politischen Bildung tätigen Personenkreis den unterrichtspraktischen Zugang zum Thema Wahlen erleichtern. Aus der Vielzahl entsprechender Entwürfe sind nur solche berücksichtigt, die (mit zwei Ausnahmen) nach 1970 erschienen sind, ohne im einzelnen auf die inhaltliche Ausgestaltung oder didaktische Strukturierung der Unterrichtsbeispiele einzugehen. Auffallend bei der Durchsicht der Unterrichtsmaterialien in einschlägigen pädagogischen und fachdidaktischen Zeitschriften ist die Häufung von sprachlichen und stilistischen Untersuchungen zur Wahlkampfsprache bzw. der politischen Propagandasprache. Hier wird deutlich, daß bei der Behandlung des komplexen Themenbereiches "Wahlen" neben dem Sozialkundeunterricht bzw. der politischen Bildung insbesondere auch das Fach Deutsch bei speziellen Fragestellungen (Sprache des Wahlkampfes, Werbemittelgestaltung usw.) einen fachübergreifenden Beitrag leisten kann.

DOBBERTHIEN, Dietlinde: Wahlkampf als Unterrichtsgegenstand, in: Der Bürger im Staat 1969, Heft 3, S. 126-130
DROMMEL, Raimund H.: Die Überredungsfunktion der Wahlkampfsprache am Beispiel Massenpresse. Unterrichtsmodell Sekundarstufe II, in: Praxis Deutsch 1976, Heft 18, S. 72-76
GÖNNER, Kurt: Im Brennpunkt: Die Wahl des 8. Deutschen Bundestages, in: Wirtschaft und Gesellschaft im Unterricht 1976, Heft 2, S. 25-32
GRAF, Hans: Wahlen als Thema des politischen Unterrichts, in: Anhang zu "Informationen zur politischen Bildung" (hrsg. von der Bundeszentrale für politische Bildung), Heft 135, S. 29-32
GROSSER, Dieter: Welche Faktoren beeinflussen das Wahlverhalten? (Unterrichtsbeispiele), in: Gegenwartskunde 1972, Heft 1, S. 51-63
HEINZE, Thomas/Roswitha HEINZE-PRAUSE: Wahlen - ein fächerübergreifendes Projekt. Ein Beispiel für Möglichkeiten, die Diskurs- und Handlungskompetenz von Hauptschülern zu erweitern, in: Westermanns pädagogische Beiträge 1973, Heft 7, S. 359-366
KOCH, Erich: Der Einsatz von Wahlplakaten im Unterricht. Sozialkunde 9. Schuljahr, in: Lebendige Schule 1972, Heft 8, S. 29-32
MANN, Theresia/Hans-Joachim MANN: Wahlen im politischen System der Bundesrepublik, in: Unterrichtspraktisches Handbuch zur politischen Bildung, München 1973
MENNE, Dieter: Unterrichtsmodell: Politische Wahlen (Sekundarstufe I und II), in: Politische Bildung 1972, Heft 4, S. 69-93
MESSELKEN, Ingrid: Kleine Geschenke erhalten die Freundschaft (Sprache im Wahlkampf). Unterrichtsmodell 3./4. Schuljahr, in: Praxis Deutsch 1976, Heft 18, S. 22-24

MESSELKEN, Hans: Demokratie statt Wahlkampf? Der Wahlkampf in unserer Demokratie, Unterrichtsmodell Sekundarstufe II, in: Praxis Deutsch 1976, Heft 18, S. 65-71
NIESS, Wolfgang (Hrsg.): Über die Wahl hinaus. Kritische Texte für skeptische Wähler, Hamburg 1980, siehe insbesondere den didaktischen Anhang, S. 214-247
NITZSCHKE, Volker: Unterrichtsmodell Wahlen für die Primärstufe, in: Politische Didaktik 1976, Heft 2, S. 43-50
POLITIK AKTUELL. Arbeitsmaterialien aus Politik, Wirtschaft und Gesellschaft Nr. 10/1983 "Regierungsbildung und Wahlergebnis"; Nr. 9/1983 "Zur Bundestagswahl 1983"
POSTELT, Bärbel/Margarete THOM: Wahlslogans der Parteien. Unterrichtsmodell 8. Schuljahr, in: Praxis Deutsch 1976, Heft 18, S. 45-47
SCHOR, Ambros: Wahlen und Werbung. Kritische Analyse politischen Werbematerials. Unterrichtseinheit für den 8. Jahrgang der Hauptschule, in: Pädagogische Welt 1979, Heft 33, S. 666-672
SCHÜSSLER, Karl: Bundestagswahl, in: Handreichungen für einen gegenwartsbetonten Unterricht 1969, Heft 6, S. 1-17
STARKE, Fritz: Unterrichtsmodell für die Sekundarstufe II: Die Bundestagswahl 1976. Beobachtungen an Wahlkampfpositionen politischer Parteien 1976, in: Politische Didaktik 1976, Heft 2, S. 64-80
WEHLING, Rosemarie: Wahlen im Politikunterricht. Didaktische Reflexion und Materialien, in: Der Bürger im Staat 1973, Heft 1, S. 69-76
WINTGES, Hans-Herbert: "Liebe Wähler". Vokabular und Redestrategien im Wahlkampf, Unterrichtsmodell 4./5. Schuljahr, in: Praxis Deutsch 1976, Heft 18. S. 25-27
ZEHENTNER, Rudolf: Die Wahl zum Deutschen Bundestag, 8. Jahrgang Sozialkunde, in: Ehrenwirth Hauptschulmagazin 1980, Heft 8, S. 23-26

Autoren

Czerwick, Edwin
Dr.phil., Wissenschaftlicher Mitarbeiter beim
DFG-Projekt "Parteiensystem und Legitimation
des politischen Systems", Lehrbeauftragter an
der Erziehungswissenschaftlichen Hochschule
Rheinland-Pfalz, Abteilung Koblenz
Publikationen: Oppositionstheorien und Außen-
politik, Königstein 1981; Außenpolitik und
Wahlkampf, Koblenz 1982 (zus. mit U. Sarcinelli);
Parlamentarische Kommunikation, Koblenz 1983;
Legitimationsstrategien der Parteien zwischen
Landtagswahlen und Bundespolitik, Koblenz 1984

Engel, Andreas
Doktorand an der Universität Bonn, Wissen-
schaftliche Hilfskraft beim DFG-Projekt
"Parteiensystem und Legitimation des poli-
tischen Systems"
Publikationen: Wahlkampf in vier Wahlkreisen,
Koblenz 1983 (zus. mit K.G. Troitzsch)

Sarcinelli, Ulrich
Dr.phil., Privatdozent für Politikwissen-
schaft an der Erziehungswissenschaftlichen
Hochschule Rheinland-Pfalz, Teilprojekt-Leiter
des DFG-Projektes "Parteiensystem und Legiti-
mation des politischen Systems". Mehrjährige
Tätigkeit im rheinland-pfälzischen Schuldienst
Publikationen: Das Staatsverständnis der SPD,
Meisenheim 1979; Außenpolitik und Wahlkampf,
Koblenz 1982 (zus. mit E. Czerwick). Symbo-
lische Politik und Wahlkampf, Koblenz 1983;
Symbolische Politik, Koblenz 1984 (Habili-
tationsschrift)

Simon, Werner
Wissenschaftliche Hilfskraft am DFG-Projekt
"Parteiensystem und Legitimation des politischen Systems", Diplomand in Pädagogik,
1. Staatsprüfung für das Lehramt an Grund-
und Hauptschulen
Publikationen: Demoskopie und politische Legitimation im Wahlkampf, Koblenz 1983; Politische Bildung durch Parteien?, Koblenz 1984
(Diplomarbeit)

Witsch-Rothmund, Franz-Josef
Dipl.Päd., Doktorand an der Erziehungswissenschaftlichen Hochschule Rheinland-Pfalz,
Wissenschaftlicher Mitarbeiter beim DFG-Projekt "Parteiensystem und Legitimation des
politischen Systems", Lehramtsanwärter
Diplomarbeit: Politische Parteien und Schul-
buch, Koblenz 1981

MIX
Papier aus verantwortungsvollen Quellen
Paper from responsible sources
FSC® C105338

If you have any concerns about our products,
you can contact us on
ProductSafety@springernature.com

In case Publisher is established outside the EU,
the EU authorized representative is:
**Springer Nature Customer Service Center GmbH
Europaplatz 3, 69115 Heidelberg, Germany**

Printed by Libri Plureos GmbH
in Hamburg, Germany